Band 44

OUTDOORHANDBUCH

Reinhard Dippelreither

# Tansania: Kilimanjaro



DER WEG IST DAS ZIEL

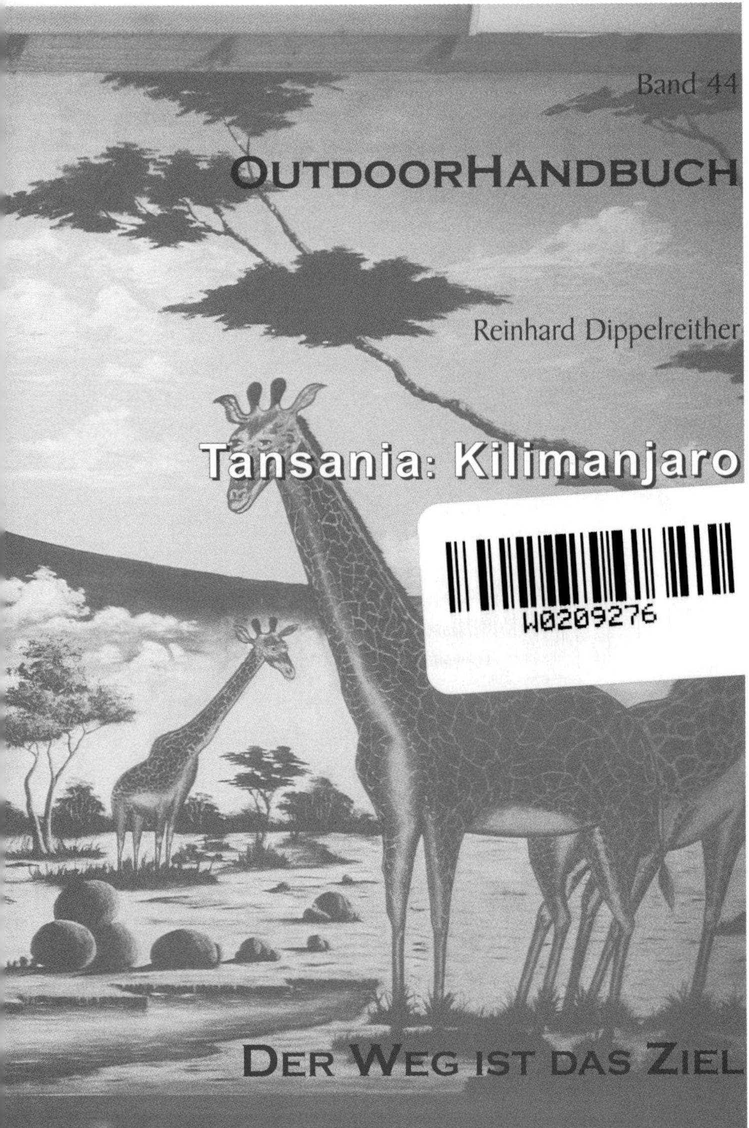

# Tansania:





Der Autor und der Verlag sind für Lesertipps und Verbesserungen (besonders als E-Mail oder auf Diskette) unter Angabe der Auflagen- und Seitennummer dankbar.

Leser, deren Einsendung verwertet wird, werden in der nächsten Ausgabe genannt und erhalten als Dank ein Exemplar der neuen Auflage oder ein anderes Buch ihrer Wahl aus dem Programm des Verlags.

Titelfoto: Mweka Camp

*Kilimanjaro Graffiti in Dar es Salaam*

*Wandmalerei an Keys Motel in Moshi*

OutdoorHandbuch aus der Reihe "Der Weg ist das Ziel", Band 44

ISBN 3-89392-344-6 5. Auflage 2005



Dieses OutdoorHandbuch wurde konzipiert und redaktionell erstellt vom
Conrad Stein Verlag GmbH, Postfach 1233, 59512 Welver,
Dorfstr. 3a, 59514 Welver, ☏ 02384/963912, FAX 02384/963913,
<info@conrad-stein-verlag.de>, <http://www.conrad-stein-verlag.de>.

Unsere Bücher sind überall im wohl sortierten Buchhandel und in cleveren Outdoorshops in Deutschland, Österreich und der Schweiz erhältlich.
Auslieferung für den Buchhandel:

**D** Prolit, Fernwald und alle Barsortimente,
**A** freytag & berndt, Wien,
**CH** AVA-buch 2000, Affoltern und Schweizer Buchzentrum.
**I** Mappa Mondo, Brendola

Text und Fotos: Reinhard Dippelreither
Karten: Carsten Tolkmit, Heide Schwinn
Lektorat: Inga Klingner, Marie-Luise Tolkmit
Layout: Marie-Luise Tolkmit
Gesamtherstellung: Breklumer Druckerei, 25821 Breklum

Dieses OutdoorHandbuch hat 206 Seiten mit 14 farbigen und 15 schwarzweißen Abbildungen sowie 5 Kartenskizzen. Es wurde auf chlorfrei gebleichtem Papier gedruckt und der größeren Strapazierfähigkeit wegen fadengeheftet.

00149000

# Inhalt

# Über den Autor

Der Österreicher Reinhard Dippelreither befasst sich seit mehr als 10 Jahren mit dem ostafrikanischen Raum, den er ausgiebig bereist. Er ist als freier Journalist tätig und verfasste die ebenfalls im Conrad Stein Verlag erschienenen ReiseHandbücher *Äthiopien* und *Tansania - Sansibar.* Im Herbst 2005 erscheint sein *Uganda: Ruwenzori-Wanderungen.* Über seine österreichische Heimat hat er das Buch *Österreich: Jakobsweg* geschrieben.

# Symbole und Abkürzungen

Achtung!
Auto, Taxi
Bahn
Bank/Bankomat
Bus
Karten
Campingplatz
E-Mail-Adresse
Einkaufen
Enttäuschung
Etappenlänge
Flug
geöffnet...
Homepage
Hotel, Pension
Information
Klima, Wetter
Museum/Burg
Post
Restaurant
Telefon
Tipp
Verweis
Wandern
Zeitbedarf

| | |
|---|---|
| Ave | Avenue |
| BB | Bed & Breakfast |
| DZ | Doppelzimmer |
| EZ | Einzelzimmer |
| HQ | Hauptquartier |
| IUCN | International Union for Conservation of Nature and Natural Ressources, Gland/CH |
| KIA | Kilimanjaro International Airport |
| KINAPA | Kilimanjaro National Park Authorities (Verwaltung des Kilimanjaro NP) |
| NP | Nationalpark |
| Rd | Road |
| St | Street |
| TANAPA | Tanzania National Parks Authorities Verwaltung der Nationalparks Tansanias) |
| tsh | Tanzania Shilling |
| TTB | Tanzania Tourist Board (offiz. Touristeninformation) |

# Vorwort

Die riesige, alleinstehende Erhebung des Mt. Kilimanjaro beherrscht nicht nur die Topographie des nördlichen Tansania, sie bietet mit ihrem Wasserreichtum, ihren fruchtbaren Böden und dem gesunden Klima auch die Grundlage für eine extensive Landwirtschaft und damit letztlich für die Industrialisierung der tiefer gelegenen Ebenen. Auf diese Weise steht der Mt. Kilimanjaro auch für Wohlstand und hohes Bildungsniveau in seiner Region.

Ab einer Höhe von 1.800 m ist dieser Berg als Schutzgebiet ausgewiesen und dient der geistigen (und körperlichen) Erbauung der Menschen. Staunenden Auges durchwandern sie die verschiedenen Vegetationsstufen: den unvergleichlichen, gespenstischen, uralten Regenwald, die kühl und abweisend wirkende Heide- und Moorlandzone, die kahle Mondlandschaft der Steinwüste und die Extremregion der Gipfelzone.

Als von der IUCN anerkanntes Welt-Naturerbe ist der Mt. Kilimanjaro zu einem internationalen Anziehungspunkt für Menschen aller Kontinente geworden. Aber nicht alle erreichen Uhuru Peak, die höchste Stelle des Berges, denn die Begehung ist kräfteraubend, und die Höhenkrankheit disqualifiziert Unvernünftige und Übermütige sofort.

Dennoch, der Erlebniswert ist nicht zu überbieten - hier wird Natur pur geboten: Eine Kilimanjaro-Besteigung ist keine Wanderung zur Almhütte mit Bierausschank und Würstelbude, sie ist ein sechstägiger Kampf - ein Kampf mit Steigung, Regen, Hagel, Schnee, Nebel, Kälte, Schlamm, entwurzelten Bäumen, vereisten Felsen und dem inneren Schweinehund. Sie bedeutet aber auch Schönheit, unvergleichliche, einmalige, atemberaubende Schönheit.

Die nächtlichen Lichter von Moshi, die sich im Nebel verwandelnden Gespensterbäume, die endlosen Weiten des Sattels und des Summit Bounds, die majestätischen Gletscher des Gipfels - diese Eindrücke sind es, die bleiben und die einen wieder hierher zurückholen, und sei es auch nur in Gedanken. Diese Eindrücke hinterlassen unauslöschliche Erinnerungsspuren im Gedächtnis.

Ob man nach der Begehung weiser ist, bleibt fraglich. In jedem Fall aber wird man leiser werden, wenn es um das Thema "Natur" geht. Denn man hat erkannt, dass solch unberührte Natur in Europa nicht mehr existiert.

# Landeskundliches

*Weiße Moschee in Moshi*

# Geologie und Entstehungsgeschichte

Der Mt. Kilimanjaro ist ein Kind des weltumspannenden **Grabensystems**, das in der englischen Literatur als *world rift system* bezeichnet wird. Der afrikanische Anteil desselben beginnt im Nordosten des Kontinents am Roten Meer bei Djibouti, zieht sich durch das Hochland von Äthiopien und spaltet sich nördlich des Turkanasees in einen zentral- und einen ostafrikanischen Ast auf.

Der zentralafrikanische Graben bildet das Becken für den Edward-, Kivu-, Albert-, Tanganyika- und Nyassasee, der ostafrikanische wurde zum Becken für den Baringo-, Bogoria- und Naivashasee und setzt sich in weiterer Folge über den Natron- und Eyasisee fort.

Die Entstehung des **Ostafrikanischen Grabens** reicht ca. 20 Mio Jahre zurück. Über Entstehung und weitere Zukunft dieser Gegebenheiten gibt es unterschiedliche Meinungen. Manche Autoren sind der Meinung, der Kontinent drifte auseinander (Theorie des ***sea floor spreading***), andere wiederum meinen, dass untermeerische Rücken in Atlantik und Indischem Ozean dieses verhindern würden.

Vor ca. 2 bis 3 Mio Jahren begannen sich, angeregt durch das seit Jahrmillionen andauernde ewige Verwerfen, Aufwerfen, Senken und Heben, an der Grabensohle und am Ostrand des Ostafrikanischen Grabens eigenständige **vulkanische Zentren** zu bilden.

Eines dieser Zentren war das **"Hochland der Riesenvulkane"** (Lolmallasin) zwischen Natron- und Manyarasee sowie die Region östlich davon. Aus unbekannten Gründen konzentrierten sich die Magmamassen im Laufe der Zeit in drei Schloten in 2 Grad, 50 Minuten und 30 Sekunden südlich des Äquators und 37 Grad, 00 Minuten und 35 Sekunden östlicher Länge. Auf diese Weise entstanden **Shira**, **Mawenzi** und **Kibo** vor ca. 1 Mio Jahren. Sie wuchsen auf eine Höhe von ca. 5.000 m und existierten rund 500.000 Jahre unabhängig voneinander. In dieser Zeit bespieen sie sich gegenseitig mit Lava, die dazwischen liegenden Täler wurden aufgefüllt.

**Shira** verlor als erster die Lust am Spiel, kollabierte vor ca. 500.000 Jahren, hinterließ eine Kaldera und erlosch. Er ist heute fast gänzlich erodiert, was wir noch von ihm sehen können, sind die phantastischen Reste des Kraterrandes. Das **Shira-Plateau** ist der ehemalige Standort des Vulkans.

Mawenzi und Kibo wuchsen weiter, erreichten eine Höhe von über 5.000 m, warfen weiterhin Lava aus und wuchsen auf diese Art und Weise zusammen - der **Saddle** begann zu entstehen.

**Mawenzi** erlosch bald danach. Es deutet sehr vieles darauf hin, dass er erlosch, bevor er eine Höhe erreichte, auf der ewiger Schnee liegen konnte. Auch der Mawenzi, dritthöchster Gipfel Afrikas, verwitterte zusehends. Das dramatische Aussehen, das er heute bietet, rührt u.a. von den Erschütterungen, die der Abbruch der gesamten Nordostwand in Höhen zwischen 4.000 bis 5.500 m verursachte.

Dieser Berg, der ein sehr kompaktes Aussehen zeigt, ist erstaunlich fragil - das macht auch seine Gefährlichkeit für Bergsteiger aus. Das gesamte Gebilde ist eigentlich nicht viel mehr als übereinandergeschichtetes Gestein (vorherrschend: Trachydolerit) und Geröll ohne jeglichen Zusammenhalt. Jede leichte Erschütterung riss (und reißt) einen Block aus seiner Lage und befördert ihn zu Tal. Die Ursache dafür scheint in verschieden schnell erkalteter Lava zu liegen: Je langsamer sie erkaltet, um so widerstandsfähiger wird sie. Schnell erkaltete Lava setzt dagegen Wind und Wetter weniger Widerstand entgegen, erodiert somit schneller - das Resultat sind Zacken, Spitzen und scharfe Grate, da "harte" Lava auch in spaltenförmige Zwischenräume der "weichen" Lava eindrang und übrig blieb, weil sie nicht so wie die "weiche" erodierte.

Während Mawenzi verwitterte (er ist heute 5.149 m hoch), wuchs **Kibo** weiter und weiter, bis er vor ca. 450.000 Jahren sein Wachstum bei ca. 5.900 m Höhe einstellte. Er blieb weiterhin aktiv, erodierte aber auch gleichzeitig. Geologen sind sich einig, dass nach dem Erlöschen von Mawenzi Kibo noch neunmal ausbrach.

Die größte und **folgenreichste Eruption** erfolgte **vor ca. 360.000 Jahren**. Ihre Folgen sieht man heute noch im großen wie im kleinen. Lavamassen in ungeheurem Ausmaß, bis zu 50 m dick, flossen alle Hänge des Mt. Kilimanjaro herab, füllten die Kaldera des Shira auf und gaben dem Saddle den letzten Schliff. Im großen und ganzen war allein dieser Ausbruch, obwohl er nicht der letzte war, die Basis für die heutige Form und Fruchtbarkeit des Mt. Kilimanjaro. Den Rest erledigten Wind und Wetter sowie Gletscher.

Eine Besonderheit dieses Ausbruchs ist die sog. **Porphyr-Lava**. Auch der Nicht-Geologe erkennt sofort die schwarze poröse Lava, welche mit unzähligen kleinen (1 bis 2 cm, in Ausnahmefällen bis zu 5 cm langen, linsenförmigen) Porphyr-Kristallen durchzogen ist. Man findet sie oft, rund um die Horombo-Hütte und am gesamten Southern Summit Bound sowie in der Gipfelzone, wo der Boden mit verwitterten Brocken in allen Größen übersät ist. Hin und wieder finden sich die Kristalle auch solo - wenn die Lava verwittert ist.

Natürlich war es nicht nur ein **Hauptkrater**, der Lava ans Tageslicht förderte, es können insgesamt **mehr als 250 Nebenkrater** am Mt. Kilimanjaro nachgewiesen werden (weitere Nebenkrater ziehen sich bis Taveta (Kenya) hin). Viele von ihnen sind noch sichtbar, am bekanntesten ist der Maundi-Krater, Nähe Mandara-Hütte.

Vor ca. 100.000 Jahren, die vulkanische Tätigkeit war zu diesem Zeitpunkt praktisch eingestellt, brach ein gewaltiger, ca. 1.000 m hoher Teil des Gipfels weg, stürzte zu Tal und formte den **Kibo-Barranco**, eine der mächtigsten Strukturen, die man auf der Wanderung auf den westlichen Trails (Shira, Umbwe, Machame) zu sehen bekommt.

Gänzlich erloschen dürfte der Mt. Kilimanjaro noch nicht sein. Vereinzelte Legenden der Chagga, die bereits Krapf (☞ Entdeckung und Eroberung) aufzeichnete, lassen den Schluss zu, dass sich vor ca. 200 bis 400 Jahren ein letzter, wahrscheinlich nicht allzu mächtiger Ausbruch ereignete. Mit höchster Wahrscheinlichkeit rührt der **Aschekegel** im Inneren des Kraters von damals. Der Krater selbst dürfte ebenfalls jüngsten Datums sein.

Auch **heiße "Schwefelquellen"** (Fumarolen) am Grunde des Kraters, vornehmlich an der nordwestlichen Seite, lassen diesen Schluss zu. Teilweise entweicht Schwefel gasförmig und kondensiert an der kalten Luft, teilweise sind es aber richtige Quellen, deren Wasser schwefelhaltig ist (1953 wurden Temperaturen von 77 bis knapp über 100 °C gemessen). Man erkennt diese Quellen von weitem - sie sind großflächig von **gelben Schwefelablagerungen** umlagert. 1951/52 wurde diese Schwefellagerstätte untersucht (Bohrungen) und die Mächtigkeit auf ca. 6 - 7.000 t Schwefel reinster Qualität geschätzt - glücklicherweise rentiert sich der Abbau nicht.

Die aktuelle Höhe des Kilimanjaro wird von den tansanischen Behörden mit 5.895 m angegeben. Auch auf der Urkunde, die man nach erfolgreicher Besteigung erhält, steht nach wie vor diese Zahl. 1999 haben jedoch Vertreter der

Universität Karlsruhe den Berg in einem aufwendigen Projekt neu vermessen und ermittelten einen Wert von 5.893 m (genau: 5.892,77, plus/minus 1 m).

Da offensichtlich niemand auf dieser Welt die "neue" Höhe akzeptiert, verwende auch ich - um keine Verwirrung zu stiften - in diesem Buch weiterhin den "alten/falschen" Wert von 5.895 m. Weitere Details zu den schwankenden Höhenangaben siehe "Kilimanjaro-Lesebuch", Kap. "Vom Wachsen und Schrumpfen eines Berges".

Zur Vergletscherung des Kibo ist anzumerken, dass diese noch im späten Eiszeitalter auf bis ca. 3.000 m herabreichte (über den Grad der Vergletscherung während der frühen Eiszeit existieren aktuell nur Vermutungen). Die Abfolge von Moränenablagerungen an der südlichen Flanke des Berges (nahe Mweka-und Umbwe-Route) lassen den Schluss zu, dass vor ca. 12.000 Jahren die Gletschergrenze bereits bei ca. 3.800 m lag; seit diesem Zeitpunkt stieg und steigt sie kontinuierlich an.

Am östlichen Kraterrand existierte noch bis Ende 19. Jh. eine durchgehende Gletscherwand - "Östliches Eisfeld". Heute ist diese Region teilweise sogar gänzlich eisfrei bzw. sind die Reste aufgesplittert. Auch das "Südliche Eisfeld" (Ratzel-, Rebmann-, Decken-, Kersten- und Heim-Gletscher) beginnt sich in Teile aufzusplittern - der Ratzel-Gletscher hat sich bereits abgesondert. Die westlich des "Südlichen Eisfeldes" liegenden isolierten kleinen Gletscher schmelzen zusehends ab. Lediglich das "Nördliche Eisfeld" (Großer und Kleiner Penck-, Drygalski- und Credner-Gletscher) ist noch (halbwegs) intakt und zusammenhängend.

Interessant ist auch die asymmetrische Verteilung der Gletschermächtigkeit (bzw. die asymmetrische Abschmelzung derselben): im Osten rapide Abschmelzung (Gletschergrenze bereits auf 5.800 m), im Westen dagegen vergleichsweise moderat (Gletschergrenze auf ca. 5.000 m, das gleiche Phänomen ist übrigens auch am Mt. Kenya zu beobachten). Glaziologen machen vorerst die unterschiedliche Sonneneinstrahlung dafür verantwortlich - im Westen des Berges ist die Wolken- und Nebelbildung zwischen mittags und spätnachmittags am ausgeprägtesten.

Weitere Details zur Gletscherabschmelzung siehe Kap. Flora und Faune/Kraterzone.

# Entdeckung und Eroberung

Der **Astronom und Geograph Ptolemäus** (ca. 100 bis 160 n.Chr.) beschrieb in seiner *Geographia* einen "mit Schnee bedeckten Berg landeinwärts hinter Rhaphta" - d.h. "23 Segeltage südlich von Opone" (Hafun, Nord-Somalia). Mit dem schneebedeckten Berg könnte ohne weiteres der Mt. Kilimanjaro gemeint sein. Ungefähr tausend Jahre später berichtet ein chinesischer Autor in einer Chronik (12./13. Jh.) über den regen Handel zwischen China und Azania (=Tansania), "welches bis zu einem großen Berg (Mt. Kilimanjaro?) reicht".

Zu dieser Zeit lag der Fernhandel bereits in Händen arabischer Emigranten. **Arabische Quellen** schweigen sich aber merkwürdigerweise - denn sie mussten ihn als Wegmarkierung für die landein- und nordwärts ziehenden Karawanen gekannt haben - über den Mt. Kilimanjaro aus.

Man geht allgemein davon aus, dass sich der **Name "Kilimanjaro"** aus zwei Wörtern zusammensetzt: im Standard-Suaheli bedeutet *mlima* "Berg", *njaro* bedeutet in der Sprache der Chagga "Karawane" (Hinweis auf Wegmarke). An der Küste bezeichnet das Wort *njaro* allerdings einen "bösen Geist, der Kälte bringt" (auch ein Hinweis auf die Wegmarkierungs-Theorie), *njaro* bedeutet aber auch ganz einfach "groß, mächtig". In der Sprache der Massai bedeutet *ngare* "Quelle", durch Entstellung, Übersetzungs- und Hörfehler könnte auch daraus *njaro* geworden sein.

Andererseits berichtet uns Th. Herzog 1934, dass der Mt. Kilimanjaro bei den Massai Oldonyo Dibor ("der leuchtende" oder "weiße Berg") geheißen hat. Eindeutig belegt sind die Termini Kibo und Mawenzi: Kibo bedeutet im Wachagga "der Helle" ( auf Grund seiner Schnee- bzw. Gletscherkappe), Mawenzi bedeutet "der Dunkle" (fast nie mit Schneekappe versehen, keine Gletscher).

1519 lieferte im Zuge der portugiesischen Expansion der Spanier **Fernandes de Encisco** den dritten Bericht vom Mt. Kilimanjaro: "Westlich von Mombasa liegt der Äthiopische Olymp, er ist sehr hoch ..."

200 Jahre später mussten die Portugiesen ihr ostafrikanisches Abenteuer zum größten Teil beenden. Die Araber kehrten zurück, nahmen ihren Handel mit Gold, Elfenbein und Sklaven wieder auf und machten in der ersten Hälfte des 19. Jhs. Bekanntschaft mit europäischen Wertvorstellungen. **Briten** wollten die Quellen des Nils finden und **christliche Missionare** aller Konfessionen verkündeten Gottes Wort, Protestanten allen voran.

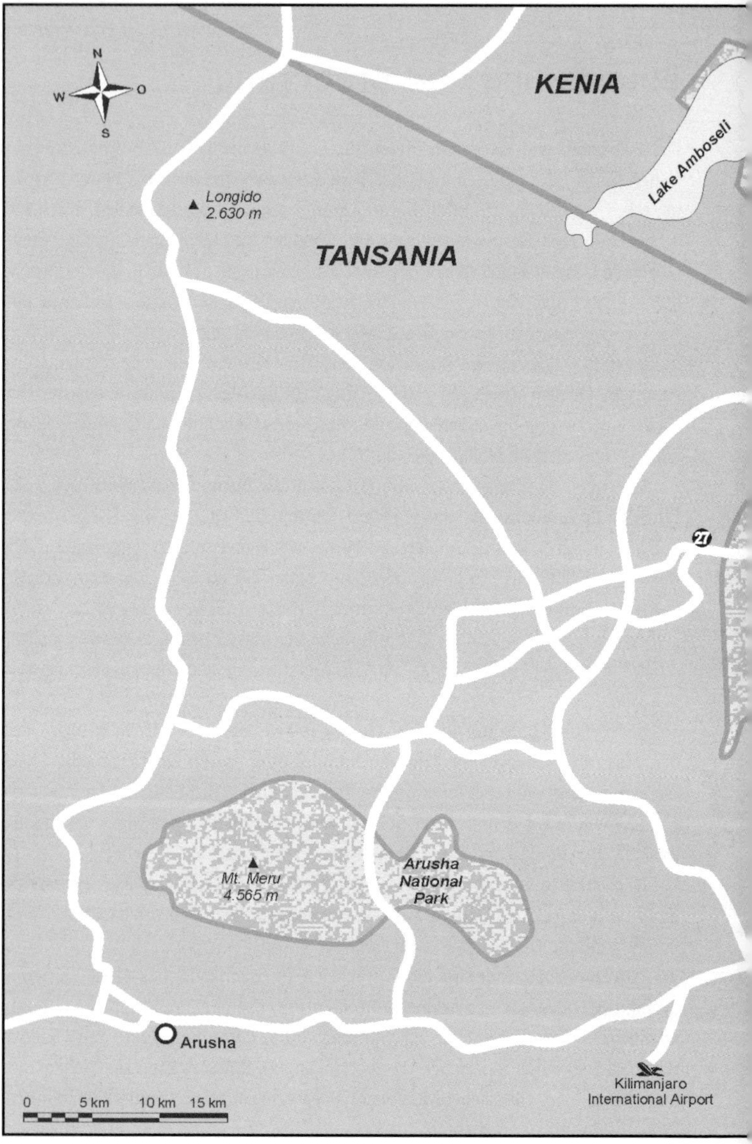
N
W
O
S
KENIA
Lake Amboseli
Longido
2.630 m
TANSANIA
27
Arusha
National
Park
Mt. Meru
4.565 m
Arusha
Kilimanjaro
International Airport
0
5 km
10 km
15 km

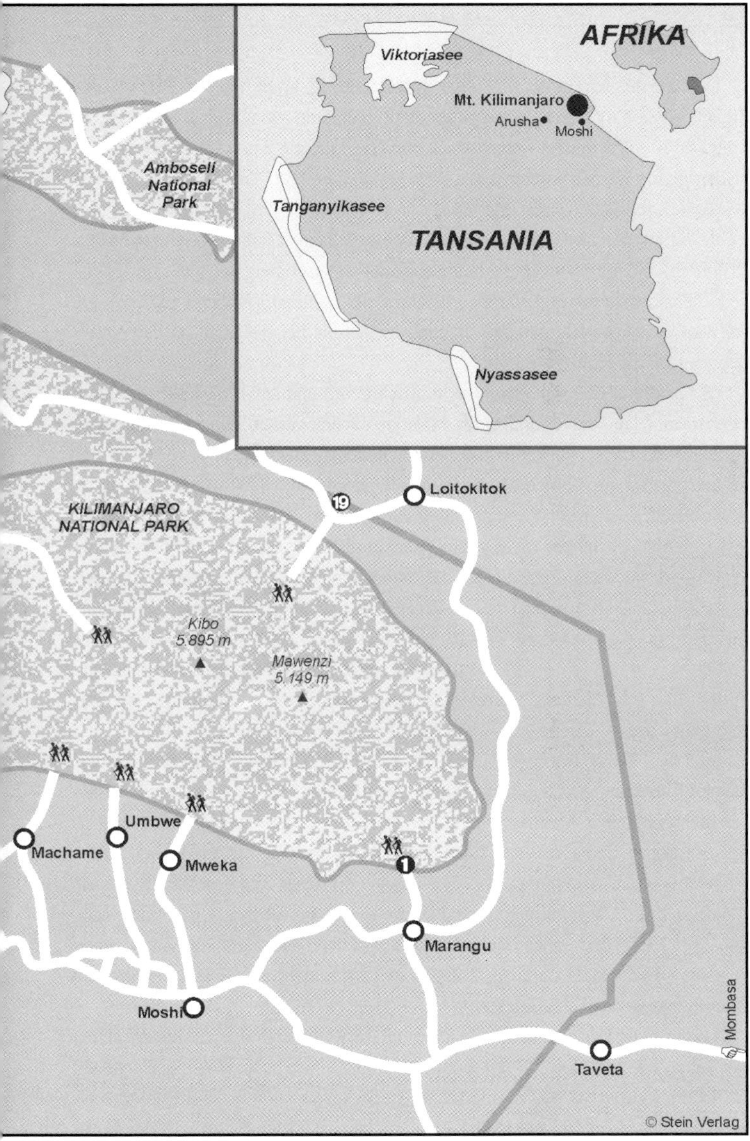
AFRIKA
Viktoriasee
Mt. Kilimanjaro
Arusha
Moshi
Tanganyikasee
TANSANIA
Nyassasee
Amboseli National Park
KILIMANJARO NATIONAL PARK
Loitokitok
19
Kibo 5.895 m
Mawenzi 5.149 m
Umbwe
Machame
Mweka
1
Marangu
Moshi
Taveta
Mombasa
© Stein Verlag

Der württembergische Missionar **Johan Ludwig Krapf** war im Auftrag der Church Missionary Society, London, in der Gegend um Mombasa ab 1844 unterwegs. 1847 stieß **Johann Rebmann** zu ihm. Weil die missionarischen Erfolge der beiden gering waren, beschlossen sie im September 1847, nach Süden ins Land des Volkes der Taita weiterzuziehen.

Ihr Karawanenführer versprach, sie auch zu einem "Chagga" genannten Platz zu führen, "wo der hohe Berg Kilimanjaro ist". Dieser Berg sei ganz mit Silber bedeckt und beherberge unzählige böse Geister, die den Wanderer plötzlich tot umfallen ließen, berichteten sie - handelt es sich hierbei vielleicht um den ersten Report über die Höhenkrankheit?

Die beiden ließen sich davon nicht abschrecken und am 11.5.1848 sah Rebmann (Krapf lag auf Grund eines Malaria-Anfalles gerade danieder) als erster Europäer aus ca. 40 km Entfernung den Schnee am Kilimanjaro.

Sein Artikel im "Church Missionary Intelligencer" (4/1849) wurde nicht gerade wohlwollend von der Wissenschaft aufgenommen. 3 Grad südlich des Äquators kann/darf es Schnee nicht geben, punktum! Krapf, der später noch den Mt. Kenya entdeckte, sah den Kibo am 10. November 1849 und bestätigte die Berichte Rebmanns. Krapf schätzte den Berg auf 12.500 ft (ca. 3.800 m), Rebmann, nachdem er die südlichen Hänge hinaufgestiegen war, auf 20.000 ft (ca. 6.000 m). Eine 1857 von der **Royal Geograpical Society, London**, unter Richard Burton (und John Hanning Speke) ausgesandte Expedition - sie sollte diese Frage endgültig klären - scheiterte.

Im März 1861 begegnete der 23-jährige ambitionierte britische **Geologe Richard Thornton**, er war erst vor kurzem von Dr. David Livingstone wegen Faulheit während seiner Sambesi-Expedition gefeuert worden, in Sansibar dem 27-jährigen **Baron Carl Claus von der Decken** (hannoveranischer Adel), der schon einige afrikanische Abenteuer hinter sich hatte. Zu dieser Zeit beschäftigte er sich gerade mit den Vorbereitungen zur Klärung der Frage: Schnee - sein oder nicht sein? Am **14.7.1861** sahen beide den Kibo und den Schnee auf ihm. Die Gegner Rebmanns und Krapfs waren geschlagen und nach mehr als 12 Jahren Verleumdung in ihre Schranken gewiesen.

Thornton und v.d.Decken stießen bis auf 2.500 m vor und schätzten die Höhe des Kibo auf zwischen 19.800 und 20.600 ft (wirkliche Höhe: 19.340 ft, 5.895 m), wovon ca. 900 m mit Schnee bedeckt sein sollten. Thornton erkannte bereits den **vulkanischen Ursprung** und meinte, das Shira-Plateau sei der älteste Teil und der Kibo der jüngste, womit er recht behalten sollte. Er starb im April 1863 an Malaria.

Im November 1862 war v.d.Decken wieder am Kilimanjaro. Gemeinsam mit dem **Botaniker Dr. Otto Kersten** erreichte er eine Höhe von ca. 4.200 m (anderen Quellen zufolge waren es 4.280 m), Schneefall und Kälte zwangen die beiden zur Umkehr. Kersten berechnete die Höhe des Kibo mit 5.000 m. V.d.Decken wurde im Oktober 1865 auf einer Reise zum Mt. Kenya ermordet.

Der Missionar **Charles New** (United Methodist Free Churches of England) gelangte 1871 bis auf ca. 4.000 m. Erwähnenswert ist dieser an sich nicht spektakuläre Vorstoß, weil New als erster Europäer die Begleitung eines Einheimischen erwähnt: Der **Chagga Tofiki** ging fast die gesamte Strecke mit ihm. Erst 1883 wurde der nächste Versuch, den Berg zu erklimmen, durch den Geologen **Joseph Thomson** unternommen, er gelangte bis 2.700 m. Zur selben Zeit war der Deutsche **Dr. Gustav Fischer** am Mt. Kilimanjaro unterwegs und meinte, dass sich dieses Gebiet gut für europäische Siedler eignen würde: prophetische Worte.

Dass der Künstler und Schriftsteller **Harry Hamilton Johnston** im Auftrag der British Association for the Advancement of Science, der Royal Society und der Royal Geographical Society 1883 wirklich bis auf 4.944 m (4.973 m?) vordrang, wird allgemein bezweifelt. Er war aber der erste Europäer, der sich an den Hängen des Mt. Kilimanjaro ansiedelte - 1884 in Old Moshi, etwas nördlich dem heutigen Moshi.

Er schrieb an Lord Edmond Fitzmaurice im Auswärtigen Amt zu London: "Hier ist ein Land, so groß wie die Schweiz ... fruchtbare Böden, gesundes Klima ... in einigen Jahren wird es entweder englisch, französisch oder deutsch sein ... Ich bin der erste hier und fähig, den Mt. Kilimanjaro so englisch zu machen wie Ceylon...um nicht mehr als 5.000 Pfund ..." Das Auswärtige Amt antwortete nicht. Johnston aber blieb nicht untätig und drängte Mandara, den Chagga Chief, einen Vertrag zu unterzeichnen, welcher ihm, Johnston, das alleinige Recht auf die Gegend um Moshi sicherte. Weiterhin wurde mit zwei anderen Chiefs ein zweiter Vertrag über die Inbesitznahme eines unbewohnten Streifen Landes um das heutige Taveta (insgesamt ca. 15 km$^2$) abgeschlossen - alles für die Krone, ohne in deren Auftrag zu stehen.

Im Normalfall würde ein solches Vorgehen nur ein Lächeln auf die Lippen der britischen Regierung gezaubert haben, aber damals standen die Zeichen bezüglich Ostafrika auf Konfrontation. Deutschland war unter **Bismarck** - ehemals strikter Gegner der **Kolonialidee** - doch auf der internationalen Bühne der Rangelei um die überseeischen Besitzungen erschienen. Über die Ursachen dieses Sinneswandels Bismarcks wird heute noch gerätselt (am ausführlichsten tut dies Axel T.G. Riehl in *Der Tanz um den Äquator*). Kamerun, Togo, Südwestafrika und Nord-Neu-Guinea wurden 1884 dem Deutschen Reich einverleibt. Nun warf das Reich ein Auge auf Ostafrika - auf Tanganyika.

**Dr. Carl Peters**, deutscher Draufgänger, Kolonialist mit Leib und Seele und Gründer der **Gesellschaft für Deutsche Kolonisation**, hatte 1884 mit mehreren *local chiefs* des tansanischen Festlandes Verträge über Landbesitz abgeschlossen, im Februar 1885 wurde seiner Gesellschaft der kaiserliche Schutzbrief ausgestellt, eine *de facto* Anerkennung dieses Bodens als deutschen Boden. Am 19.6.1885 unterzeichnete Mandara, Sultan von Chagga und Kilimanjaro, einen Vertrag, der ihm (und seinen Untertanen) den Schutz der **Deutsch-Ostafrika-Gesellschaft** (eine weitere Gründung Peters mit kaiserlichem Schutzbrief) mit sofortiger Wirkung sicherte.

Im Gegenzug trat er der Gesellschaft das gesamte Land sowie das Recht ab, Steuern, Zölle und Gebühren zu erheben, deutsche Verwaltung und Recht zu installieren und Berge, Flüsse, Seen und Wälder zu erforschen (der vorher mit Johnston und auch mit dem Sultan von Sansibar geschlossene Vertrag wurde von ihm für ungültig erklärt: "Ich liebe die Deutschen mehr als alle anderen Leute, mehr als die Briten im besonderen..."). Die britische Regierung, der Johnstons Vorgehen sowieso ein Dorn im Auge war, fand sich vorerst einmal damit ab. Sie hatten genug Sorgen und Ärger mit dem Mahdi-Aufstand im Sudan.

Es blieb nur noch die Frage der **Grenzziehung** zwischen deutschem und britischem Gebiet offen. Deutschland schlug als Demarkationslinie eine Gerade von der nordöstlichsten Ecke des Victoriasees bis Mombasa vor, Mombasa wäre so in deutsche Hände gefallen. Auf den wertvollen Hafen von Mombasa - er war der einzige Hafen Kenias, der moderne Dampfschiffe aufnehmen konnte - wollten die Briten aber als einzige Möglichkeit des Nachschubs im Kriegsfall nicht verzichten und führten, da die Deutschen auf die "Erwerbungen" C. Peters pochten, die zweiten "Erwerbungen" von Johnston (Taveta, 1884), die südlich dieser Geraden und östlich des Kilimanjaro lagen, als Argumente an.

Da die deutsche Seite die Bedeutung des Hafens von Mombasa weit unterschätzte, akzeptierte sie diese britische Forderung und ging auf den Handel ein. Die Grenze wurde so gezogen, dass Taveta gerade noch in britischem Gebiet lag.

Die Grenze zwischen Kenia und Tansania weist daher seit dem 1.11.1886 diesen unlogischen, aber höchst charakteristischen Knick rund um den Mt. Kilimanjaro auf.

Dieser Berg stand nie im Mittelpunkt der Verhandlungen, und die Geschichte, dass Königin Victoria ihn ihrem Enkel, dem deutschen Kaiser geschenkt habe - "weil er alles liebt, was groß und hoch ist" -, ist eine Legende.

Nachdem der Mt. Kilimanjaro nunmehr nach damals herrschendem internationalen Recht **zum Deutschen Reich gehörte**, nimmt es nicht Wunder, dass die nächsten Europäer auf dem höchsten Berg Afrikas Deutsche (und Österreicher) waren. 1887 stieß der Verleger **Dr. Hans Meyer** (Konversationslexikon!) mit dem **Freiherrn von Eberstein** ohne sonderliche Schwierigkeiten bis zum Sattel zwischen Mawenzi und Kibo vor. Eberstein wurde Opfer der Höhenkrankheit, und Meyer erreichte ca. 5.500 m Höhe, bevor ihn Eis und Kälte stoppten. Beim zweiten Versuch 1888 begleitete ihn der österreichische Geograf **Oskar Baumann**. Leider war gerade jetzt die arabische Bevölkerung mit der deutschen Verwaltung nicht zufrieden und stand gegen sie auf. Die beiden mussten unverrichteter Dinge fliehen, wurden gefangengenommen und gelangten erst gegen Lösegeld frei.

1889, Meyer ließ nicht locker, begleitete ihn der Tiroler Extremalpinist **Ludwig Purtscheller** und schlug ihm die Stufen in den Ratzel-Gletscher. Sie erreichten am 3.10.1889 den Kraterrand, sahen den Krater und wieder war eine Frage aus der Welt geschafft: Der Mt. Kilimanjaro ist ein Vulkan! Sie gingen zurück zum Basislager und einige Tage später wieder hinauf, erstiegen die höchste Spitze des Kraterrandes und tauften sie auf **Kaiser-Wilhelm-Spitze** (6.10.1889).

H. Meyer führte mit dem damals für Höhenmessungen üblichen Siedethermometer seine Experimente durch. Hr. Dr. Ernst Wagner (Berlin) berechnete die Ergebnisse dahingehend, dass der Mt. Kilimanjaro 6.010 m hoch sein müsse. Erst Oehler und Klute führten 1906 neue Messungen durch und errechneten eine Höhe von 5. 930 m.

Dass Meyer und Purtscheller dieses Unternehmen nicht allein schaffen konnten, liegt auf der Hand. Ihre Helfer waren der Guide Johana Lauwo (er starb im Alter von 129 Jahren im Oktober 1996 in Marangu), der Assistant Guide Jonathan Mtu und die Träger Elia Minja, Toma Mosna, Makelio Lyimo und Momba Kowera. Nicht vergessen (wie auf der Gedenktafel) dürfen wir dabei den "Zeltwächter": Muini Amani. Meyer kam noch einige Male hierher und konstatierte bereits damals einen dramatischen Rückgang der Gletscher. Um 1900 wurde der

Berg zu einem **Wildtier-Schutzreservat** erklärt (in erster Linie, um die Jagdgesellschaften nicht zu stören).

1912 bezwangen die Herren Furtwängler und König vom "Münchner Akadem. Skiclub" bei der dritten Gipfelbesteigung erstmals den Mt. Kilimanjaro mit Skiern. Zu dieser Zeit war die Aufstiegsroute von Marangu (ziemlich identisch mit der aktuellen Route) bereits fest etabliert und die Mandara/Bismarck-Hütte sowie Horombo/Peters-Hütte von Hr. Dr. E. Forster (Deutscher Kilimandscharo Bergverein) errichtet.

Ein interessantes Jahr ist auch 1914 :: Die Kunstmaler Walter von Ruckteschell und Carl von Salis gelangten am 14. Februar bis zum Gipfel (4. Besteigung). Mit von der Partie war die Gattin von Ruckteschell, Clara. Sie war nachweislich die erste Frau, die den Kraterrand erreichte.

Allerdings darf dabei nicht übersehen werden, dass am 21.4.1922 in einer Notiz der "Cape Times" erwähnt wurde, dass Miß Gertrude Benham im Oktober 1909 den Kraterrand erstiegen hätte (mehr weiß man darüber nicht). Die Herren v. Ruckteschell und v. Salis errichteten am Gipfel einen sog. Steinmann (Steinhaufen) und hinterließen das erste Gipfelbuch (beigestellt vom "Kilimandscharo Bergverein Moschi").

**1921**, der Berg war nun in britischem Besitz, wurde der Schutz erweitert. Man erkannte die Wichtigkeit des Regenwaldes bezüglich Wasserspeicherung - ein Forest Reserve entstand.

Im selben Jahr versuchte sich eine große britische Expedition (insgesamt 66 Personen, 2 Maultiere, eine Schafherde als Proviant) unter Leitung von C. Gilman (Gilman's Point!) am Kilimanjaro. Sie scheiterte an der Höhenkrankheit. Lediglich ihr Leader C. Gilman konnte in der Johannes-Scharte, knapp unter dem Kraterrand den Union-Jack in einer Kiste verstaut, zurücklassen.

1925 wurden die ersten Filmaufnahmen (UFA, Boese und Dennert) vom Krater gedreht. Am 5.11. des selben Jahres erreichte ein Alpinist aus Kapstadt (C. Londt) den Gipfel und nahm das von v. Ruckteschell und v. Salis hinterlegte Gipfelbuch als Beweis seiner Tat mit nach Moshi (er wurde auf Grund unsportlichen Verhaltens daraufhin vom "Mountain Club of South Africa" ausgeschlossen).

Zwischen 1925 und 1927 erklomm auch der Misionar R. Reusch den Kibo dreimal.

Am 31.7.1927 erreichte Sheila MacDonald (Südafrika) als erste Frau den Gipfel.

Das Jahr 1927 markiert auch ungefähr den Beginn einer großflächigen wissenschaftlichen Forschung am Kilimanjaro - Vulkanologen, Zoologen, Botaniker, Glaziologen, Geologen usw. begannen sich für den Berg zu interessieren.

In den (europäischen) Wintermonaten 1929/30 überflog der Schweizer Walter Mittelholzer zum ersten Mal den Mt. Kilimanjaro (und den Mt. Kenya), erbrachte durch Fotografien neue topographische Erkenntnisse und konnte somit den bereits jetzt durch mehrere wissenschaftliche Expeditionen enorm angewachsenen Wissensstand um einen gewaltigen Schritt erweitern.

1932 wurde die Kibo-Hütte errichtet - der Kilimanjaro-Tourismus in seiner heutigen Form begann sich zu formieren.

1957 wurden die ersten Gespräche bezüglich der Einrichtung eines **Nationalparks** geführt. 1958 zeichnete das britische D.O.S. (Departement of Overseas Surveys) die letzten, nach wie vor aktuellen Karten des Mt. Kilimanjaro.

Dezember 1961 sollte anlässlich der Unabhängigkeit die Flagge Tanganyikas am Gipfel gehisst werden. Schlechtwetter vereitelte diesen Plan - die Flagge kam nur bis Gilman´s Point. Erst am 9.12.1962 wurde sie am höchsten Punkt - ab nun Uhuru Peak - des Kraterrandes von Mr. Kirilo Jahphet gehisst, er benötigte für diese Aktion via Loitokitok-Route (fast parallel zur Rongai-Route verlaufend) 13,5 Std. - lange war man der Meinung, dieser Rekord könne nicht unterboten werden.

1969 wurden zur 80-jährigen Wiederkehr der Erstbesteigung Gedenktafeln im Marangu-HQ angebracht. Zwischen 1972 und 1976 half Norwegen (NORAD - Norwegian Agency for International Development) bei den Vorbereitungen zur Entwicklung eines NPs: Fast die gesamte Infrastruktur des Marangu Trails stammt von dieser Organisation, auch das Parkpersonal wurde von NORAD trainiert.

Am 4. Juni 1977 wurde der Nationalpark von Präsident Julius K. "Mwalimu" Nyerere offiziell eröffnet und der Öffentlichkeit übergeben. Die große Zeit des Tourismus begann: Wanderer, Mountainbiker, Skifahrer, Ballonfahrer, Paraglider, Motorradfahrer, Fallschirmspringer usw. bevölkerten den Berg.

**1989**, 100 Jahre nach der Erstbesteigung, wurde der Mt. Kilimanjaro von der IUCN zum **Welt-Naturerbe (World Heritage Site)** erklärt.

**1993** trat der **Kilimanjaro NP General Management Plan**, ein umfassendes Kompendium zum Schutz des Bergs in Kraft, dessen Inhalt auch in diesem Buch berücksichtigt wird.

31.12.1999/1.1.2000: Zum Jahrtausendwechsel stürmten trotz einer Verdoppelung der Eintritts- und Nächtigungsgebühren 1.154 Touristen den Gipfel, um die ersten Sonnenstrahlen des neues Jahrtausends als erste in Afrika begrüßen zu dürfen.

Über diesen Event gibt es gesicherte Opferzahlen: Zwei Tote (eine amerikanische Touristin starb am Gipfel an Erschöpfung, ein Deutscher erlitt auf der Rongai Route einen Herzinfarkt), 32 Touristen mussten auf den Schultern der Träger bzw. Rettungsmannschaften ins Tal gebracht werden - Erschöpfung, Atemnot, Symptome der Höhenkrankheit - soviel zur relativ leichten Besteigbarkeit des Kilimanjaro. Diejenigen, die den Gipfel erreichten, durften sich freuen - sie erhielten das Zertifikat aus den Händen Prof. Philemon Sarungis, Kilimanjaro Regional Commissioner.

14.10.2000: An diesem Tag landete die "Freiheitsfackel", die alljährlich mittels Staffette durch das Land getragen wird, in Erinnerung an den Tod von Mwalimu Nyerere (gest. 14.10.1999) am Gipfel des Mt. Kilimanjaro = Uhuru Peak = Gipfel der Freiheit.

22.11.2001 - Der Italiener Bruno Brunod bezwang den Kilimanjaro über die Marangu-Route (rauf und runter) in 8 Std. 34 Min. 52 Sec. = aktueller Weltrekord. Seine Aufstiegszeit (5 Std. 38 Min. 40 Sec.) wurde am 12.10.2004 - vom Österreicher Christian Stangl unterboten. Er benötigte für die Strecke Umbwegate - Uhuru Peak via Western Breach Wall 5 Std. 36 Min. 38 Sec. (aktueller Schnellaufstiegs-Weltrekord), der Schnellabstieg erfolgte über die Mweka-Route, Totalzeit 8 Std. 49 Min. 03 Sec.

Aktuell besteigen jährlich offiziell ca. 12.000 Touristen den Berg, inoffizielle Schätzungen sprechen jedoch von ca. 25 - 30.000 Touristen (+2,5 Träger/Tourist und je 1 Führer (+ ev. Assistant Guide) + 1 Koch/Gruppe).

Details zu Entdeckung und Eroberung siehe auch "Kilimanjaro-Lesebuch"(Kap. Relativierung und Dr. Hans Meyer und die Erstbesteigung)

# Flora und Fauna am Mt. Kilimanjaro

Vorweg sei gesagt, dass der Wissensstand um die Biologie dieses mächtigsten Berges Afrikas sehr gering ist. Es fehlt an den nötigen finanziellen Mitteln, um in groß angelegtem Stil Forschung zu betreiben. Es werden **sechs ökologisch-klimatische Höhenzonen** mit einer durchschnittlichen **Breite von ca. 1.000 m** unterschieden: **Buschland-, Kultur-, Regenwald-, Heide- und Moorland-, Steinwüsten-** und **Krater-(Gipfel)zone**.

## Die Buschlandzone

Die Obergrenze des Buschlandes ist auf den südlich gelegenen Hängen des Mt. Kilimanjaro bei **ca. 900 m** erreicht. Auf den trockeneren nordwestlich und nordöstlich gelegenen Hängen reicht diese Zone bis **ca. 1.500 m**. Diese heiße, staubige Region ist die Heimat des typisch afrikanischen **Dornbuschs**, in dem **Akazien** überwiegen. Der Tourist durchfährt sie nur, wenn er sich von Dar es Salaam oder von Kenia kommend den Ortschaften Moshi, Arusha oder Marangu nähert, denn zwischen diesen Ortschaften (hier liegt der KIA) wurde sie von Farmland verdrängt.

## Die Kulturzone

Die Kulturzone (Farmland) umfängt den Mt. Kilimanjaro einem Gürtel gleich rundherum bis auf eine Höhe von **ca. 1.800 m** (NP-Grenze). Sie war vor gar nicht so langer Zeit noch dichter Regenwald. Als wichtigste **landwirtschaftliche Produkte** seien genannt: Kaffee, Bananen, Mais, Bohnen, Fingerhirse, Kartoffeln, Zwiebeln, Kohl, verschiedene Arten von Wurzelgemüse und Tomaten.

An **Tieren** wird Ihnen bei Spaziergängen durch Marangu oder in den Hotelgärten neben unzähligen **Vögeln** vielleicht ein **Chamäleon** begegnen, hin und wieder treiben sich nachtaktive **Buschbabies** (eine Halbaffenart) in den Baumkronen herum, sind aber selten zu beobachten. Rinder, Ziegen und Hunde bilden das Gros der zu bestaunenden Tiere.

Ein Wort noch zur sozialwirtschaftlichen Situation der hier lebenden Menschen. "Bei den Leuten vom Kilimanjaro haben Bildung und Erwerbstätigkeit normalerweise einen hohen Stellenwert. Unternehmergeist ist Teil des Erbes der Chagga (sie machen die Mehrheit der Bevölkerung der Region aus). Sie sind risikofreudig, aber sie schaffen nicht genug Arbeitsplätze, um die wachsende Zahl der Arbeitsuchenden aufzufangen". Mit diesen harten Worten beschrieb ein Mitglied der regionalen Planungskommission bei einem 1999 von der "Mwalimu Nyerere Stiftung" veranstalteten Symposium in Moshi die wirtschaftliche Gegenwart der Region Kilimanjaro.

Relativ betrachtet war diese Region die Herzeige- und Prestigeregion der tansanischen wirtschaftlichen Entwicklung: Infrastruktur, Einkommen usw. wiesen hier die höchsten Zahlen auf (wobei die Einnahmen aus dem NP nicht mitgerechnet werden). Grundlage des Reichtums war trotzdem der Berg: rund 15 % der gesamten in Tansania produzierten agrarischen Exportgüter (vor allem Kaffee, Tee) stammen aus dieser vergleichsweise winzigen Region. Die scheinbar nicht enden wollende Fruchtbarkeit versprach auch eine noch glänzendere Zukunft und scheinbar riesigen Reichtum.

Seriösen nationalen wie internationalen Einschätzungen zufolge scheint aber z.Z. genau das Gegenteil seinen Schatten voraus zu werfen - der wirtschaftliche Rückschritt wird eingeleitet! Ursache dafür ist im Verharren in traditionellen Strukturen hinsichtlich Familienplanung (Kinderreichtum!) und ökonomischer Rollenverteilung zwischen Mann und Frau und der daraus resultierenden gnadenlosen Ausbeutung des Berges zu finden. Große Familien benötigen mehr Baumaterial für größere Häuser, mehr Ackerfläche, um für das benötigte größere Einkommen zu sorgen; mehr Wasser, um die vergrößerten Felder zu bewässern usw. usf. - all dies wird dem Berg entnommen. Dass die ökologische Komponente des höchsten Berges Afrikas zugunsten einer aufstrebenden Ökonomie total außer Acht gelassen wurde, beginnt sich nun unbarmherzig zu rächen. Die ersten Flüsse sind bereits ausgetrocknet; Murenabgänge, kein Thema in der Vergangenheit, kommen ebenfalls (zumindest in kleinerem Umfang und vereinzelt) bereits vor - die Ressourcen des Berges sind erschöpft. Es wäre nun ein Leichtes, diese dramatische Entwicklung nur den hier ansässigen und arbeitenden Kleinbauern (sowie sinkenden Weltmarktpreisen und schlechten Witterungsbedingungen) anzulasten, Tatsache sind aber verfehlte Entwicklungsstrategien (bzw. tatenloses Zusehen) der zuständigen Behörden (beginnend vom regionalen Kommissar bis hin zur höchsten Ebene).

Obwohl den NP-Anrainern lt. Regierungspolitik ein profitabler Nutzen aus dieser Nachbarschaft zusteht, steht nun die Gefahr der Desertifikation und in weiterer Folge die der Landlosigkeit, Arbeitslosigkeit und einer ungesicherten Ernährungslage im Raum - das Glanzstück der tansanischen Wirtschaft verkommt zum Armenhaus! Die ersten behördlichen Gegenmaßnahmen lassen an Dramatik ebenfalls nichts zu wünschen übrig: so wurden beispielsweise erst vor kurzem ca. 10.000 Menschen aus Rongai (Distrikt Rombo im NO des Berges) in andere Gebiete (zwangs)umgesiedelt - sie sahen sich aus ernährungstechnischen Gründen (Hunger!) gezwungen, (verbotener Weise) landwirtschaftlich in den Kilimanjaro-NP vorzudringen (Brandrodung zur Anlage von neuen Feldern). Wie und wann das sich anbahnende ökologische wie ökonomische Desaster bewältigt werden wird, steht in den Sternen.

Ein weiteres Übel besteht in der geschlechterspezifischen Arbeits- und Besitzverteilung. Das Land gehört traditionellerweise den Männern, Pflege und Ernte der Feldfrucht übernehmen die Frauen, das Einkommen (soweit es aus dem Großhandel stammt) gebührt wiederum den Männern. Dieses System wirkt sich vor allem bei cash crops (Kaffee, Tee) fatal aus. Diese Einkünfte stehen der Landwirtschaft nicht mehr zur Verfügung (notwendigen Investitionen können nicht getätigt werden) sondern werden in (meist importierte) Konsumgüter umgesetzt. Das führt dazu, dass Frauen (und Kinder) wesentlich schneller verarmen als Männer.

Als Tourist nimmt man diese Entwicklung mit einer Ausnahme nur peripher wahr. Die angesprochene Ausnahme betrifft die Sicherheitslage, denn "die Magd der Armut ist die Kriminalität" - zumindest dort, wo es große Einkommensunterschiede gibt, z.B. in Tourismuszentren (Auswirkungen ☞ Kap. "Sicherheitslage" im Abschnitt "Reise-Infos von A - Z").

## Die Regenwaldzone

Der Regenwald ist auf dem Shira und Rongai Trail bis auf winzige Reste von Koniferenplantagen verdrängt worden. Auf den übrigen Trails nimmt seine Breite auf Grund der nicht regelmäßig verteilten Niederschlagsmenge von West nach Ost ab. Der Regenwald ist das eigentliche **Wasserreservoir**, das den Reichtum von vier Distrikten begründet. Etwa 70 % aller höheren Pflanzenarten, ca. 78 % aller Vogelarten und ca. 80 % aller größeren Säugetierarten des Mt. Kilimanjaro kommen bzw. kamen in dieser Zone vor. Sie beginnt bei einer Höhe von **ca. 1.800 m** (NP-Grenze) und findet ihr natürliches Ende spätestens auf **3.050 m** Höhe.

Von den ca. 10.000 in Tansania beheimateten **Gefäßpflanzen** kommen ca. 1.100 als endemische Arten im Regenwald vor. Die bekannteste Pflanze, die jeder Wanderer zu Gesicht bekommt, ist ***Impatiens kilimanjari***, ein unscheinbares, fast unkrautartiges Gewächs, welches nur hier gedeiht. ***Senecio johnstonii*** wird Ihnen ab ca. 2.500 m begegnen. Gelegentlich werden sich aber auch Flächen offenen Graslandes zeigen, die auch oft von **Erikagewächsen** besiedelt sind - Zeugen längst vergangener, wahrscheinlich von Menschen verursachter Feuersbrünste. Als Charakterbaum im feuchteren Süden des Berges kann der mit der Pinie verwandte Podocarpus milanjianus genannt werden. Im wesentlich trockeneren Norden ist es Juniperus procera.

Auf **Tiere** werden Sie im Regenwald, wie auch in den anderen Zonen, nur **selten** treffen. Einige **Frösche**, hin und wieder ein **Vogel** (mehr akustisch als optisch wahrzunehmen), ein huschender Schatten in der Ferne könnte ein **Affe** gewesen sein - schwarzweiße **Colobus-Affen**, **Meerkatzen** und **Grüne Babuinen** kämen hier in Frage. Das nachtaktive **Waldschwein**, erkennbar am weißen Fellstrich, der sich vom Kopf über den gesamten Rücken bis zur Schwanzquaste zieht, hat gerne seine Ruhe und wird sich hüten, in die Nähe von Menschen zu kommen, dasselbe gilt für das **Stachelschwein**.

Von den vier kleinen, selten vorkommenden **Antilopenarten** (**Suniböckchen**, **Abbott**-, **Harvey**- und **Kronenducker**) ist Abbott's Ducker erwähnenswert. Einst lebte die größte Population der Welt im Regenwald des Mt. Kilimanjaro, heute ist er lt. IUCN- (International Union for Conservation of Nature and Natural Ressources, Gland/ Schweiz) Status "bedroht". Er wurde selbst von Rangern schon lange nicht mehr gesichtet (das letzte Mal 1989).

Das angestammte Revier von **Löwen** ist die offene, weite Grasfläche. Da aber von Löwen in der Heidezone berichtet wurde, müssen sie irgendwann auch durch den Wald gekommen sein - verirrte Durchreisende. **Leoparden** hingegen (IUCN-Status: "gefährdet") fühlen sich im Wald zu Hause. Keine Angst - obwohl beide Katzen erst 1990 zuletzt gesehen wurden, werden Sie weder Leoparden noch Löwen zu Gesicht bekommen, sie scheuen die Trails. **Reedbock** (zuletzt 1944 gesichtet) und **Klippschliefer** (letzte Sichtung 1965) sind wahrscheinlich am Mt. Kilimanjaro nicht mehr anzutreffen. Eduard Oehler berichtete von seiner Besteigung 1912 über Elefanten (nahe dem heutigen Marangu HQ): "...hatten wir gesehen, wo die großen Tiere durch den Wald gebrochen waren und Stämme so stark wie Telegraphenstangen umgeknickt hatten...". Es war der letzte Bericht über Elefanten in dieser Region.

Der die **nördlichen Hänge** des Mt. Kilimanjaro bedeckende **Regenwald** beherbergt in unmittelbarer Umgebung des Amboseli-NPs (Kenia) eine weitaus größere Gemeinschaft an Tieren. In erster Linie sind **Elefanten** zu nennen, eine Gruppe von ca. 200 Tieren wandert regelmäßig im Trockenzeit-Regenzeit-Rhythmus zwischen Mt. Kilimanjaro- und Amboseli-NP hin und her.

Ein geschützter *wildlife corridor* wurde eingerichtet, um diese Wanderungen auch weiterhin zu ermöglichen. Das **Breitmaulnashorn** lebte bis 1979 (letzte Sichtung) auf den nördlichen Hängen im Regenwald. Es deutet aber einiges darauf hin, dass es doch noch immer existiert.

Mit Ausnahme von Marangu- und Lemosho--Trail beginnt jeder Trail mit einer Breite von bis zu 10 m. Es ist dies eine ehemalige Forststraße, die sich nun der Urwald wieder zurückerobert. Lemosho-Trail beginnt sofort im Wald; nur die Straße an der Marangu-Route bleibt auch weiterhin für Rettungseinsätze und Materialtransport (zur Mandara-Hüte) bestehen.

An diesen Straßen wird der Wanderer noch von einigen Exoten wie **Japan-Kirsche**, **Eukalyptus**, **Brombeere** begleitet; an den Wegesrändern stehen vor allem im Januar und Februar blühende Blumen und Sträucher.

Wenn sich nach Ende der Forststraße der Weg verengt, beginnt das Reich der Dunkelheit. **Moose**, **Flechten**, **Baumfarne** begleiten uns ab hier. Insgesamt sind bis jetzt auf dem Mt. Kilimanjaro 596 verschiedene Moosarten bekannt, zwölf davon (2 %) sind hier endemisch, ca. 25 % in Ostafrika. Der weitaus größte Teil von ihnen kommt im Regenwald-Gebiet (südliche und südöstliche Seite) vor. Einige dieser Pflanzen stoßen bis auf 4.500 m vor und besiedeln dort feuchte, windgeschützte Höhlen und Unterstände.

**Moose und Flechten** stellen enorme **Wasserspeicher** dar, helfen somit, einen zu schnellen Wasserabfluss zu verhindern und wirken auch einer zu raschen Verdunstung entgegen. Schätzungen gehen davon aus, dass während eines einzigen mittelprächtigen Regenschauers ca. 1 Mrd. l Wasser von Moosen und Flechten gespeichert wird (auf einer Fläche von ca. 200 km$^2$ auf den südlichen und südöstlichen Hängen). Da Moose nicht nur auf Bäumen, sondern auch am Boden wachsen, wirken sie letztendlich auch **der Bodenerosion entgegen**.

Die Biomasse (Trockengewicht) von Moosen beträgt ungefähr 12.000 kg/ha (Laubwerk liefert vergleichsweise magere 8.000 kg/ha). Dass dadurch die **Humusproduktion** angekurbelt wird, scheint klar. Flechten (eine Symbiose aus Algen und Pilzen) benötigen mehr Licht als Moose und erscheinen erst in größeren Höhenlagen, zuerst an den Wipfeln der Bäume.

In erster Linie fallen meterlange, grünliche **Bartflechten** ins Auge. Nun wird auch der Wald etwas lichter, durchscheinender. Manches Mal gestattet er Ausblicke auf die umgebenden Hänge. Manch einer hat Glück und sieht in diesen Momenten einen einsamen **Adler** kreisen.

In windgeschützten Mulden und an Bachbetten trifft man auf die ersten **Senecien** mit ihren Kohlbüscheln am Kopf. Eigenartige Lebewesen - 95 % dieser Pflanze machen einen abgestorbenen Eindruck, der Rest ist fleischiges Leben, die selten, vornehmlich von Dezember bis Februar zu sehende Blüte kann über 2 m hoch werden. Senecien (und Flechten) sind **stark gefährdet**, da ihre Blätter eine gute Unterlage für die Träger- und Führerschlafstätten bilden. Erst sehr wenige Tour Operator sind auf die Idee gekommen, auch Träger und Führer mit Matratzen auszustatten.

Je näher man den ersten Hütten bzw. Camps kommt, die an der Grenze zwischen der Regenwaldzone und der Heide-/Moorlandzone liegen, desto mehr verkürzt sich der Regenwald, um so lichter wird er, und desto mehr verdrängen auch in den Bodenlagen Flechten die Moose.

## Die Heide- und Moorlandzone

Die Heide- und Moorlandzone (bis ca. 4.000 m) wird in unteren Lagen von bis zu 10 m hohen, immergrünen **Erikagewächsen (Erikazeen)** dominiert - dünne, schwach im losen Erdreich verankerte Stangen, die über und über mit Flechten und Moosen bewachsen sind. Pfeifenrauchern wird die Farbe des Holzes von *Erica arborea* (zu sehen an den rotgoldenen Schnitt- bzw. Hackflächen - Produkt der verbotenen Brennholzbeschaffung) bekannt vorkommen. Diese Art liefert, allerdings in der wesentlich kleineren mitteleuropäischen Strauchform, das Holz für die berühmten Bruyere-Pfeifen.

*Erica arborea* ist auch deshalb erwähnens- bzw. bedauernswert, weil fast ausschließlich dieses Gewächs als **Brennholz** verwendet wird. Die meisten Camps der 3.700-m-Linie liegen bereits in holzarmer, die Hütten/Camps darüber in holzfreier Gegend (Brennholz wird auf dem Trägerkopf dorthin geschleppt). Die Vegetation der Umgebung von Shira Camp und Horombo-Hütte liefert den Brennstoff für die Zubereitung von mehr als 90.000 Mahlzeiten/Jahr, zusätzlich dient sie als Wärmequelle für ca. 40.000 Träger und Führer. Der Wunsch der TANAPA nach Verwendung von Flüssigbrennstoffen sowie nach Anlage von großen Tanks zumindest entlang des Marangu Trails ist daher mehr als begründet.

Die hellgrüne Farbe der **Regenwald-Flechten** ist einem kalten Graugrün mit bläulichem Einschlag gewichen. Am beeindruckendsten sind wiederum die märchenhaften, langen **Bartflechten**. Hin und wieder, auf dem Mweka Trail sogar sehr oft, findet man orangerote **Flechtengespinste**. Auf dem Mweka Trail und hin und wieder am Marangu Trail kommen auch **Silberblattgewächse** (Proteusgewächse) in großen Ansammlungen vor. Vor allem ***Protea kilimandscharica*** mit den riesigen artischocken-ähnlichen Blüten wird am Mweka Trail Ihr ständiger Begleiter in dieser Zone sein.

***Senecio kilimanjari*** (endemisch) wird bis zu 5 m hoch und findet sich, auch in den unteren Lagen dieser Zone, an feuchten Stellen inmitten von Moorwiesen und entlang von Bachläufen. Dieser Pflanze folgt ***Lobelia deckenii*** mit ihren vornehmen dunkelblauen Blüten. Noch etwas höher kommt - mit einer Wuchshöhe von bis zu 10 m sehr eindrucksvoll - ***Senecio cottonii*** meist im Nebel vor. Es ist die letzte wirklich große Pflanze, die der einsame Wanderer zu sehen bekommt, sie begleitet ihn über den Southern Summit Circuit und stellenweise noch höher hinauf. Sie wird nicht umsonst im Deutschen als **Gespensterbaum** bezeichnet. Der abgestorben wirkende Stamm ist keineswegs tot, sondern fungiert als Wasserspeicher für die obenauf liegenden "Kohlköpfe". Die dichten Blattrosetten schützen nachts den zentral gelegenen Pflanzenteil vor Erfrierungen.

Der Vegetationstyp **Erikagewächse** ist auf den südlichen und östlichen Hängen (Marangu, Mweka, Umbwe und Machame Trail) wesentlich dichter ausgebildet als im Westen (Shira Trail) oder Nordosten (Rongai Trail) des Berges. Die bei der Beschreibung des Regenwaldes erwähnten zwölf endemischen **Moose** des Mt. Kilimanjaro kommen fast alle in dieser Zone vor.

Die Pfade sind durchweg so angelegt, dass man die **grasbestandenen Moore** fast nie queren muss, sondern diese umrundet. Sollte Sie aber das Missgeschick eines wirklich kräftigen und anhaltenden Regenfalles heimsuchen, dann sind alle Trails in dieser Zone mehr Sumpf als Weg. Durchschnittlich fallen ca. 1.000 mm Regen pro Jahr (in den unteren Lagen ca. 1.300 mm, in den oberen ungefähr 530 mm). Spätestens hier macht man auch die erste Bekanntschaft mit dichtem **Nebel**. Der Feuchtigkeitsgehalt der Luft kann sich auch während der Trockenzeit bis auf 100 % erhöhen und damit als **Regen** ausfallen. Ein zweiter Schauer überfällt Sie am frühen Nachmittag. Das gilt in erster Linie für den Machame und Umbwe Trail, Mweka und Marangu Trail bleiben meist von Regen verschont, Shira und Rongai Trail sind fast gänzlich trocken (während der Trockenzeit).

In höheren Lagen dieser Zone nimmt auch die **Wuchshöhe** der Pflanzen dramatisch ab, bis man nur noch durch **kniehohe** Pflanzenpolster wandert. Auch hier gedeihen noch **Senecien**, allerdings in vergleichsweise winzigen Formen (*S. purtschelleri, S. meyeri-johannis, S. telekii*). *Senecio cottonii* ist hartnäckig und wagt sich in vereinzelten Exemplaren bis auf 4.500 m hinauf.

Die für jeden sichtbare Tierwelt bietet neben **Krähen**, **Mäusen**, **Ratten** noch **sperlingsähnliche Vögel** (*Serinus striolatus*), die sich um jeden fallengelassenen Krümel streiten. Raubvögel (**Bussarde**, **Adler**, **Lämmergeier**, IUCN-Status:

"bedroht") meiden die Gesellschaft des Menschen und somit die Trails. **Löwen**, **Elenantilopen** oder gar **Büffel**, von deren Anblick sporadisch berichtet wird (zuletzt 1990), sind höchstens verirrte Besucher in dieser Gegend.

Es ist eine sehr abwechslungsreiche Zone, die einem viele Rätsel aufgibt. Am beeindruckendsten ist, sobald man den Regenwald verlassen hat, der ununterbrochene Anblick des Kibo, der dem Wanderer den Weg weist.

In der Übergangszone zur Steinwüste - hier liegen die Hütten und Camps - gibt es nur noch sehr **kleinwüchsige**, ganzjährig blühende Pflanzenformen, die in Mattenform den Boden bedecken. Die Kälte, die auch tagsüber hier herrscht, lässt mit Ausnahme von *Senecio cottonii* und *Lobelia deckenii*, keine höheren Pflanzenformen mehr zu. **Lobelien** schützen sich, indem sich die äußersten Rosettenblätter zusammenfalten und so eine Art Dach über dem gespeicherten Wasser bilden. Zusätzlich erzeugen innere Blätter ein Sekret, welches das Einfrieren des Wassers verhindert. Nur die oberste Schicht wird zu Eis.

Der Vollständigkeit halber sei noch erwähnt, dass sich in dieser Zone auf ca. der 3.600-m-Höhenlinie auch der Übergang zwischen Glazialboden und wassererodiertem Vulkanboden befindet. Allgemein verständlich bedeutet das, dass die Gletscher einst bis auf diese Höhenlinie herunter reichten.

## Die Steinwüstenzone

Die Steinwüstenzone reicht vom oberen Ende der Heide- und Moorlandschaft bis zum endgültigen Aus der pflanzlichen Vegetation in **ca. 5.000 m** Höhe. Der gesamte Southern Summit Bound sowie die Anstiege zur Kibo-Hütte und zum Barafu wie Arrow Glacier Camp fallen in diese Zone. In den tiefer gelegenen Regionen gedeihen die letzten kleinen **Senecien**, **Lobelien** sind hin und wieder auch noch zu sehen. Weiter oben bestimmen zerzauste **Grasbüschel** die Landschaft, manches Mal versteckt sich ein Büschel **Kilimanjaro-Edelweiß** (*Arabis alpina*) an windgeschützten Stellen.

Die Pflanzen kämpfen hier nicht nur mit der Kälte, sondern auch mit einem Phänomen, welches als **Solifluction** bekannt ist und am besten mit "natürlicher Entwurzelung" übersetzt werden kann: Nachts gefriert die dünne Schicht Erdreich, in der diese Pflanzen verankert sind und das vorhandene Quäntchen Wasser dehnt sich aus. Dieser Vorgang wirkt wie eine Schaufel, die die Pflanze ausgräbt.

Dennoch gedeihen hier noch 55 Arten von **Gefäßpflanzen** (Tracheophyta, mit einem besonderen Wasserleitungssystem ausgestattete Pflanzen wie Farne und alle Blütenpflanzen). Dominierend sind aber **Krusten- und Fadenflechten** an Steinen und Felsen. In winzigen Punkten oder quadratmetergroßen Flächen färben sie die Landschaft rot, orange, graugrün, weiß und vor allem schwarz. Betrachten Sie die herumliegenden Felstrümmer und die hoch aufragenden Wände genau: Schwarz ist nicht ihre natürliche Farbe, das sind Flechten!

Am Southern Summit Bound lernt man die Wegkenntnis des Führers schätzen: Erstens lässt der häufige **Nebel** keine größere Sichtweite als ca. 100 m zu (sie kann bis auf Null sinken), zweitens weisen einige Flechten dieselbe rote Farbe auf wie die Wegmarkierung.

Als Neil Armstrong als erster Mensch die Mondoberfläche betrat, fiel ihm keine damit vergleichbare Landschaft auf der Erde ein. Hätte er vorher die Steinwüste des Southern Summit Bounds besucht, er hätte nicht lange überlegen müssen. Die hier herrschende **Kälte** hat etwas ebenso mondhaftes an sich wie die ungebremsten Stürme, die - hier keine Seltenheit - eine Geschwindigkeit von bis zu 80/90 km/h und darüber erreichen können. Wasser fällt in dieser Zone nur mehr in geringen Mengen vom Himmel - ca. 250 mm/Jahr, während der Trockenzeiten in erster Linie als Regen (oder Hagel), in den Regenzeiten in Form von Schnee.

Obwohl es nachts friert, können die Tagestemperaturen +40° erreichen. Durch den Wind wird die Hitze gemildert, man merkt sie kaum. Schützen Sie Kopf, Lippen und Nase! Im Gegensatz zur grau-schwarzen Steinwüste am Southern Summit Bound glänzt die Steinwüste des Marangu Trails - der Saddle - in Braun.

An **Tieren** kommt hier nur noch eine kleine **Spinnenart** vor, von der niemand so recht weiß, wie sie lebt und wovon sie sich ernährt. Letzter wissenschaftlicher Stand: Wahrscheinlich wird durch Aufwinde doch soviel Kleinstgetier hinaufgewirbelt, dass diese Tierchen Nahrung erhaschen und somit überleben können. Sie leben wahrscheinlich unterirdisch in wohl selbstgegrabenen Höhlen. Diese Spinnen sind für einen aufmerksamen Beobachter nicht zu übersehen (ihre zweifelhafte Ernährungssituation ist durch die Essensreste der Besucher jedenfalls besser geworden).

Die Umgebung der **Hütten und Camps** in der Steinwüstenzone (Kibo, Barafu, Arrow Glacier, Lava Tower) lassen erahnen, was der Gipfelsturm bieten wird.

Charakteristisch für den Mt. Kilimanjaro ist auch die Bodenbedeckung dieser Zone - Sand, Kies und fast kugelrunde 25 bis 50 cm im Durchmesser messende Steinblöcke, die über -zig Kilometer in relativ regelmäßigen Abständen von einigen Metern verteilt herumliegen. Diese Blöcke sind Verwitterungsprodukte der

Lavaströme, die anderenorts üblicherweise zu Säulen ausgebildet werden. Nur am Kilimanjaro erodierte die erstarrende Lava zu Blöcken bzw. Kugeln.

## Die Krater- oder Gipfelzone

Die Krater- oder Gipfelzone präsentiert sich mehr oder weniger **bar jeden Lebens**. Eiseskälte, Stürme, Gletscher, Lava und extrem hohe UV-Strahlung beherrschen die Szenerie. Nur extreme Außenseiter stoßen bis hierher vor: *Schistidium apocarpum*, ein **Moos**, wurde am Western Breach auf 5.050 m gesichtet, die **Flechtenarten** *Omphalodina melanophthalma* und *Umbilicaria aprina* ebendort in 5.400 m Höhe.

In den heißen Schwefelquellen des Kraters leben **Bakterien,** höhere Tiere sind selten. 1926 fand Reusch, ein deutscher Missionar, am Kraterrand (Leopard's Point, östlich Gilman's Point, eine verrottete Tafel erinnert daran) einen erfrorenen Leoparden (an sich nicht außergewöhnlich, Leoparden wandern gerne und weit). 1962 wurden drei Wanderer von **Wildhunden** bis zum Uhuru Peak "begleitet". Niederschläge fallen nur noch in Form von **Schnee**.

Als Meyer & Co. 1889 den Aufstieg schafften, kämpften sie bereits bei ca. 5.300 m mit Eis. Der Krater war zur Gänze vergletschert bzw. mit Schnee bedeckt. Die Bewohner der sonnendurchfluteten unteren Hänge hielten den Schnee für Silber und waren erstaunt, dass er beim Transport in nichts zerfloss.

Zu den Ursachen des dramatischen **Eis-Rückganges** sind die Meinungen geteilt. Sie scheinen aber nicht mit einer globalen Erderwärmung, dem Treibhauseffekt o.ä. zusammenzuhängen. Am häufigsten wird eine Theorie vertreten, die davon ausgeht, dass die dunkle Farbe des Gesteins Wärme absorbiert und dies die Gletscher vom Rand her abschmelzen lässt. Der Wasserreichtum der unteren Zonen rührt aber nicht von diesem Schmelzwasser, sondern allein von Regen- und Schneefall.

Die Landschaft der Gipfelzone kann mit ihren immer noch mächtigen **Gletschern** nur als phantastisch bezeichnet werden. Getrübt wird dieses Erlebnis nur durch Temperaturen, die bis zu -25° betragen können. Verstärkt wird diese **Kälte** noch durch **wilde Stürme** (☞ Gefahren). Details zur Biologie siehe auch "Kilimanjaro-Lesebuch" (Kap. "Lebensader Kilimanjaro", "Kihamba & Mfongo" und "Kampf um Eis und Schnee".

Zum Krater selbst ist zu sagen, dass er der wahrscheinlich perfekteste dieser Welt ist.

# Reise-Infos von A bis Z

*Kisutu Area in Dar es Salaam*

# An- und Abreise

> Die Ausfuhr von Antiquitäten und durch CITES (Washingtoner Artenschutzabkommen) geschützte Tiere bzw. Teile von diesen ist nicht erlaubt (die Einfuhr ist auch bei der Einreise ins Heimatland nicht gestattet). Bei der Ausreise ist ebenfalls ein statistisches Formular auszufüllen (☞ Geld).

Aufgrund der geringen Entfernung zu Arusha oder Moshi empfiehlt es sich, über **Kilimanjaro International Airport** (**KIA**, zwischen den genannten Orten gelegen) anzureisen. Derzeit (2005) fliegen allerdings nur KLM und Condor diese Destination an.

Die Anreise über Kenia (Nairobi oder Mombasa) ist trotz meist günstigerer Preise nicht besonders sinnvoll (☞ Transport).

Der internationale Flughafen von Dar es Salaam ist 650 km von Arusha/Moshi entfernt (British Airways, Swissair, Emirates, Ethiopian Airlines, ebenfalls South African Airlines, allerdings Umweg über Johannesburg).

Anreise zu den Basisstationen, ☞ Transport.

# Ausrüstung

Wichtigster Ausrüstungsgegenstand ist der **Schlafsack**, ausreichend gefüttert für -15°C (wer im Krater nächtigen will sollte noch 10 Minusgrade dazu rechnen). Wie bei der Kleidung kann durch Mehrschichtigkeit der wärmenden Hüllen (**Zwiebelschalensystem**) eine größere Leistung (bei geringerem Gewicht und Volumen) hervorgerufen werden: Sie wählen einen etwas leichteren, dünneren Schlafsack und nähen sich einen weiteren Schlafsack beispielsweise aus Seide oder Baumwollbatist, den Sie, sozusagen als Innenfutter, innerhalb des Schlafsackes direkt am Körper tragen (er schützt auch den äußeren Schlafsack vor Verschmutzung). Von der Verwendung eines Innenschlafsackes aus purer Baumwolle rate ich aus Gewichts- und wärmetechnischen Gründen ab.

Zum **Füllmaterial** des Schlafsackes sei gesagt, dass Daune auf diesem Berg nicht unbedingt das Nonplusultra darstellt. Die Luftfeuchtigkeit kann enorme Werte annehmen; der Schlafsack ist nie 100 %ig wasserdicht verpackt und bekommt evtl. einen Regenguss ab; auf der ersten Hütte schwitzt man, das Gewebe kommt mit dem Abtransport der Flüssigkeit nicht nach, das Füllmaterial wird feucht oder gar nass. **Kunstfaser-Füllungen** trocknen wesentlich schneller.

Da Sie entweder in Bewegung oder im Schlafsack sind, halte ich die Mitnahme von Schuh- bzw. Handschuhwärmern nicht für erforderlich.

Einen **Biwaksack** sollte man bei einer Wanderung immer dabeihaben. Im Notfall (Wettersturz) kann er lebensrettend sein. Diesen Ausrüstungsgegenstand sollten Sie während der Wanderung immer bei sich tragen!

Wasserflaschen mit Styropor-Isolation nehmen auf Grund ihres großen Volumens viel Platz ein, solche aus Edelmetall sind teuer. Eine Alternative stellen gebrauchte 1-Liter-PET-Flaschen dar (Reserveverschluss nicht vergessen). Da sie aber nicht isoliert sind, schmeckt das Wasser bald schal.

Die Wasserflasche/Wasserbehälter während der Wanderung immer bei sich führen!

☺ Geben Sie zur Geschmacksverbesserung einen Teebeutel hinein, in höheren Lagen (Minusgrade) Zucker beifügen, der setzt den Gefrierpunkt herab.

Die beim Wandern am meisten beanspruchten Körperteile sind die Knie. Um diese Beanspruchung etwas zu mindern, kreierte man den **Teleskopwanderstock**. Er ist eine technische Erfindung, die den Anwender unter gewissen Voraussetzungen wirklich einmal entlasten kann: Immer nur zwei Stöcke verwenden, die Länge muss stufenlos verstellbar sein und die Griffe so geformt, dass ein Abstützen der Hand nach unten möglich ist. Der Einsatz erfolgt so nah beim Körper wie möglich, entlang der Fall-Linie, denn je weiter die Stöcke vom Körper entfernt sind, desto weniger entlasten sie und desto mehr beeinträchtigen sie das Balancegefühl. Nachteil: Regelmäßiges Wandern mit Teleskopwanderstöcken vermindert das Balancegefühl und die Trittsicherheit. Ich rate daher nur Menschen, die sog. Problemknie haben (Meniskus- und/oder Bänderschädigung auf Grund regelmäßiger Überbelastung, durch Übergewicht, mangelhaft trainierte Oberschenkelmuskulatur, aber auch Plattfüße), Teleskopstöcke zu verwenden.

Die vom Tour Operator zur Verfügung gestellten Wanderstöcke entsprechen nicht immer diesen Anforderungen.

Neben einem Koffer/Rucksack/sonstiger Verpackung, um Ihre Ausrüstung von Europa nach Afrika zu transportieren, brauchen Sie für die Kilimanjaro-Besteigung ein weiteres zweckmäßiges Behältnis, denn Sie müssen während der Besteigung mindestens die folgenden Gegenstände selbst tragen: Foto-/Videoausrüstung, Lunchpaket, Biwaksack, Wasserflasche, Toilettenpapier und sonstige Toilettengegenstände, Regenbekleidung, ab der ersten Hütte/Camp ein wärmeres Kleidungsstück (evtl. Handschuhe, Landkarte, Schrittzähler, Zigaretten, Feuerzeug, Fernglas), Teleskopwanderstöcke. Diese Gegenstände verstaut man, falls man sie nicht sowieso in Händen halten muss, am besten in einem **Rucksack**.

☞ Wählen Sie nicht das billigste Exemplar! Zumindest das Tragesystem (Bauchgurt, Hüftabstützung, Höhenverstellung) sollte vom Besten und das Material so weit wie möglich **wasserfest** sein (handelsübliche Abdeck- bzw. Überzugplanen sind nur ein geringer Schutz). Planen Sie bei der Auswahl der Größe (ca. 30 l) auf jeden Fall ein kleines Reservevolumen ein.

**Sonstiges**: Toilettenartikel (Toilettenpapier sollte sich immer in ausreichender Menge in Ihrem Tagesrucksack befinden), Allzwecktaschenmesser, Taschenlampe (Stirnlampen bewähren sich bestens), Reservebatterien - in größeren Höhen lässt die Leistung von Batterien stark nach. Ein Ausfall kann beim Gipfelanstieg, der in der Regel um Mitternacht beginnt, zu Komplikationen führen. Reisewecker (mechanisch, elektronische vertragen die Luftfeuchtigkeit nicht). Wasserfilter (Katadyn) oder Tabletten bzw. Pulver oder Tropfen (Certisil) zur Wasserentkeimung, denn das Trinkwasser wird der Umgebung entnommen.

**Zelte und Matratzen** (Schaumstoff, zwischen 3 bis 10 cm dick) in ausreichender Qualität können von fast allen Tour Operator bereitgestellt werden, sind aber nicht immer im Pauschalpreis inbegriffen! Die Preise sind sehr unterschiedlich und bewegen sich für ein Zelt von US$ 10 (für die Dauer der gesamtem Wanderung) bis US$ 5 (pro Tag und Person).

Alle anderen Ausrüstungsgegenstände (ausgenommen technische Geräte) können ebenfalls vom durchführenden Tour Operator gemietet werden. Auch hier sind die Preise sehr unterschiedlich - einige Beispiele sollen dies verdeutlichen: Anorak US$ 7/Tag bzw. US$ 10 für die gesamte Wanderung, Schlafsack US$

7/Tag bzw. US$10 für die gesamte Wanderung, Regenjacke US$ 7/Tag bzw. US$ 10 für die gesamte Wanderung, Wasserflasche US$ 5/Tag bzw. US$ 4 für die gesamte Wanderung.

Bevor Sie diese Möglichkeit ins Auge fassen, sollten Sie bedenken, dass es sich bei den Stücken um gebrauchte handelt ("Trinkgeld" von Touristen an Träger und Führer, diese wiederum verkaufen die Stücke an den Tour Operator) und dass nur Durchschnittsgrößen vorrätig sind. Technische Geräte (Höhenmesser, Fotoapparat, GPS usw.) können nicht geliehen werden.

Sparen Sie bei der Ausrüstung nicht am falschen Platz. Sie ist neben der Bekleidung der Garant dafür, dass die Auswirkungen von Nässe, Kälte und Wind nicht zu einem frühzeitigen Abbruch der Wanderung führen.

# Basisstationen

## Allgemeines

In den schönen Dörfern Umbwe, Mweka und Rongai sowie in den Dörfern am Fuße des Shira bzw. Lemosho Trails (Sanya Juu, Ngare Nanyuki, Londorossi) gibt es weder Unterkünfte noch Tour Operator. Man durchfährt diese Dörfer, wenn man den Umbwe, Rongai oder Shira/Lemosho Trail zum Aufstieg benutzt bzw. über den Mweka Trail absteigt. Die Zeit ist leider immer zu kurz, um hier in aller Ruhe eine Tasse Tee zu nehmen oder ein bisschen herumzuschlendern. Die Möglichkeit, einen zusätzlichen Tag zu buchen und ihn hier zu verbringen, besteht grundsätzlich; Übernachtungsmöglichkeit beim NP Gate (Camping, US$ 40/Person).

Im Prinzip gilt Gesagtes auch für das Dorf Machame (Start der Machame-Route), allerdings hat sich hier das Protea Hotel Aishi Machame (Kat. A) kurz vor dem Dorf angesiedelt - ✉ proteaaishireservations@satconet.net ☏ 00255/27/275 6948, FAX 275 6821, (Restaurant und Tour Operator selbstverständlich angeschlossen). Die Anreise erfolgt mittels Dalladalla vom Bahnhof in Moshi (bzw. werden Sie bei gebuchter Tour vom Busbahnhof in Moshi abgeholt).

Als **Basisstationen** für die Selbstorganisation kommen eigentlich nur **Arusha**, **Moshi** und **Marangu** in Frage. Da für diejenigen, die zu einer Kilimanjaro-Besteigung hierher kommen, der Berg als solcher im Mittelpunkt des Interesses steht und nicht die Basisstationen, beschränke ich mich bei der Beschreibung dieser Ortschaften auf die für Durchführung und Organisation der Besteigung wichtigen Punkte.

🛏 **Hotels** sind der leichteren Übersicht halber in **vier** Preiskategorien unterteilt.

Kat. D **Einfache Unterkunft**, in der Regel EZ, DZ verfügbar, keine Klimaanlage, Ventilator oft, Moskitonetz meist vorhanden, Restaurant und Bar nicht immer vorhanden, in Unterkünften ohne Restaurant kein Frühstück, selten funktionierender Telefonanschluß (fast immer aber Mobilnetz vorhanden), fast nie Fax- bzw. Internetanschluss, meist Gemeinschaftsdusche und -toilette (nicht *self contained,* Warmwasser meist nur morgens vorhanden, hin und wieder auch abends), während der Hauptsaison meist ausgebucht. Reservierungen scheitern oft an Sprachproblemen, ca. US$ 5 - 10/Person.

Kat. C **Leicht gehobener Standard**, meist keine Klimaanlage, Ventilator und/oder Moskitonetz praktisch immer vorhanden, Restaurant und Bar vorhanden, Frühstück dennoch nicht immer im Preis eingeschlossen, Dusche und Toilette im Zimmer (*self contained*, Warmwasser fast immer vorhanden), Telefon- und Faxanschluss meist in Betrieb, Internetanschluss oft vorhanden. Während der Hauptsaison oft ausgebucht, US$ 10 bis 30/Person.

Kat. B Europäischer **Mittelklasse** vergleichbar, Klimaanlage vorhanden, dafür aber fast nie Moskitonetze, Zimmer *self contained* (Warmwasser immer vorhanden), Restaurant gehobenen Standards sowie bessere Bar immer vorhanden, Frühstück immer im Preis eingeschlossen, Telefon- und Faxanschluss in Ordnung, Internetanschluss obligat (meist auch Internet-Cafe), eher selten ausgebucht, US$ 30 bis 50/Person.

Kat. A Den europäischen **4- bzw. 5-Sterne-Hotels** vergleichbar, an denen sich die Besitzer (meist internationale Ketten) auch orientieren, von US$ 50/Person aufwärts. Ich werde im Text auf gravierende Mängel bzw. Superausstattung hinweisen.

☹ Die Tatsache, dass Touristen Hotelrechnungen nicht mehr in US$ zahlen müssen - verlautbart in einem Schreiben vom 9.4.1996 der "Bank of Tanzania" an den Vorsitzenden der "Hotel Keepers Association of Tanzania" - hat sich leider noch nicht bei allen Hotelbesitzern herumgesprochen.

Vor allem in Hotels der Kat. A sollten Sie damit rechnen, dass Sie Ihre Rechnung nach wie vor **in US$** präsentiert bekommen. Die B-Kategorie ist geprägt vom Übergang zur Kat. D und C, in welchen Tansania Shillingi anstandslos genommen werden. Bei Forderungen in US$ sollten Sie ganz einfach bemerken "Ich möchte aber in tsh bezahlen", meist genügt das (erkundigen Sie sich aber nach dem Wechselkurs - der kann manchmal mehr als sehr merkwürdig sein (siehe Kap. Geld) - und rechnen Sie genau nach). Ab der Kat. B ist es mehr oder weniger obligat geworden, dass Touristen - gesetzlich gedeckt - mehr bezahlen als Tansanier und sonstige Residents. Wenn Sie ein solcher sind, sollten Sie Ihren Pass immer griffbereit haben, die Aufenthaltsgenehmigung wird peinlichst genau kontrolliert. Die Spanne zwischen Resident- und Foreigner-Preis kann bis zu 70 % betragen.

Vielen Hotels ist auch ein **Tour Operator** angeschlossen (teilweise angemietet, teilweise im selben Besitz). Falls sich Tour Operator und Hotel in denselben Händen befinden, kann, vor allem in der Nebensaison, eine Reduzierung der Gesamtkosten ausgehandelt werden, wenn Sie Hotel und Tour gemeinsam buchen. Grundsätzliche Abweichungen von diesem Muster sind angeführt.

Die bei den Restaurants angegebenen Preise sind Durchschnittspreise für ein Hauptgericht.

## Arusha

Die Stadt schmiegt sich in 1.391 m Höhe an die auslaufenden Hänge des ebenfalls erloschenen Vulkans und dritthöchsten Berges Tansanias, des Mt. Meru. Diese Lage wirkt sich sehr **günstig** auf das Klima aus, so sinken die Temperaturen zumindest während der Nachtstunden auf ein erträgliches Niveau. Richtig heiß wird es erst ab ca. 14:00.

In dieser relativ großen und auch sehr betriebsamen Stadt wurden **Modernität und Traditionalität** auf gelungene Weise miteinander verbunden und uniforme Internationalität mit all ihren Vor- und Nachteilen mit dem einer afrikanischen Stadt innewohnenden fremdländischen Flair ohne Probleme kombiniert - **ein schöner und idealer Aufenthaltsort**! Allerdings muss auch gesagt werden, dass hier die meisten Tour Operator ansässig sind und der Konkurrenzkampf mörderisch ist: Sie sind noch nicht einmal dem Bus oder Flugzeug entstiegen, werden Sie schon

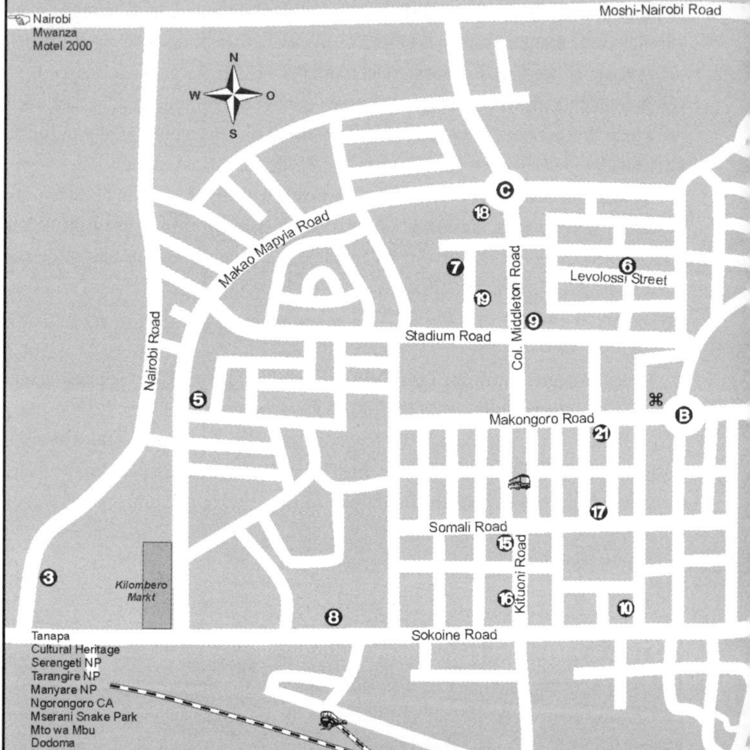


1 Mt. Meru Hotel
2 TTB
3 Nairobi Rd. Bar & Villa GH
4 Equator Hotel
5 C.M. Guesthouse
6 Monjes Guesthouse
7 AM 1988 Hotel
8 Meru House Inn
9 Annex of Arusha by Night Hotel
10 Coyote Guesthouse
11 Arusha Resort Center
12 Everest Chinese Restaurant & Hotel
13 Outpost Lodge
14 YMCA
15 Hotel 711
16 Town Guesthouse
17 Robbanyson Hotel
18 Palm Inn
19 Midway Hotel
20 Arusha Naaz Hotel
21 Crown Hotel
22 AICC Hospital
23 Le Jacaranda

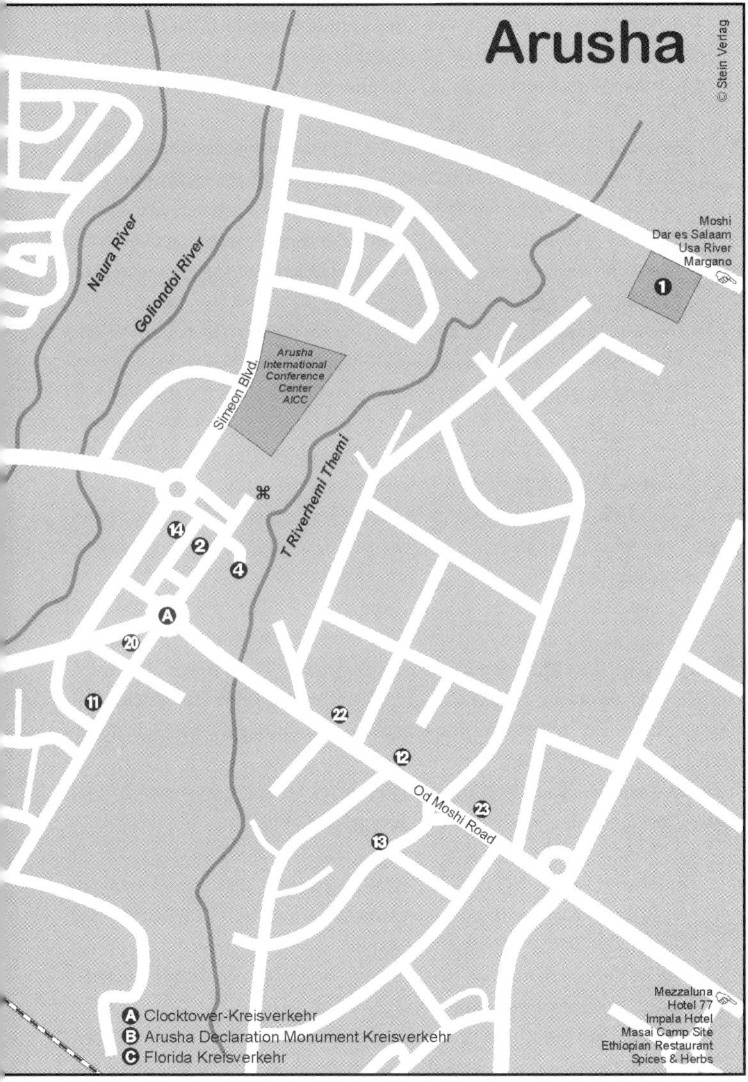
Arusha
© Stein Verlag
Moshi
Dar es Salaam
Usa River
Margano
Naura River
Goliondoi River
Arusha International Conference Center AICC
Simeon Blvd.
T Riverhemi Themi
Od Moshi Road
Mezzaluna
Hotel 77
Impala Hotel
Masai Camp Site
Ethiopian Restaurant
Spices & Herbs
A Clocktower-Kreisverkehr
B Arusha Declaration Monument Kreisverkehr
C Florida Kreisverkehr

mit Tour-Vorschlägen überschüttet (und selbstverständlich ist jeder der billigste/beste/usw./usf.). Generelle Stromausfälle sind zwar nicht an der Tagesordnung, kommen aber regelmäßig vor (v.a. während der Regenzeit).

- Tanzania Tourist Board (TTB, Plan Nr. 2), Boma Road, neben dem New Safari Hotel, ☏ 00255/27/2503842, FAX 2548628, ✉ ttb.info@habari.co.tz Eine **sehr gute Anlaufstelle** für Auskünfte und Beschwerden, kostenloser Stadtplan erhältlich (A4-Kopie). Bevor Sie eine Tour buchen/bezahlen, erkundigen Sie sich hier, ob gegen den gewählten Tour Operator Bedenken vorliegen.
- TANAPA, Dodoma Rd. (schräg vis a vis der Cultural Heritage), PO Box 3134, Arusha, 🖳 www.tanapa.com, ✉ tanapa@habari.co.tz, ✉ info@tanzaniaparks.com, ☏ 027/2503471, 2548040, FAX 2548216

## Hotels der Kat D:

Alle genannten Preise in dieser Kategorie verstehen sich - falls nicht anders vermerkt - excl. Frühstück! Falls Restaurants/Bar vorhanden, ist es angeführt. Andererseits gibt es in unmittelbarer Umgebung jedes Guesthouses unabhängige Restaurants/Bars zuhauf.

Viele Häuser in dieser Kat. verfügen über komb. EZ/DZ, d.h. es ist nur ein französisches Bett vorhanden. Gleichgültig ob Einzel- oder (nur getrennt geschlechtliche!) Zweifachbelegung - der Zimmerpreis bleibt gleich. Echte EZ bzw. DZ sind als solche ausgewiesen. Falls nicht anders vermerkt nur Gemeinschaftsduschen und -toiletten vorhanden (nicht self contained). Preise verstehen sich als Zimmerpreise.

In den meisten der angeführten Häuser herrscht ein reges Kommen und Gehen - lassen Sie Ihre Wertsachen nie unbeaufsichtigt!!!!

- Emayan-Motel-Inn, Sokoine Rd. (10 Min. nach dem Meru-House-Inn (Plan Nr. 8) stadtauswärts), frisch renoviert, trotzdem very basic, EZ US$ 3,5, DZ US$ 5
- Tarakea-Resort, kurz nach dem Emayan, very basic, Preise wie Emayan, jedoch Restaurant/Bar vorhanden.
- Nairobi Road Bar & Villa Guest House (Plan Nr. 3), Nairobi Rd. (kurz nach dem Kreisverkehr mit der Sokoine und Dodoma Rd.=Verlängerung der

Sokoine Rd.), EZ/DZ US$ 3, Bar vorhanden, very basic. Vis a vis die Personality-Bar und das

- Cleopatra Guesthouse, ☏ 027/2501389 bzw. 0744/852290, EZ/DZ US$ 7, self contained (Warmwasser vorhanden), sehr nette Bar/Restaurant vorhanden (US$ 2, ganzes Grillhuhn mit Bananen US$ 5), absolut ok.
- Daneben Stereo Bar & Guesthouse, EZ US$ 3, DZ 3,5, (Warmwasser nur morgens), Bar/Restaurant, schräg vis a vis die
- Top-London-Bar & Guesthouse, EZ US$ 2,5, DZ US$ 3, self contained (Warmwasser!), eine der preisgünstigsten Möglichkeiten und absolut ok, ☏ 0741/ 708151. Die Bar ist schon auf Grund des herrlichen Makuti-Daches einen Besuch wert (US$ 2).
- Lake Manyara Luxury Guesthouse, Nairobi Rd. (nach der Polizei Station), EZ/DZ US$ 4, ☏ 0744/442423
- C.M. Guesthouse (Plan Nr. 5), Makao Mapya Rd. (von der Sokoine Rd. kommend 100 m nach der knallroten röm. kath Kirche), z.Z. der Recherche in Renovierung begriffen - DZ self contained, kein Restaurant geplant, Preis wahrscheinlich um die US$ 5
- Ngiwaranecha Guesthouse (kurz nach dem C.M. GH), nur 1 (echtes) DZ sonst EZ, jeweils US$ 6, Restaurant vorhanden (herrliche, enorm hohe Dachkonstruktion, Betrieb auch im OG)
- Segera Guesthouse, kurz vor dem C.M. Guesthouse, EZ US$ 5, DZ (2 Betten) um US$ 8
- Sunrise Restaurant (& Guesthouse), geführt von "Mama Top", lediglich 2 DZ (nicht self contained) um je US$ 10 vorhanden - soviel Schmutz hab´ ich noch nie gesehen, ☏ 0748/593369.
- Monjes Guesthouse (Plan Nr. 6) - Komplex von 3 Guesthouses in der Levolossi Str. (2. nördl. Parallelstr. zur Stadium Rd.), EZ/DZ US$ 4, self contained-Zimmer US$ 6, arbeitet mit Jackpot-Tours & Safaris (www.jackpotsafaris.com) zusammen, nichts Nachteiliges bekannt. ☏ 0745/880836, ✉ kili-holiday@yahoo.com. Wundern Sie sich nicht, dass der "Manager" Siegfrid heißt, sein Vater arbeitete in Deutschland.
- Serengeti View Guesthouse, Levolossi Str., nur EZ self contained US$ 5
- Nasabeda Bar & Guesthouse, Levolossi Str., ebenfalls nur EZ US$ 5, daneben der
- New Meru De Luxe Inn (bzw. Arusha Tourist Inn), funkelnagelneues

Schwesternhotel des Meru House Inn), ☏ 027/2507754, EZ/DZ self contained US$ 8, kein Restaurant.

- Weiter noch das Mashele Guesthouse, 2 Straßen hinter der Levolossi Str. (vom Stadium kommend), DZ US$ 5, Bar/Restaurant,
- Palm Inn (Plan Nr. 18), EZ US$ 3, DZ US$ 10, kein Restaurant
- Robbanyson (eigentl. Robinson, Plan Nr. 17) Hotel, Somali Str., ☏ 027/2507407
- Williamson Inn, neben dem Midway Hotel, ☏ 027/2503570 nur DZ US$ 8, self contained, Alkoholverbot (Tour Operator im 4. OG)
- Rhobin Guesthouse, schräg vis am vis dem AM 1988 Hotel (Kat. B), DZ US$ 3
- Midway Hotel (Plan Nr. 19), nur DZ mit franz. Bett oder 2 Einzelbetten, jew. EZ/DZ US$ 15, ☏027/2502790, Restaurant/Bar vorhanden; nebenan das günstigere Kiria Guesthouse
- Meru House Inn (Plan Nr. 8, ehem. Arusha Tourist Inn), Sokoine Rd., ☏ 027/2507803, ✉ meruhouseinn@hotmail.com, EZ nicht self contained, US$ 5,5, self contained US$ 8,5, DZ US$ 10 bzw. 17, New-Meru-Coffee-Restaurant im 1. OG vorhanden (US$ 3 - 4, Frühstück rel. teuer !), "Noble Restaurant" im EG bietet indisches, chinesisches und internationales (US$ 3,5 - 8, auch Joghurt und frisch gepresste Fruchtsäfte). Aktuell ist das Meru House die erste Adresse bei Individualtouristen - während der Hauptsaison ist eine Reservierung mehrere Tage vorher erforderlich. Über den angeschlossenen Tour Operator (Victoria Tours, ☏ 027/2500444 und 0744/288740, ✉ info@victoriatz.com, 💻 www.victoriatz.com) ist nichts Nachteiliges bekannt.
- Annex of Arusha by Night Hotel (Plan Nr. 9), Stadium Rd., ☏ 0748/605235, ✉ fortylekule@yahoo.com, EZ US$ 7, DZ US$ 10 inkl. Frühstück, sehr einfach, Restaurant für Hotelgäste vorhanden (das Mutterhaus existiert leider nicht mehr)
- New Shimbi Garden & Guesthouse, Ethiopia Rd. (vom Stadium kommend hinter dem Annex), ☏ 0741/834875, EZ US$ 2, DZ 3,5 US$, very basic
- Town Guesthouse, Ecke Kituoni Str. (Plan Nr. 16, neben dem Scandinavian booking office), EZUS$ 4, DZ US$ 7
- New Florida 2000 Guesthouse, am Florida-Kreisverkehr, EZ/DZ self contained inkl. Frühstück US$ 10

- Am selben Kreisverkehr auch das etwas billigere Marangu Connection Bar & Guesthouse und das Roundabout Guesthouse
- New California Guesthouse, Makao Mapyia Rd., eines der wenigen von Masai geführten Guesthouses, ☏ 0744/269652
- Coyote Guesthouse (Plan Nr. 10), Azimio Str. (kurz nach der Kreuzung mit der Sokoine Rd., US$ 8 (egal ob self contained oder nicht!), ☏ 027/2544261, FAX 2504943,
- YMCA Youth Hostel (Plan Nr. 14), India Street, ☏ 027/2544032, EZ U$ 12, DZ 15, Restaurant, Tour Operator

### Hotels der Kat. C:

Preise inkl. Frühstück; es sei denn, anderes ist vermerkt, Zimmer durchweg self contained. Nicht immer Moskitonetze vorhanden - in diesem Fall wird mit der chem. Keule gearbeitet! Komb. EZ/DZ nach wie vor vorhanden.

- Golden Rose Hotel, Col. Middleton Rd., ☏ 027/2507959 und 2508861, FAX 2508862, 💻 www.goldenrosehotel.com, ✉ goldenrose@habari.co.tz, EZ US$ 36, DZ 48, nicht gerade umwerfendes Restaurant (US$ 4 - 5), Tour Operator. Nachdem das Hotel nicht mehr bietet als das Meru House Inn einfach overpriced.
- Hotel 711 (Plan Nr. 15), Zaramo Str. (dem Busbahnhof am nächsten gelegen), EZ/DZ US$ 20, DZ mit 2 Betten US$ 25, ☏ 027/2501261 und 0744/578459 bzw. 749584
- Pallsons Hotel, Market Str., ☏ 027/2544253, 0744/749262, EZ US$ 25, DZ US$ 30, Restaurant (ind. Küche US$ 3), nette Bar
- Arusha Naaz Hotel, Sokoine Rd. (fast schon am Clocktower-Kreisverkehr, Plan Nr. 20), ☏ 027/2502087, FAX 2508893, 💻 www.arushanaaz.com, EZ US$ 25, DZ 40, gute Lage, nettes Hotel, frisch renoviert, Restaurant (US$ 3, Mittagsbuffet US$ 4), Tour Operator
- Arusha Resort Centre (Plan Nr. 11), School Rd. (ehem. Fire Rd.), ☏ 027/2508333, FAX 2508233 und 0748/404146, 💻 www.arusharesortcenter.com, ✉ arusharesort@habari.co.tz, DZ bzw. Single-Appartment US$ 40, Restaurant (internat. Küche US$ 4), Tour Operator
- Outpost Lodge (Plan Nr. 13), Serengeti Str. (Seitenstr. der Old Moshi Rd., beschildert), ☏ 027/2548405, FAX 0748/430358,

✉ info@outposttanzania.com, 💻 www.outposttanzania.com, EZ 35, DZ US$ 45, Zimmer nicht self contained, Bungalows hingegen sehr wohl, Schlafsaal im Haupthaus, nett, freundlich, Restaurant (tansan., Grill), Tour Operator, schöner Garten

- Everest Chinese Restaurant & Hotel, Old Moshi Rd. (nach dem AICC-Hospital, Plan Nr. 12), 027/2508419, 0744/817255,
  ✉ everesttzus@yahoo.com, die EZ/DZ-Zimmer sind mit jeweils US$ 40 overpriced, das Restaurant (mit Garten) hinsichtlich Speisen-Qualität und Ambiente jedoch hervorragend (US$ 5 - 8).
- Motel 2000, Nairobi-Moshi-Rd. (links/westlich der Kreuzung mit der Nairobi Rd.), ☎ 027/2507780, 0744/381025, ✉ chriskorosso@yahoo.com, DZ US$ 45
- Mezzaluna Hotel & Restaurant, Moshi Rd., (an der Hotel-Impala-Kreuzung vom Zentrum kommend links weg) ☎/FAX 027/2544381, DZ US$ 45, Hotel ok, ital. Restaurant einwandfrei (da unter ital. Patronanz)
- Spices & Herbs Restaurant & Lodge, Moshi Rd. (kurz nach der Kreuzung mit der Old Moshi Rd. beim Impala-Hotel), ☎ 027/2502279, 0744/281320, ✉ axumspices@hotmail.com, DZ US$ 45 (EZ 35), gutes Restaurant (afrik. Küche, US$ 7), Tour Operator
- Hotel Fort Des Moines, ☎ 027/2548523, 0744/284682,
  ✉ bimel@cybernet.co.tz, 💻 www.bimel.co.tz, EZ US$ 20, DZ 30, self contained, Restaurant (ind./mediterran US$ 5), Tour Operator, gut, nahe dem Declaration-Monument-Kreisverkehr
- Hotel 77, Moshi Rd. (kurz nach dem Mezzaluna), Staatsbetrieb, Bungalowdorf, ☎ 027/2503800 - 2, 0744/261847 und 381047,
  ✉ hotel77@tz2000.com, US$ 25 - 60, Restaurant, Diskothek

### Hotels der Kat B:

Preise inkl. Frühstück, Zimmer durchwegs self contained, in der Regel klimatisiert, Restaurant/Bar durchwegs vorhanden, ebenfalls Tour Operator

- Hotel AM 1988 (Plan Nr. 7), knapp beim Arusha by Night Annex (in der ersten, namenlosen, westl. Parallelstr. zur Col. Middleton Rd.), ☎ 027/2507873, 0744/468225, EZ US$ 40, DZ 60, triple 80 und suite US$ 100, Restaurant/Bar vorhanden (US$ 6)

- Arusha Crown Hotel, Ecke Makongoro Rd./Mosque Str. (Plan Nr. 21), ☏ 027/2544161, FAX 2544162, ✉ info@arushacrownhotel.com, 💻 www.arushacrownhotel.com, neuestes Hotel der Stadt, sehr gute Lage, EZ/DZ US$ 60 bzw. 65, DZ mit 2 Betten US$ 70 (die meisten Zimmer nur für Nichtraucher), Restaurant int. Küche (US$ 7)
- Equator Hotel (Plan Nr. 4), am oberen Ende der Boma Rd., kurz vor dem Museum, ☏ 027/2508409, FAX 2504379, ✉ reservations@newarusha.com, EZ US$ 60, DZ 70, na, ja, was soll ich sagen - etwas phantasielos vielleicht und es gibt viel schönere Hotels, die auch günstiger kommen.
- Le Jacaranda, Old Moshi Rd. (nach der Kreuzung mit der Haile Selassie Rd., etwas zurückversetzt, beschildert), ☏ 027/2544945, 2544624, ✉ jacaranda@tz2000.com, 💻 www.chez.com/jacaranda, DZ US$ 50 (etwas overpriced), Minigolfanlage
- L´Oasis Lodge, nördl. der Nairobi-Moshi-Rd. (Taxi vom Busbahnhof ca. US$ 5), ☏ 027/2507089, 0744/286731, ✉ loasislodge@.com, US$70 - 80/Person, Restaurant mit fernöstl. Küche (US$ 7)
- Manor Hotel, am Stadtrand an der Straße nach Nairobi (Taxi vom Busbahnhof ca. US$ 5), ☏ 027/2500613, ✉ manorhotel2000@yahoo.com, US$ 40 - 70, Restaurant
- Klub Afriko Hotel & Tours, an der Straße nach Moshi (Taxi ca. US$ 5), ☏ 027/2509205, 0744/369475, ✉ watu@twiga.com, ✉ info@klubafriko.com, 💻 www.klubafrico.com, EZ US$ 40, DZ 60
- Bamakambi Lodge, ☏ 027/2548749 (außerhalb/westlich der Stadt), ✉ bamakambi@lycos.com, 💻 www.geocities.com/bamakambi, US$ 50/Person,

## Hotels der Kat. A

Restaurant, Tour Operator, Klimaanlage durchwegs vorhanden.

- Novotel Mt. Meru (Plan Nr. 1), Nairobi-Moshi-Rd. (rechts/östlich der Kreuzung mit dem Sim(e)on Blvd.), ☏ 027/2502711, FAX 2508503, ✉ novotel-reservation@cybernet.co.tz, Swimming-pool vorhanden (US$ 5 für Nichtgäste)
- New Safari Hotel, Boma Rd. (neben TTB), ☏ 027/2503261, ✉ newsafarihotel@habari.co.tz, 💻 www.newsafarihotel.co.tz,

traditionsreiches Hotel, komplett renoviert, EZ US$ 70, DZ 95, Suite 160, gutes und preiswertes Malaika-Restaurant (US$ 5) mit schöner Terrasse

- Arusha Hotel, Ecke Clocktower-Kreisverkehr/Old Moshi Rd., ☏ 027/2507777, 2508870-73, FAX 2508889, marketing@newarusha.com, reservation@newarusha.com, www.arushahotel.com, von EZ für US$ 140 bis presidential suite US$ 450 alles möglich, das angeschlossene Parachisi-Restaurant serviert indische Küche um US$ 5, kontinentales um US$ 7 - 10.
- mpala Hotel, Ecke Old Moshi Rd./Moshi Rd. (gegenüber AICC Sports Club), ☏ 027/2508448, 0744/264376, FAX 2508680, impala@cybernet.co.tz, www.impalahotel.com, tja, alles was das Herz begehrt, DZ ab US$ 200, sehr gutes Restaurant, Bar
- Ilboru Safari Lodge, nördl. der Nairobi-Moshi-Rd. (Taxi ca. US$ 5), ☏ 027/2509658, 0744/270357, ilboru-lodge@habari.co.tz, www.ilborusafarilodge.co , EZ US$ 65, DZ US$ 180, Restaurant
- Arusha Coffee Lodge, ☏ 027/2509277 - 81, res@haleyontz.com, www.haleyonhotels.com, US$ 170 - 250
- Kibo Palace, Old Moshi Rd., noch Baustelle - Eröffnung spätestens 2006
- kurz danach eine weitere Baustelle für ein Kat.-A-Hotel

### Camping

- New Vision Campsite - neben dem Equator Hotel (beschildert), US$ 2,50/Person, Toiletten, Duschen (nur kalt), 3 Tour Operator, Restaurant/Bar vorhanden, die Lage ist zwar sehr günstig, ob sich dort allerdings jeder sicher fühlt, ist eine ganz andere Frage.
- Masai Camp Site, Old Moshi Rd. (ca. 3 km außerhalb), großzügige Anlage annähernd europ. Standards, US$ 4/Person, einige DZ vorhanden (US$ 8/Person), Restaurant (US$ 3), Tour Operator, dem Gefühl nach sicherer als vorgenannte Anlage
- Mserani Snake Park - ca. 20 km außerhalb an der Straße nach Dodoma

## Hotels in Usa-River

Auf Grund der ungeheuren Betriebsamkeit Arushas entwickelt sich das nah gelegene Dorf Usa-River - (35 km vom Flughafen, knapp 20 km von Arusha) -immer mehr zu einer relevanten Basisstation. Anfahrt von Arusha: entweder Dalladalla

(US$ 0,5) oder Taxi (ca. US$ 10) oder Sie werden - bei vorangegangener Buchung/Anzahlung - am Flughafen abgeholt (meist im Preis inbegriffen).

Noch handelt es sich bei den sich anbietenden Hotels durchwegs um Häuser der Kat. A mit angeschlossenem Restaurant, Tour Operator und sonstigen Annehmlichkeiten. Wenn Sie auch die Kili-Tour hier buchen, ist meist auch der Aufenthalt (VP!) vorher und nachher (je 1 Nacht) inbegriffen - lesen Sie die Angebote genau durch. Der Service - Hotel wie Touren - ist durchweg einwandfrei.

- DikDik Hotel, Restaurant & Safaris, ☏ 027/2553499, ✍ dikdik@atge.automail.com, 💻 www.dikdik.ch
- Ngare Sero Mountain Lodge, ☏ 027/2553638, 0741/512138, ✍ ngare-sero-lodge@habari.co.tz
- Ngurdoto Lodge, ☏ 027/2553701, 0744/476677, ✍ ngurdoto-lodge@habari.co.tz
- Rivertree Country Inn, ☏ 027/2553894, 0741/339873, ✍ rivertrees@africaonline.co.tz, ✍ info@rivertrees.co.tz
- Meru View Lodge, ☏ 027/2553876, ✍ meru.view.lodge@habari.co.tz

## Restaurants/Bars

Das Angebot ist unüberschaubar, die Preise etwas höher als in Dar es Salaam oder Moshi. Hervorzuheben sind:

- Das wahrscheinlich beste China-Restaurant der Stadt ist das "Shanghai" (US$ 7), Sokoine Rd. (neben der Post, im Hinterhof), kurz danach (stadtauswärts) das "Tandoor" mit indischer Küche.
- The Ethiopian Restaurant, neben dem Impala Hotel, meines Erachtens das **beste und schönste Restaurant der Stadt**, nicht billig.
- Ein weiteres äthiop. Restaurnat in der Old Moshi Rd. (kurz nach Old Moshi Clinic) - The Laangaanoo (mit Garten), sehr äthiopisch, gut (US$ 3).
- The Patisserie & Hot Bread Shop, Sokoine Rd. (schräg vis a vis dem Arusha Naaz Hotel) - Bäckerei und Frühstücks-Eldorado
- Simba Grill - Prototyp einer tansan. Bar/Restaurant (nyama choma) - Nairobi-Moshi-Rd. (rechts/östlich der Kreuzung Nairobi Rd./Sim(e)on Blvd.
- Johnnys Ravali Restaurant, Sokoine Rd/Azimio St, auch Vegetarisch, billig.

☺ Weitere billige (US$ 2 - 3 für Hauptgerichte) bis sehr billige (US$ 1) Restaurants befinden sich am bzw. rund um die beiden Märkte und Busbahnhof sowie in der Sokoine Rd und Nairobi Rd. (von der Sokoine kommend).

Restaurants der Hotels Kat. A und B zählen zur preislichen Oberklasse, sind aber erschwinglich (ca. US$ 15 bis 20 für ein dreigängiges Dinner inkl. Aperitif, Bier und Kaffee) und teilw. sehr gut - siehe Unterkünfte.

- McMoody´s - Hamburger, Pizza, Eis, sehr gestylt, Ecke Sokoine Rd./Makua Str.
- Bars internationalen Zuschnitts sind in den Hotels der Kat. A zu finden.
- Mambo the Cafe, eines der wenigen "Kaffeehäuser", bietet **sehr guten Kaffee und Kuchen** an, Boma Rd.
- Bamboo Cafe, Boma Rd.
- Jambo Makuti Garten Bar & Restaurant, Boma Rd. neben TTB, nett (US$ 3), vis a vis das Jambo Coffee House
- Diskotheken finden Sie im Hotel 77 (Moshi Rd.) und im Novotel (hier auch Masai-Dance-Pervormances jeden Freitag Abend).
- Metropol-cinema in der Sokoine Rd.

BANK **Banken** und Wechselstuben in der Sokoine Rd., Boma Rd. und am Clock-tower-Kreisverkehr sowie im AICC (☞ Plan).

**Einkauf**

- Farbenprächtiger, großer Markt (Soko la kubwa/Great Market) (☞ Plan) mit großem Obst- und Gemüseangebot sowie Gebrauchsgegenständen (schöne Fotografierposition vom - nicht gerade empfehlenswerten - Restaurant im 1. OG der Halle).
- New Kilombero Market mit selbem Angebot in der Sokoine Rd./Ecke Makao Mapya Rd. (kurz nach dem Ithna Asheri Hospital).
- Shoprite-Supermarkt in der Sokoine Rd. (vis a vis dem Kilombero-Markt, Angebot wie von zuhause gewohnt), RTC-Supermarkt mit ebenfalls gutem Angebot am Clocktower-Kreisverkehr.
- Souvenirshops in großer Auswahl rund um den Clocktower-Kreisverkehr, Boma Rd., Goliondoi und India Street sowie in den Hotels der Kat. A, B, teilw. auch C. Hervorzuheben sind:
- The Cultural Heritage, ca. 5 km außerhalb der Stadt Richtung Dodoma, ist ein bestens organisierter, riesiger Shop mit überhöhten Preisen (kräftigst handeln!), geboten wird alles aus gesamt (!) Afrika (Tansanite mit Echtheitszertifikat sind hier etwas billiger als in den Shops in der Stadt, ca. US$ 40/Karat, geschliffen). Restaurant (indische, malayische, italienische Küche, Preise genauso überhöht wie im Shop, jedoch größte Auswahl Arushas, ca. US$ 10), Cafe, Bar, DHL-Büro, Telefon-, Fax- und Internetservice

vorhanden. Wer das Außergewöhnliche sucht (und genügend Geld mit sich führt), ist hier richtig. Aber auch wenn Sie nicht vorhaben einzukaufen, **unbedingt einen Besuch wert**, Taxi ca. US$ 5. Es schadet aber keineswegs, wenn Sie eine Stecke zu Fuß absolvieren - Sokoine Rd. immer geradeaus. Genießen Sie die tiefen Einblicke in den tansan. Alltag - Tischlereien, Mechaniker-Werkstätten, Tapezierer, Schneider, Kleinhandel mit Gemüse, Obst, Textilien, Kosmetika usw. ) sowie tansan. Klein-Gastronomie - Unmengen an Bars/Restaurants und Food-Stalls.

Neben der Heritage entsteht ein dazugehöriger 3-geschossiger riesiger Komplex, in welchem ab spätestens 2006 Textilien mit Souvenir-Charakter angeboten werden (T-Shirts, Kangas usw.).

♦ Collector Gallery, ca. 0,5 km vor Cultural Heritage (vis a vis dem Tarakea-Resort-Inn), nicht gar so umfangreiches Angebot, Preise ähnlich überhöht (es werden einem bereits bei Eintreten 30 % Discount angeboten).

Erwarten Sie in beiden Shops keine wie immer gearteten Fachkenntnisse und schenken Sie den Beteuerungen, dass dieses und jenes Stück "old" ist, keinen Glauben. International gelten afrikanische Stücke erst dann als Antiquitäten, wenn Sie vor der Wende vom 19. zum 20. Jh. produziert (und

*Der "Große" Markt in Arusha*

auch ihrem Charakter entsprechend benutzt) worden sind - die sind alle in Museen und Privatsammlungen gut aufgehoben.

- Mt. Meru Curio & Crafts Market (im Volksmund "Masai-Market" genannt), School Rd. (ehem. Fire Rd., kurz nach dem Resort Center), eine Ansammlung von ca. 70 - 100 kleinen Kiosken - Sie finden hier alles was Sie brauchen und auch noch einiges dazu - allerdings nur Tansanisches, die importierte Ware aus West- oder Zentralafrika gibt es hier nicht. Auch hier sollten Sie gut und lange handeln.
- Lookmanji Curio Shop, J. Maenda Str., überschaubares Angebot, sehr seriös (trotzdem handeln), teilw. Fachkenntnisse vorhanden.
- Tanzania Wildlife Corporation, Boma Rd. ("The Explorer - Outdoor, Gear & Accessoires"), verkauft Tierfelle, präparierte Tiere, bemalte und geschnitzte Straußeneier, Gehörn u.ä. mit Ausfuhrzertifikat sowie Ausrüstungsgegenstände.
- Erwähnenswert ist auch das Porini neben Mambo the Cafe, das u.a. auch von Körperbehinderten hergestellte Produkte anbietet.
- Weiter eine größere Ansammlung von Souvenirshops im Mserani Snake Park (ca. 20 km außerhalb an der Straße nach Dodoma). Wer den Tarangire oder Manyaka NP besucht fährt vorbei. Richtung Ngorongoro CA und Serengeti NP durchfahren Sie Mto wa Mbu, welches ein unglaubliches Souvenirangebot bietet (v.a. Schnitzereien und Masai-Objekte).

**Bücher** im Kase Book Shop, Boma Rd. und Porini-Souvenirshop bei Mambo the Cafe. Weiter Kihamama-Bookshop gegenüber Golden-Rose-Arcade-Conference-Center.

- Zeitungen werden durch fliegende Händler bzw. an Straßenkiosken angeboten - Le Figaro, De Telegraaf, Financial Times, Herald Tribune usw. (fast druckfrisch) sowie alle tansan. (The Citizen täglich, Arusha Times wöchentlich) und kenyan. Zeitungen.

**Immigration Office** (falls Sie Probleme mit Ihrem Visum haben) befindet sich vis-à-vis dem AICC, erkennbar an dem großen Schild "Immigration Canteen", ☏ 027/2506565, 2503569.

**Postamt** am Clocktower-Kreisverkehr, DHL im AICC und in der Sokoine Rd, TTCL schräg vis-à-vis dem Postamt.

- Internetcafés am Clocktower-Kreisverkehr sowie in Boma, Goliondoi und Sokoine Rd. (je näher dem Clocktower umso mehr).

Allgemeiner **Busbahnhof** ☞ Plan (Verbindungen zu allen größeren Städten des Landes sowie nach Nairobi und Mombasa).

Der Terminal/Office von Royal Coach befindet sich beim Golden Rose Hotel, Scandinavian-Terminal in der Kituoni Str., Pl. 21 B & C. Sie müssen bei Ankunft damit rechnen, dass Sie sofort mehrere Taxi-Fahrer umringen und Sie kostenlos zum Hotel Ihrer Wahl bringen - das hat soweit auch seine Richtigkeit, man will Ihnen aber schon während der Fahrt eine Kilimanjaro-Tour verkaufen - bewahren Sie Ruhe und bleiben Sie höflich (Taxifahrt vom Zentrum bzw. Downtown zum Busbahnhof ca. US$ 1 bis 2)

- Dalladalla-Busbahnhof in der Sokoine Rd. (schräg vis a vis dem Shoprite-Supermarkt bzw. kurz vor dem Kilombero-Markt), für Fahrten nach Meserani Snake Park, Mto wa Mbu

**Flugverkehr**

- Air Tanzania, Boma Rd, ☏ 027/2503793
- KLM, ebenfalls Boma Rd. (im Safari Hotel), ☏ 027/2508062-3, www.klm.com
- Precision Air: Boma Rd. (Safari Hotel), ☏ 027/2506903, FAX 2508204, information@precisionairtz.com
- **Tour Operator** ☞ Die Begehung - Praktisches: Organisation und Durchführung.

⌘ (National) Natural History Museum (am Ende der Boma Rd, US$ 2), das Gebäude ist im ehem. Deutschen Verwaltungsgebäude (Boma) untergebracht) . Die kleine naturgeschichtliche und paläontologische Sammlung ist nicht unbedingt der Rede wert, allerdings ist die (ebenfalls kleine) Ausstellung zur Geschichte der Stadt recht informativ. Weiter kann man einem Taxidermisten bei der Arbeit zusehen und durch einen winzigen botanischen Garten schlendern. Das vom Museum und einigen NGOs initiierte AHEAD-project veranstaltet unter dem Titel VIA-VIA in unregelmäßigen Abständen interessante Performances (Tanz, Theater, Musik, open-air-Kino usw., meist mit tribalistischem Hintergrund). - die Anschlagtafeln in der Stadt sind unübersehbar, ein Programm-Folder liegt in (fast) allen Hotels auf. (arusha.tanzania@viaviacafe.com) Arusha Declaration Museum, Maongoro Rd. (zw. Kreisverkehr und Azimo Rd. - Sammlung zur postkolonialen Geschichte

AICC Hospital, Old Moshi Rd., ☏ 027/2502329, 2544135

- ♦ Selian Lutheran Clinic, vis à vis dem AM 1988 Hotel, ☏ 027/2503726, 2509974 und Selian Lutheran Hospital (weit außerhalb, Taxi etwa US$ 10), ☏ 027/2508030

**Sicherheitslage**: Tagsüber auf **Taschendiebe** achten (Markt, Busbahnhof). Ab Einbruch der Dunkelheit **unbedingt ein Taxi benutzen**, kein Gepäck (Tagesrucksäcke, Bananen- oder sonstige Taschen, Plastiktüten), keine großen Geldbeträge oder Schmuck, keine Fotoausrüstung mitnehmen!

## Moshi

Dieser typischen tansanischen Provinzstadt (knapp 200.000 Ew.) fehlt das internationale Flair und die Modernität Arushas, dafür sind die Lebenshaltungskosten hier auch etwas niedriger. 500 m tiefer als Arusha gelegen und weit von Mt. Meru und Mt. Kilimanjaro entfernt, sinken auch nachts die Temperaturen nicht ab, Temperaturen weit über 20° und Staub bestimmen den Alltag. Dafür geht hier aber auch alles viel relaxter zu - Moshi ist wesentlich "afrikanischer" als Arusha. Seit 2004 ist Moshi Sitz des "Kilimanjaro Porters Assistance Project. Ltd" (im Da Costa Hotel angesiedelt) - Details zu dieser in ihrer Wichtigkeit nicht zu überschätzenden Einrichtung siehe Kap. Die Begehung/Träger.

Die Hauptstraße von Moshi wird allgemein Mawenzi Rd. bzw. Double Rd. bzw. Mawenzi Double Rd. genannt. Der offizielle Name ist jedoch Nyerere Rd. Da trotz Beschilderung am Clocktower-Kreisverkehr diese Bezeichnung niemand kennt, bleibe ich hier auch bei Mawenzi Rd.

i Die Tourist Information in der Rengua Rd hat nichts mit der offiziellen TTB zu tun. Es sind drei privat organisierte Unternehmen, die sich hinter dem großen Transparent verbergen. Sie bieten Kilimanjaro-Besteigungen und Shuttle-Dienste an. Trotz dieses Tricks arbeiten sie seriös und zuverlässig. Ein TTB-Büro existiert in Moshi nicht.

### Hotels der Kat. D

Die angegeb. Preis verstehen sich als Zimmerpreise, wenn nicht anders angegeben ohne Frühstück.

- ♦ New Coffee Tree Hotel, KNCU-Bldg. (Plan Nr. 5), am Clocktower Kreisverkehr, Eingang ist in der Old Moshi Rd., ☏ 0741/683381 und 0744/665636,

*Blick von Moshi auf den Kilimanjaro*

große Anlage (58 Zimmer), EZ US$ 5, DZ 10, self contained, Standard allerdings etwas unterschiedlich, inkl. Frühstück, nettes Restaurant (US$ 1,5 bis 2) im 4. OG - leichter Hauch von Ostblock - mit herrl. Kilimanjaro-Blick (tansan./internat. Küche US$ 1,5 - 2)

- Climbers Guesthouse, Ecke Market Str./Kilima Str., DZ US$ 4, self contained (trotzdem eher Notlösung)
- AA Hill Street Accomodation, Hill Str. (2. Haus von der Mawenzi Rd. kommen), nur DZ, self contained, US$ 10 (bei Einzelbelegung US$ 7, handeln), gute Wahl, Hill Str. Restaurant (tansan. Küche, US$ 1 - 2)
- Newcastle Hotel, Mawenzi Rd., 027/2750853, EZ/DZ US$ 10, incl. Frühstück, self contained, Restaurant (US$ 2, gute internat. Küche)
- Haria Palace, Mawenzi Rd. (vis à vis dem Kindoroko, Eingang in Nebenstraße), ☏ 027/2751128, mobil wie unter Kindoroko Hotel (Kat. C), ✉ hariapalace@yahoo.com, DZ US$ 10, inkl. Frühstück, self contained (Rezeption im 2. OG)
- Hotel Da Costa, Mawenzi Rd. (vom Clocktower-Kreisverkehr kommend kurz nach dem Kindoroko), ☏ 027/2755159, mobil wie unter Kindoroko,

✉ hoteldacosta@yahoo.com, EZ US$ 3,3, DZ 6,6, alle Zimmer nicht self contained,

- Home Guesthouse, Somali Str. (Verbindungsstr. zwischen Mawenzi und Market Str. Höhe Masjid Riadha Moschee), DZ US$ 3,5, nicht self contained, sauber, nett
- Lutheran (KKKC, Plan Nr. 9) Umoja Hostel, Market Str. (bei der Kirche, Eingang in Nebenstraße), ☏ 027/2750902, nur DZ US$ 12 (bei Einzelbelegung 10), self contained, inkl. Frühstück, Restaurant in schönem, ruhigem Garten,
- New Tamamo Bar & Guesthouse, Ecke Market Str./Riadha Str., DZ US$ 4, nicht self contained (könnte etwas laut werden)
- New Liberty Hotel (Plan Nr. 6) und schräg vis a vis Kilimanjaro Hotel & Bar, für beide: EZ/DZ US$ 3,5, nicht self contained, Notlösung
- Buffalo Hotel, New Str. (hinter dem New Castle, Plan Nr. 7), ☏ 027/2750270, 0744/299439, EZ self contained US$ 10, DZ nicht self contained 8, self contained 15, Restaurant (tansan./ind. US$ 2,5)
- YMCA, Askari-Kreisverkehr (Plan Nr. 3), ☏ 027/2751754, EZ US$ 10, DZ US$ 13, nicht self contained, inkl. Frühstück, Restaurant ist gemütlich, Speisekarte ist klein, jedoch günstigste Möglichkeit in Moshi (US$ 1 für respektable tansan. Küche). Großer Swimming Pool vorhanden (für Nichtgäste Eintritt US$ 3), Tour Operator (Trans-Kibo Travels Ltd., PO box 558, Moshi, ☏ 027/2751754, 0744/287618, 💻 www.transkibo.com, ✉ transkibo@habari.co.tz)
- Horombo Lodge, Old Moshi Rd. (schräg vis a vis dem Eingang zum Coffee Tree Hotel, Plan Nr. 19), ☏/FAX 027/2750134, ✉ horombolodge@kilionline.com, EZ US$ 15, DZ 25, Suite 45, gute Wahl, kleines Restaurant
- Zebra Hotel, neben dem Buffalo, März 2005 noch Baustelle, zur Hochsaison wahrscheinlich fertig.

## Hotels der Kat. C

- Kindoroko Hotel, Mawenzi Rd. (Plan Nr. 10), ☏ 027/2754054, 0744/377795, ✉ kindoroko@kilionline.com, ✉ kindoroko@yahoo.com, 💻 www.kindoroko.com, EZ US$ 15, DZ 30, inkl. Frühstück, self contained, Restaurant (ind./chin./kontinent. US$ 4 - 6, herrl. Ausblick auf Kilimanjaro), Tour Operator, Souvenir-Shop, Internet-Café.

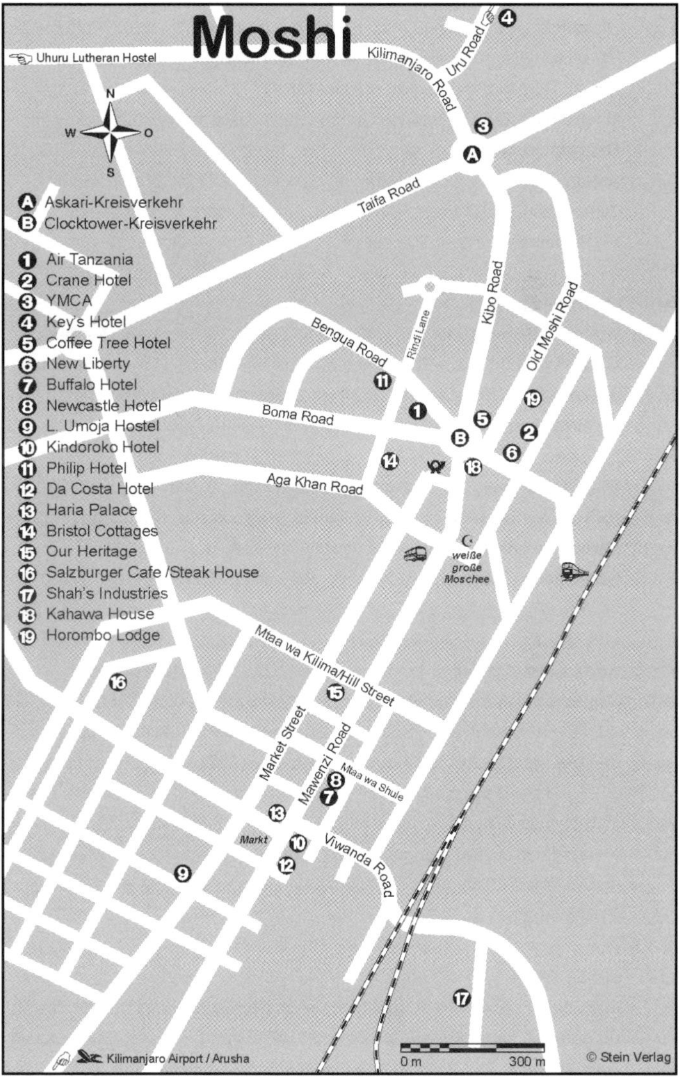
Moshi
Uhuru Lutheran Hostel
N
W
O
S
A Askari-Kreisverkehr
B Clocktower-Kreisverkehr
1 Air Tanzania
2 Crane Hotel
3 YMCA
4 Key's Hotel
5 Coffee Tree Hotel
6 New Liberty
7 Buffalo Hotel
8 Newcastle Hotel
9 L. Umoja Hostel
10 Kindoroko Hotel
11 Philip Hotel
12 Da Costa Hotel
13 Haria Palace
14 Bristol Cottages
15 Our Heritage
16 Salzburger Cafe /Steak House
17 Shah's Industries
18 Kahawa House
19 Horombo Lodge
Kilimanjaro Road
Uru Road
Taifa Road
Kibo Road
Old Moshi Road
Rindi Lane
Bengua Road
Boma Road
Aga Khan Road
weiße große Moschee
Mtaa wa Kilima/Hill Street
Market Street
Mawenzi Road
Mtaa wa Shule
Markt
Viwanda Road
Kilimanjaro Airport / Arusha
0 m
300 m
© Stein Verlag

- Philip Hotel, Ecke Rengua Rd./Rindi Lane (Plan Nr. 11), ☎ 027/2754746-8, philipht@africaonline.co.tz, www.africaonline.co.tz/philip, EZ US$ 30, DZ 40, Restaurant (internat. Küche US$ 4)
- Uhuru Tourism & Conference Centre (Uhuru Lutheran Hostel), Sekou Toure Rd. (am Stadtrand gelegen, Taxi US$ 3), ☎ 027/2754084, FAX 2753518, uhuru@elct.org, www.uhuruhostel.org, EZ US$ 15 bzw. 45, DZ US$ 20 bzw. 55 (je nach Lage Ausstattung), große Anlage, schöner Garten, ruhig (!), Restaurant (tansan. Küche, Grill US$ 2 - 3), Tour Operator - gut.

## Hotels der Kat. B

- Bristol Cottages, Rindi Lane, ☎ 027/2755083, briscot@kilionline.com, EZ US$ 40 (Zimmer) - 55 (Bungalow), DZ 54 - 68, inkl. Frühstück, Zimmer teilw. mit/ohne Klimaanlage, z.Z. kein Zimmerservice! schöner Garten, nettes Restaurant (US$ 4),
- Leopard Hotel, Market Str. (zwischen Chagga und Guinea Str.), ☎ 027/2750884, leopardhotel@eoltz.com, www.leopardhotel.com, EZ US$ 35, DZ US$ 45, inkl. Frühstück, Klimaanlage, Restaurant mit sehr kleiner Speisekarte (US$ 4), Kibo-Bar
- Kilimanjaro Crane Hotel, Kaunda Rd., ☎ 027/2751114, 0744/276431, kilicrane@eoltz.com, www.kilimanjarocranehotels.com, EZ US$ 40 (mit Klimaanlage US$ 50), DZ US$ 45, Restaurant, Souvenirshop usw.
- Key´s Hotel, Uru Rd. (Plan Nr. 4), ☎ 027/2752250, FAX 2753440, keys-hotel@africaonline.co.tz, www.keys-hotel.com, EZ US$ 30, DZ 40 (50 mit Klimaanlage), Bungalows zum selben Preis, kleiner Pool vorhanden (für Nichtgäste US$ 3), gutes Restaurant (US$ 4), Bar, Tour Operator

## Hotel der Kat. A

- Impala Hotel (Schwester des Impala in Arusha), Lema Rd., (ca. 4 km außerhalb), ☎ 027/2752250, impala@kilinet.co.tz, DZ US$ 85, Restaurant, Swimming pool, Tour Operator

## Camping

- Am Golden Shower Restaurant, an der Straße nach Dar es Salaam/Marangu gelegen, ca. 2 km außerhalb, US$ 4/Person, Disco am Wochenende, Tour Operator, ☎ 027/2751990, FAX 2751715

Außerhalb:

- ♦ Honey Badger Cultural Centre Campsite & Lodge, Taifa Rd. (ca. 6 km außerhalb Richtung Himo), ☏ 027/2754608, 0744/309980, ✉ honeybadger@africamail.com, Restaurant, Tour Operator

**Restaurants/Bars**

- ♦ Das Angebot an Bars und Restaurants ist bei weitem nicht so groß wie in Arusha, die Highlights:
- ♦ Central Garden am Clocktower-Kreisverkehr, schöner, etwas überhöhter Garten, gemütliche Atmosphäre, durchschnittliches Restaurant mit einheimischen Gerichten
- ♦ "Salzburger Cafe & Steak-House", Kenyatta Street (Plan Nr. 20). Der Besitzer, Mr. Urio, lebte einige Zeit in Salzburg (Besuch der Hotelfachschule) und versucht nun, österreichische Gemütlichkeit in Moshi heimisch zu machen. Schönes Restaurant, gute Qualität, dennoch sehr günstig (US$ 2 bis 4) - besuchenswert.
- ♦ New Bamboo Bar, Old Moshi Rd, gegenüber dem KNCU-Building, neben Agip-Tankstelle, **original tansanische Bar**, **besuchenswert**.
- The Coffee Shop, Hill St (neben Our Heritage, ☞ Einkauf), ein Muss für Kaffeeliebhaber, **der wahrscheinlich beste Kaffee Tansanias**, Nichtraucherlokal, jedoch schöner Garten an Rückseite vorhanden, Treffpunkt aller Touristen und NGO-Mitarbeiter Moshis, Anschlagtafel mit Infos, idealer Frühstücksplatz, Snacks um US$ 1,5
- ♦ Pub Alberto, Kibo Rd. - wer das nächtliche Vergnügen sucht (tagsüber geschlossen, bei Eintritt werden auch Touristen auf Waffen untersucht), daneben Chrisburger-Snacks
- ♦ Zahlreiche Restaurants **mit einheimischem Speisenangebot** in der Market St und am Busbahnhof.
- ♦ Disco im Golden Shower am Wochenende, im Pub Alberto täglich (Di - Fr live music), hier auch Slot-Machines

BANK **Banken** und Wechselstuben am Kreisverkehr des Clocktower und den angrenzenden Straßen.

**Immigration Office**, Coffee Bar Bldg., Ecke Clocktower-Kreisverkehr/Kibo Road, 027/2752284

**Postamt/TTCL** am Clocktower-Kreisel.

♦ DHL im Kahawa House (Clocktower-Kreisverkehr)

@ Internet-Cafés am Clocktower-Kreisverkehr, Old Moshi Rd., Rengua Rd., Hill Str. sowie in den Hotels der Kat. A, B, teilw. C (rechnen Sie mit Kosten von ca. US$ 2/Std.)

**Busbahnhof:** vis à vis der Großen (weißen) Moschee, Mawenzi Rd, ☞ Plan (Verbindungen zu allen größeren Städten des Landes sowie nach Nairobi und Mombasa).

Scandinavia-Terminal: Mawenzi Str. (bei BP-Tankstelle, vom Clocktower kommend kurz nach dem zentralen Busbahnhof), Terminal Royal Coach: Railway Str., günstig gelegen auch der Terminal von Dar Express - schräg gegenüber Eingang Coffee Tree Hotel (neben Tankstelle), die beiden zuletzt genannten fahren in Dar es Salaam bis zum (ehem.) Kisutu-Terminal.

**Einkauf**

> Die Sicherheitslage in Moshi ist ähnlich der in Arusha. Vorsicht!

♦ Der bunte Central-Market (schräg vis-à-vis dem New Kindoroko) bietet Lebensmittel in Hülle und Fülle, Gebrauchsgegenstände und Alltägliches.

♦ Kiboriloni-Market (an der Straße nach Dar es Salaam, ca. 5 km außerhalb) bietet Textilien in Hülle und Fülle, geöffnet nur Di, Mi, Fr, Sa, in einer eig. Abteilung wird frühmorgens Fleisch verkauft (auch Schwein!)

♦ Carina-Supermarkt, Kibo Rd. gutes (Import-) Angebot

♦ Hole in the Wall-Supermarkt, New Str. (gegenüber Buffalo-Hotel), sehr umfassendes Angebot an Importware (auch So geöffnet)

♦ Masuki General Store - Mawenzi Rd. (gegenüber Central Market, vor der Riadha-Moschee), großer bottlestore, intern. Angebot

♦ Gutes Souvenir-Angebot im Sanaa Zetu (Passage des KNCU-Houses), sowie im Laden gegenüber Eingang Coffee-Tree-Hotel, Old Moshi Rd. Weitere Shops in allen Straßen, die den Clocktower-Kreisverkehr verlassen

♦ Shah Industries bietet von Körperbehinderten hergestellte Lederwaren (Gürtel, Taschen, Kleinkram), gepresste Blumen und Holzwaren (Schnitzereien, Möbel, Uhren) an. Stadtgeschäft (Our Heritage) in der Hill Street (neben The Coffe Shop), Produktionsbetrieb mit Verkaufshalle ☞ Plan.

♦ Bücher gibt es in allen Souvenirshops sowie Lutheran Bookshop (Market Str.) und Moshi (Catholic) Bookshop (Rindi Lane)

**Flugverkehr**

- Air Tanzania, ☏ 027/2755205, Rengua Rd. (knapp nach dem Kreisverkehr)
- Precision Air, (Huduma Exim Ltd.) ☏ 027/2751742, 2752701, FAX 2750236, neben dem Coffee Tree Hotel
- Krankenhaus: Kilimanjaro Christian Medical Center (KCMC) ☏ 27/2754377-78 und 2754723
- **Tour Operator** ☞ Die Begehung - Organisation und Durchführung.

## Marangu

Dieses ausgesprochen weitläufige Dorf erstreckt sich auf den Hängen des Mt. Kilimanjaro und ist für Großstadtverächter und Naturliebhaber das **Nonplusultra** als Ausgangsstation.

Vor den Toren des NP gelegen, steht es jedem offen, zum Aufwärmtraining durch endlos erscheinende Bananen-Kaffee-Mischkulturen zu spazieren, hin und wieder ein Chamäleon oder - abends - ein Buschbaby zu entdecken. Nach getanem Werk empfiehlt es sich, eine der zahllosen Bars am Straßenrand zu besuchen.

Sie befinden sich hier inmitten afrikanischer Kargheit und Armut, und neben Übermut und Ausgelassenheit werden Sie hier nicht mehr finden als Bier, Soft Drinks, Konyagi (ein tansanischer Zuckerrohr-Brand mit 35 % Vol. Alkoholgehalt) und gegrilltes Fleisch. Wenn Sie Wert auf westliche Umgangsformen und Whisky on the Rocks legen, sollten Sie in Ihr Hotel zurückgehen.

Marangu ist die **Heimat fast aller Träger und Führer**, und diese werden Ihnen, sobald Sie Ihr Hotel alleine verlassen, ihre Dienste als **"Dorfführer"** anbieten: Wasserfallbesuch - es gibt mehrere, alle sind "good looking", einen Spaziergang durch Marangu, Marktbesuch usw. Das kann auf Grund von Suahelikenntnis, Wissen um die lokalen Gebräuche und Sitten, großer Bekanntschaft der Führer im Dorf usw. sehr lehrreich sein, bietet Vorteile beim Fotografieren und hält andere "Dorfführer" fern. Sie können einen "village guide" natürlich auch bereits in Ihren Hotel ordern.

Wenn Sie diese Dienste in Anspruch nehmen wollen, gehen Sie sicher, dass dieser "Dorfführer" der englischen Sprache mächtig ist (eine Ganztagestour - ca. 10:00 bis ca. 15:00 - kostet ca. US$ 5 bis 10, von Hotels beigestellte guides kosten ca. das doppelte). Fixpunkte einer solchen **Besichtigungs-Wanderung** sollten in jedem Fall - neben den Wasserfällen - die **Kibo Art Gallery**, der **Markt,** der

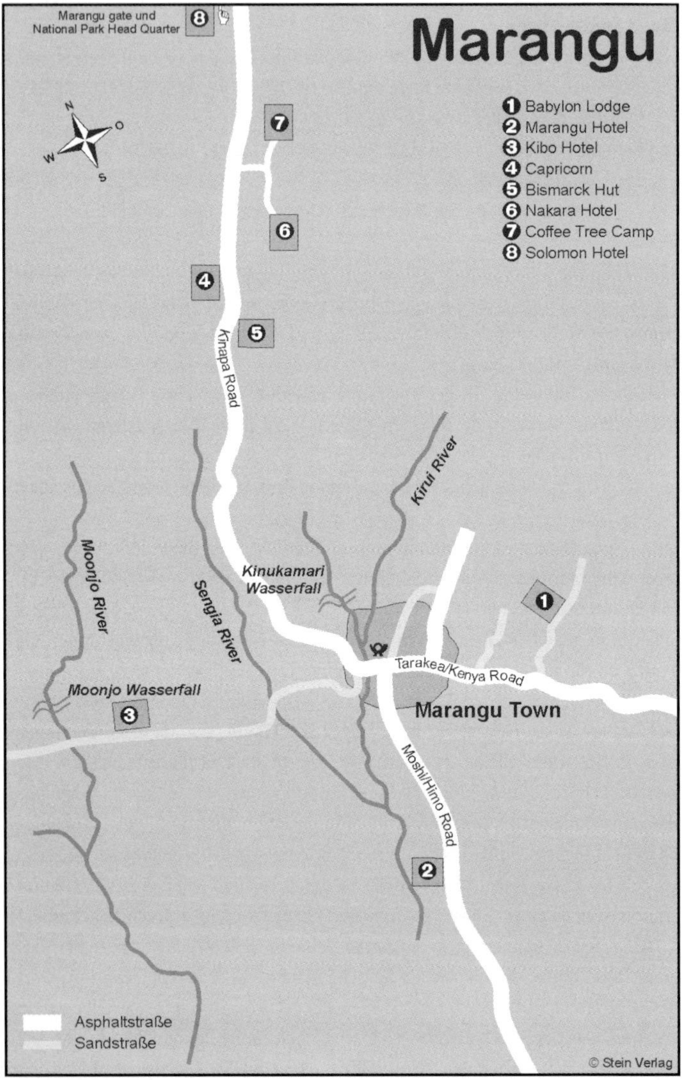
Marangu
Marangu gate und
National Park Head Quarter
1 Babylon Lodge
2 Marangu Hotel
3 Kibo Hotel
4 Capricorn
5 Bismarck Hut
6 Nakara Hotel
7 Coffee Tree Camp
8 Solomon Hotel
N
O
S
W
Kinapa Road
Kirui River
Kinukamari Wasserfall
Moonjo River
Sengia River
Moonjo Wasserfall
Tarakea/Kenya Road
Marangu Town
Moshi/Himo Road
Asphaltstraße
Sandstraße
© Stein Verlag

Besuch einer **Pombe-Bar** (*pombe* = traditionelles Gebräu aus Bananen und/oder Hirse = Bananen-/Hirsebier) sowie des **Schmiedes** (allerdings etwas weit im Osten gelegen) sein. Sie können natürlich auch alleine in der Gegend herumstreifen; in diesem Fall werden Sie Kinder begleiten, die als Belohnung zumindest einen Softdrink erwarten (in bar!).

Das **Klima** Marangus ist **phantastisch**, tagsüber sehr warm bis heiß, mit erfrischender Abkühlung in der Nacht, fast keine Moskitos.

Noch eins - als "Marangu-Town" wird der engere Bereich (Radius ca. 250 m) um die Kreuzung Moshi Rd./Tarakea Rd./Kinapa Rd. bezeichnet - hier finden sich das Postamt, ein "Bookshop", ein kurioser Curioshop, 3 Bars/Restaurants, Copyshop und der "Busbahnhof" (direkt an der Kreuzung). Alles darüber hinausgehende ist "Marangu-Village".

*Blick auf Marangu*

Sobald Sie dem Bus/Dalladalla entstiegen sind, werden viele Guides Ihre Dienste anbieten und Sie zum Hotel führen wollen. Das ist an und für sich angenehm, doch wird hier gerne beispielsweise der Weg zum Kibo-Hotel (ca. 15 Minuten) mit einer "Village-Tour" verwechselt und Sie marschieren gepäckbeladen völlig umsonst durch die Felder und bekommen 20 Chamäleons zu sehen. Abgesehen von der körperlichen Belastung zehrt diese Vorgangsweise auch an Ihrem Geldbeutel - verrechnet wird nämlich eine Village-Tour (siehe weiter unten).

Mit dem Plan dürfte es kein Problem sein, zumindest die nah gelegenen Hotels ohne Führer zu erreichen. Alles darüber hinausgehende? Taxi !

Die meisten Unterkünfte befinden sich irgendwo in der "Wildnis" (die eigentlich gepflegte "Felder/Gärten" darstellt, siehe "Kilimanjaro-Lesebuch", Kap.

"Kihamba und Mfongo") und weit und breit steht kein Restaurant - außer im Hotel, und das kann teuer werden - zur Verfügung (Ausnahmen sind angeführt).

## Hotels der Kat. D:

- Salomon Hotel, ca. 200 m vor dem gate, ☏ 0744/383918, DZ je US$ 40 (fullboard, Verhandlungsgrundlage!), nicht self contained, obwohl Mr. Solomon Minja ein sehr umgänglicher Mensch ist: Notlösung
- Bismarck Hut, kurz vor dem Capricorn (von unten kommend), EZ wie DZ self contained, US$ 10/Person, Camping US$ 5/Zelt, Restaurant/Bar. Abgesehen davon, dass dieses Guesthouse eine gute Wahl ist, sind Sie in sicheren Händen: der Besitzer (ehem. Ranger) beschützt Sie auf mentalem Wege am Berg vor der Höhenkrankheit - "I am always with you".
- Kilimanjaro Guest Wing, neben der Babylon Lodge, EZ/DZ US$ 15, nicht self contained, sehr einfach, sonst aber ok, kein Restaurant

## Hotels der Kat. C:

- Babylon Lodge, ☏ 027/2756355, FAX 2756597, info@babylonlodge.com, www.babylonlodge.com, EZ US$ 25, DZ US$ 40 (teilw. franz. Betten), schöne, relativ neue Anlage, Restaurant/Bar, Tour Operator, auf ca. halbem Wege vom Busbahnhof zweigt rechts ein Feldweg zum (angeblich) größten Baum Tansanias ab (beschildert).

## Hotels der Kat. B:

- Kibo Hotel, ☏ 027/2751208, info@kibohotel.com, kibohotel@yahoo.com, www.kibohotel.com, EZ US$ 32, DZ US$ 52 inkl. Frühstück (fullboard US$ 53, US$ 90), erstklassiges Restaurant (Mix aus international/indisch/tansanisch US$ 5, 3-gängiges Dinner US$ 14, ohne Getränke), gefüllter Swimmingpool, wunderschöner Garten (mit Campingmöglichkeit US$ 5/Person), Tour Operator.

  Das Kibo ist das älteste Hotel Marangus (und eines der ältesten Tansanias) - um 1900 als Campsite gegründet, in den 30er-Jahren entstand das heutige Hauptgebäude, die heutige (renovierte) Inneneinrichtung stammt aus den 50er-Jahren. Ab den 60er-Jahren begann ein rapider Abstieg und das Hotel verfiel zusehends (während dieser Zeit - 1976 - besuchte (Gouverneur) Jimmy Carter das Hotel und pflanzte ein Bäumchen, es verdorrte).

Seit 1998 leitet ein neues Management das Hotel - die dringendsten Maßnahmen wurden sofort durchgeführt, der Rest nach und nach. Der Charakter des Hotels wurde dabei nicht angetastet so dass das Kibo das einzige Hotel mit Charme in Marangu (und sein Geld wert) ist. Die durchgeführten Touren sind zwar nicht billig, dafür aber einwandfrei in Ordnung.

### Hotels der Kat. A:

- Marangu Hotel, ☏ 027/2756594, FAX 2756591, ✉ marangu@africaonline.co.tz, 🖳 www.maranguhotel.com, EZ US$ 50 (inkl. Frühstück und Dinner), DZ US$ 100 (inkl. Frühstück, Dinner), Bungalowanlage, riesiger Garten mit Blick auf den Kibo, Restaurant/Bar (vis à vis dem Hoteleingang eine tansan. Bar/Restaurant), Tour Operator (ebenfalls teuer aber gut), Campingmöglichkeit US$ 4/Person (kein Zeltverleih)
- Nakara Hotel, ca. 2 km vom gate entfernt, beschildert, ☏ 027/2756571, 0744/277300, FAX 2756599, ✉ nakara-hotels@iwayafrica.com, 🖳 www.nakara-hotels.com, US$ 50/Person inkl. Frühstück (US$ 70 fullboard), Restaurant (mäßige Speisekarte, kompl. Dinner US$ 15, ohne Getränke), Bar, Tour Operator
- Capricorn Hotel, 3 km vom gate entfernt, ☏ 027/2751309, 2752442, ✉ capricorn@africaonline.co.tz, 🖳 www.capricornhotel.com, US$ 50/Person inkl. Frühstück, US$ 70 fullboard, Restaurant (an der anderen Straßenseite eine schöne Bar/Restaurant mit tansan. Gerichten), Tour Operator
- Kilimanjaro Mountain Resort, im westlichsten Teil Marangus (Kyala, ca. 7 km vom gate, ca. 5 km vom Busbahnhof entfernt),☏ 027/2758950, FAX 2758949, 0744/999755, ✉ kiliresort@africaonline.co.tz, 🖳 www.kilimanjaromtresort.com, EZ US$ 50, DZ US$ 70. Restaurant, Tour Operator. Ziemlich neue Anlage im Stile des victorianischen Zeitalters, schöner Garten mit schönem Restaurant (US$ 5), Tour Operator
- Ashanti Lodge (an der Tarakea Str., ca. 2 km nach der Abzweigung zur Babylon Lodge), ☏ 027/2756443, 0744/304405, Restaurant, Tour Operator ✉ ashantilodge@habari.co.tz, 🖳 www.habari.co.tz/ashantilodge

### Camping

- Coffee Tree Village Campsite (ca. 200 m neben dem Nakara), ☏ 027/2756513, 0744/691433, ✉ www.alpinesafari.com, kilimanjaro@iwayafrica.com, US$ 8/Person, Bungalow (nicht self contained) US$ 12/Person. Alles weitere ist kostenpflichtig: Küche mit Kühlschrank, Sauna, selbst die Belegung eines Gartensessels, Zeltverleih US$ 10/Tag, Frühstück US$ 4, Dinner US$ 10, schöner Garten, Tour Operator

- Gilman´s Camp, ca. 1 km nach dem Kibo Hotel (gut beschildert), ☏ 027/2756490, 0744/299486, gilmanscamp@yahoo.co.uk, Duschen (Warmwasser), Toiletten, Küche mit Kühlschrank, camp fee US$ 10/Person, DZ US$ 40 (fullboard), kein Restaurant, nächste Einkaufsmöglichkeit ca. 1 km entfernt.

☺ Weitere Camping-Möglichkeiten im Kibo, Marangu Hotel sowie in der Bismarck-Hut (siehe jeweils dort).

**Banken** oder Wechselstuben gibt es in Marangu nicht. Wechseln ist in den Hotels der Kat. A zu katastrophalen Kursen möglich.

**Einkauf:** Die Souvenirshops der genannten Kat.-A-Hotels haben ein kärgliches und teures Angebot (T-Shirts "I have done it"),

- Curio Shop in "Marangu-Town".
- Entlang der Straße zum NP Gate sowie in "Marangu-Town" einige Shops für den alltägl. Bedarf - hin und wieder finden sich nette Kleinigkeiten (beispielsweise kunstvoll in Bananenblätter eingenähter Kautabak).

Markt (vormittags, Hauptmarkttag ist Freitag) kurz nach - von Marangu-Town kommend - dem Kibo Hotel; an der Tarakea-Straße sowie in "Marangu-Town"

⌘ **Sehenswürdigkeiten**

- Das Privatmuseum **"Kibo Art Gallery"**, hinter dem Kibo Hotel gelegen, ist unbedingt einen Besuch wert. Besitzer ist Elimo Njau, geb. 1932 in Tansania, Studium der Malerei in Kampala, London und Nairobi, Dozent an der Makerere-Universität in Kampala sowie der Nairobi University, lebt z.Z. in Nairobi und besitzt und führt dort die Paa ya Paa Art Gallery. Bereits sehr früh begann er mit privaten Mitteln **ostafrikanische Gegenwartskunst** zu sammeln, seine Sammlung zählt zu den bedeutendsten der Welt. Ein Teil davon ist in der Kibo Art Gallery zu sehen (Ancent Soi, Sam Nitro u.a.). Ein kleiner Teil ist antiquarischen Stücken (Masken, Stühle, Hocker) gewidmet (Eintritt US$ 1,50), kein Verkauf. Das Museum ist immer geschlossen, Sie müssen die Wirtschafterin links hinter dem Museum im kleinen Häuschen aufsuchen, die Sie einlässt und das Eintrittsgeld kassiert.

*Blick auf den Mawenzi von der Himostraße in Marangu*

Dalladallas von/nach Moshi fahren den ganzen Tag über (US$ 1). Beim Marangu Hotel bleiben alle von Moshi kommenden Dalladallas stehen, wenn Sie dem Fahrer sagen, dass Sie dort aussteigen möchten. Manche Dalladalla-Fahrer bringen Sie auch bis zum Kibo Hotel. Zu Fuß sind vom "Busbahnhof" in jedem Fall das Kibo Hotel und (gerade noch) die Babylon Lodge wie das Kilimanjaro Guest-Wing (ca. 1 km) gepäckbeladen zu erreichen. Alle anderen genannten Unterkünfte sind ziemlich weit vom "Busbahnhof" entfernt (die Bismarck Hut als nächste beispielsweise 3 km). Bei vorangegangener Buchung holt man Sie selbstverständlich ab. Taxis stehen am "Busbahnhof" zur Verfügung - auf Grund der teilweise miesen Straßenverhältnisse mind. US$ 3.

Für die Rückfahrt genügt es, beim Eingang/Ausgang des Marangu Hotels auf das nächste Dalladalla zu warten, beim Kibo Hotel fahren zumindest die via Sandstraße von Himo kommenden Dalladallas vorbei und nehmen Sie mit - das bedeutet (kurze) Wartezeit am "Busbahnhof".

Direktbusse nach Dar es Salaam befahren die Strecke Rombo-Dar es Salaam und halten frühmorgens (zw. 6:00 - 7:00) in Marangu am "Busbahnhof" - ein Platz ist nur zu ca. 98 % sicher.

Bezüglich **Sicherheit** ist Marangu zwar - vergleichsweise - ein Hafen des Friedens, lassen Sie aber bei Ihren Streifzügen durch das Dorf Ihren Besitz nicht unbeaufsichtigt und dehnen Sie sie nicht über den Einbruch der Dunkelheit hinaus. Weiter sollten Sie alle Angebote hinsichtlich pop (Gras/Marihuana) energisch ablehnen - der Konsum ist in Tansania verboten.

## Dar es Salaam

Es fehlt hier der Platz, um Dar es Salaam detailliert zu beschreiben (☞ mein ReiseHandbuch *Tansania Sansibar*, Conrad Stein Verlag). Ich gebe hier deshalb nur grundlegende Informationen:

Taxi vom Flughafen ins Zentrum ca. US$ 10, Richtpreis für Fahrten innerhalb des Zentrums US$ 1,50.

TTB-Tourist Information, Samora Ave, ☎ 022/2111244-5, FAX 2116420, safari@ud.co.tz, md@ttb.ud.or.tz, www.tanzaniatouristboard.com, www.tanzania-web.com (erwarten Sie vom Personal keine weitreichenden Auskünfte)

Sicherheitslage: katastrophal, nach Einbruch der Dunkelheit nur per Taxi unterwegs sein, nie zu Fuß!

Tagsüber auf Taschendiebe achten!

Da der Wanderer in der hektischen Metropole Ostafrikas wahrscheinlich nur eine kurze Zwischenstation abhält, beschränke ich mich auf die Vorstellung des Viertels zwischen Kisutu-Market und (ehem.) Kisutu-Busbahnhof. Hier finden sich Hotels aller Kategorien und auch der Stadt-Terminal des Bus-Unternehmens Royal-Coach TA (nach Arusha) liegt "ums Eck'". Hotels sind voneinander ca. 2 - 4 Gehminuten und ihrerseits vom Bus-Terminal max 10 Min. zu Fuß entfernt. Die Kosten für die Anfahrt zum zentralen Busbahnhof in Ubungo (US$ 5) belasten somit nicht Ihr Budget. Während der Hochsaison (Juli, August, Dezember, Januar) sollten Sie zumindest eine Woche vorher telefonisch reservieren - Dar es Salaam hat zu wenig Zimmer.

Falls nicht anders vermerkt alle Zimmer mit Frühstück, Preise verstehen sich als Zimmerpreise, Moskitonetze sind fast nirgends vorhanden (die Plage ist allerdings - zumindest in diesem Viertel - eher gering)

Kat D

In allen genannten Hotels dieser Kathegorie (und den angeschlossenen Restaurants) herrscht Alkoholverbot!

- Holiday Inn, Jamhury Str., ☏ 022/2112246, ✉ holidayhotel@usa.net, EZ US$ 5, DZ US$ 10, ohne Frühstück, sehr einfach - Rezeption im 2. OG, falls Türe/Gitter verschlossen kräftig klopfen. Achtung 1: Die Tür geht Richtung Stiege auf ! Achtung 2: Es existiert auch ein Holiday Inn (Hotel) der Kat. A in der Garden Av. (dem Taxifahrer sehr genau mitteilen, welches Holiday Inn Sie meinen).
- Safari Inn, Band Str., ☏ 022/2138101 - 2, FAX 2116550, 0744/268038, ✉ safari-inn@lycos.com, EZ US$ 10, DZ US$ 26,5 (self contained, mit Klimaanlage US$ 24, Restaurant mit kleiner Speisekarte (US$ 2 - 3), sehr hilfsbereit, Internet-Café
- Jambo Inn, Lybia Str., ☏ 022/2110711, FAX 2110686, 0745/800790, ✉ razarattansi2002@yahoo.com, Preise wie zuvor, Restaurant mit umfangreicher Speisekarte und Terrasse (US$ 2 - 5), Internet-Café
- Econo Lodge, Band Str. ☏ 022/2116048, FAX 2116053, ✉ econolodge@raha.com, etwas steril, Nichtraucherhotel

Kat C

- Starlight Hotel, Bibi Titi Mohammed Str., ☏ 022/2119387 - 8, FAX 2119389, ✉ starlight@acexnet.com, 🖳 www.hotelguide.com, EZ US$ 40, DZ US$ 46, Restaurant, kleine Gartenbar mit Grill ab 15:00 geöffnet

Kat B

- Peacock Hotel, Bibi Titi Mohammed Str., ☏ 022/2114071, FAX 2117962, 0748/969848, ✉ info@peacock-hotel@.co.tz, 🖳 www.peacock-hotel.co.tz, EZ ab US$ 75, DZ ab US$ 85, Internet-Café,

✕ Mit Ausnahme des Holiday und der Econo Lodge ist allen genannten Hotels ein Restaurant angeschlossen. Mehrere einfache Restaurants auch in den anliegenden Straßen. Wer fein dinieren will: gutes Restaurants im Africa Hotel (Ecke Azikiwe Str./Sokoine Drive) sowie das Alcove in der Samora Av. und Smokie's Taverne, Msasani Halbinsel (Taxi ca. US$ 5)

BANK Banken, und priv. Wechselstuben in der Samora Ave, rund um den Askari-Kreisverkehr, India St und Morogoro Rd. bzw. am Flughafen (unbedingt das im Kapitel Geld Gesagte beachten!!)

✋ Lassen Sie sich auf keinen Fall mit Schwarzwechslern ein!

*Nicht gerade idyllisch - das Kisutu Viertel*

Das Souvenirangebot ist hier geringer und (zumindest was Masai-Objekte anbelangt) teurer als in Arusha. Die meisten Shops befinden sich in der Samora Av.

- British Airways, Royal Palm Hotel, Ohio Str., ☏ 022/2113820-2, custrels.1.eastafrica@britishairways.com
- KLM, Tanganyika Motors Bldg., Bibi Titi Mohammed Str., ☏ 0222139790/1, www.klm.com
- Emirates, Zarah Towers (EG), Upanga Rd., ☏ 022/2116100, www.emirates.com
- Ethiopian Airlines, TDFL-Bldg., Ohio Str., ☏ 022/2117063, FAX 2115857, daram@ethiopianairlines.com
- Air Tanzania, P.O.Box 543, ATC Building, Ohio Street, ☏ 022/2118411, FAX 2124806, finance@airtanzania.com
- Precision Air, NIC-HDQ Bldg., Ecke Samora Av./Pamba Rd., ☏ 022/2130800, 2121718, FAX 2113036, pwdar@africaonline.co.tz
- Swissair, Luther House, Sokoine Drive, ☏ 022/2118870-3, www.swiss.com

🚌 Zentraler Busbahnhof in Ubungo (Ecke Morogoro Str./Sam Nujoma Rd., mehrere Kilometer vom Zentrum entfernt, Taxi US$ 5, nach Arusha fahren mehrere Busse zwischen 7:00 bis 10:00 Uhr, Preis je nach Ausstattung US$ 12 - 20), Stadtterminal Royal Coach TA Ecke Lybia Str./Mwisho Str. (gegenüber dem Postamt, von allen genannten Hotels innerhalb längstens 10 Min. zu Fuß erreichbar), Stadtterminal Scandinavian Express Kreuzung Nyerere Str/Msimbazi Str. (genau genommen 2. Haus in der Msimbazi Str.), alle Taxifahrer kennen den Terminal, ca. US$ 2,5 von den angeführten Hotels.

♦ **Tour Operator** (☞ Die Begehung/Organisation und Durchführung.) Falls Sie die Kilimanjaro-Tour bereits hier buchen wollen: In der Regel sind Transportkosten nach Arusha/Moshi/Marangu nicht im Preis inkludiert! Auch die Organisation desselben bleibt in der Regel Ihnen selbst überlassen. Die hier ansässigen Tour Operator arbeiten durchwegs über/mit Partnern in den zuvor genannten Orten.

## Kenia

Wenn Sie den Mt. Kilimanjaro von Kenia aus besuchen wollen, haben Sie wahrscheinlich einen Reiseführer für Kenia im Gepäck, und es ist daher sinnlos, an dieser Stelle Nairobi und Mombasa zu beschreiben. Bezüglich der Anfahrt von diesen beiden Städten ☞ Transport.

# Diplomatische Vertretungen

Ⓓ Botschaft der Vereinigten Republik Tansania, Eschenallee 11, 14050 Berlin, ☏ 0049/30/3030800, FAX 30308020, 💻 www.tanzania-gov.de ✉ info@tanzania-gov.de, ✉ tzberlin.habari@gmx.de (auch für Österreicher zuständig).

♦ Botschaft der Republik Kenia, Markgrafenstr. 63, 10969 Berlin, ☏ 030/2592660, FAX 25926650, ✉ embassy-kenya.bn@wwmail.de.

Für die Erlangung eines (kenyan. wie tansanishen) **Visums** benötigt man: Antragsformular (auch download-formular), Reisepass (ab Einreisedatum mind. noch 6 Monate gültig), 1 Foto, Buchungsbestätigung über Rückflug, € 50 (Kenya: € 40), Briefumschlag mit Rückporto. Dauer ca. 3 Wochen, eine (tansan.)

Visum-Expressausstellung (innerhalb eines Abreitstages) kostet zusätzlich € 20 (siehe aber auch Kap. Einreise)

Ⓓ Konsularabteilung der Botschaft der Vereinigten Republik Tansania, Adresse wie oben, ✉ visa@tanzania-gov.de (Konsularbezirk: Bundesgebiet).

Ⓐ Österreicher wenden sich an die tansanische Botschaft in Berlin.

♦ Botschaft der Republik Kenia, Neulinggasse 29, 1030 Wien, ☎ 01/7123919, FAX 7123922, ✉ Kenyarep-vienna@aon.at, 💻 www.kefaustria.com/kembassy/

CH Botschaft der Vereinigten Republik Tansania in der Schweiz, 47 Ave Blanc, 1201Genf, ☎ 022/7318920, FAX 7328255, ✉ mission.tanzania@itu.ch

## ... in Tansania

Ⓓ Deutsche Botschaft, Umoja House, Ecke Garden Av./Mirambo Str., Öffnungszeiten: Mo bis Fr 8:00 bis 12:00, ☎. während der Öffnungszeiten: 00255/22/2117409 -15, FAX 2112944, außerhalb der Öffnungszeiten: aus Deutschland: ☎. 00255/741/455209, innerhalb Tansanias: ☎. 0741/455209, 💻 www.daressalam.diplo.de, ✉ german.emb.dar@raha.com

Ⓐ Das Honorarkonsulat (Hr. Helmut Suitner) befindet sich auf Msasani Peninsula, Slipway Rd., Plot 1684/2, PO Box 105526, Dar es Salaam, ☎ 00255/22/2601492, ✉ austrianconsulate@bamwenda.com, es ist nicht berechtigt, Visa oder Reisepässe auszustellen. In diesem Fall wenden Sie sich an die Botschaft in Nairobi.

CH Schweizer Botschaft, PO Box 2454, Kinondoni Rd., Plot 79, Dar es Salaam, ☎ 00255/22/2666008, FAX 2666736, ✉ vertretung@dar.rep.admit.ch

## ... in Kenia

Ⓓ Deutsche Botschaft, Riverside Drive Plot Nr. 113, ☎ 00254/20/4262100, 💻 www.deutschebotschaftnairobi.org, ✉ geremb@kenyaweb.com, ✉ gerembnrb@wananchi.com

Honorkonsulat in Mombasa (ohne Befugnis, Pässe auszustellen): Ghalia & Ghalia Advocats, Bank of India Bldg., Nkrumah Rd. ☎ 00254/41/225554, 220240, ✉ law@ghalia.com

Ⓐ Österreichische Botschaft, Nairobi, City House, Ecke Wabera Str./Standard Str., ☎ 00254/20/247365, 331792, ✉ austria@africaonline.co.ke

(CH) Schweizer Botschaft, International House, Mama Ngina St, PO Box 30752, ☏ 00254/20/228735-6, FAX 217388, ✉ vertretung@nai.rep.admit.ch

# Einreise

Zur Einreise benötigen Österreicher, Schweizer und deutsche Staatsbürger einen gültigen **Reisepass** (noch mind. 6 Monate gültig) sowie ein **Visum** (☞ Diplomatische Vertretungen). Mittlerweile wird von den Grenzbeamten automatisch eine Aufenthaltsdauer von 3 Monaten ins Visum eingetragen. Kontrollieren Sie trotzdem diese Eintragung, zu einigen Beamten sind diese Bestimmungen noch nicht vorgedrungen. Es besteht auch die Möglichkeit, das Visum erst bei der Einreise an der Grenze (Kilimanjaro Int. Airport, Dar es Salaam Airport, Sansibar Airport und Hafen sowie an allen Grenzstationen zu Kenia) zu beantragen (US$ 50 oder € 50 in bar (!!!!! Siehe Kap. Geld), der Wechselkurs spielt keine Rolle, das Prozedere geht problemlos und schnell vor sich, auf Grund der vielen Touristen am Flughafen allerdings Wartezeit von ca. 30 Min., auch wenn Sie bereits ein Visum im Pass haben, werden Sie diese Wartezeit am Flughafen verbringen). Ein statistisches Formular ist auszufüllen und dem Beamten vorzulegen. Gepäckkontrollen werden üblicherweise weder bei Ein- noch bei Ausreise durchgeführt.

Wenn Sie einen gebuchten Anschlussflug erreichen müssen, dann teilen Sie dies sofort einem der herumstrolchenden Beamten mit - Sie werden dann bevorzugt behandelt.

✋ Die Einfuhr von Waffen (ohne Genehmigung), Rauschmitteln und Pornografica wird **streng bestraft**!

Mit gültigem Visum gestaltet sich Ihr Aufenthalt problemlos. Ist Ihr Visum abgelaufen (falls nicht 3 Monate Gültigkeit eingetragen wurden) und Sie wollen länger bleiben, müssen Sie es im Immigration Office (☞ Basisstationen Dar es Salaam, Arusha, Moshi) verlängern lassen.

☺ Rechnen Sie mit einer Wartezeit von ca. einem halben Tag und stellen Sie sich schon zu Beginn der Öffnungszeit (8:30 bis 12:30) im jeweiligen Büro an (☞ Basisstationen, Stadtpläne von Arusha und Moshi).

Wollen Sie länger als 3 Monate bleiben, benötigen Sie eine Aufenthaltsgenehmigung - wenden Sie sich in diesem Fall an die tansanische Botschaft.

Zum 1.1.2000 wurde der "Ostafrikanische Reisepass" für Ostafrikaner (Kenianer, Tansanier, Uganda) eingeführt. Es besteht die vage Möglichkeit, dass infolge dieser Regelung irgendwann einmal auch ein "Ostafrika-Visum" (Möglichkeit, dass man mit einem Visum alle drei Staaten besuchen kann) eingeführt wird (z.Z. noch nicht der Fall!). Erkundigen Sie sich diesbezüglich bei der jeweiligen Botschaft. Eine Erleichterung besteht allerdings bereits, wenn man Tansania verlässt und wieder zurückkehren will (z.B. wenn Sie Mwanza via Kenia besuchen): man benötigt keine re-entry-visa mehr bzw. Ihr Visum ist ein re-entry-visum.

# Essen und Trinken

## Im "Tal"

Arusha und Moshi verfügen über eine große Anzahl von Restaurants, Gasthäusern, Tee- und Kaffeestuben, Quick-Imbissen usw. Die Palette der angebotenen Speisen reicht von ungesalzenem Maisbrei oder gekochtem Reis ohne jede Beilage in Garküchen am Straßenrand (*foodstalls*, ca.US$ 1/Gericht) über die raffiniertesten Currys der indischen Küche oder Spaghettivariationen der italienischen Küche (US$ 3,50 bis 7/Person) bis hin zu den Standardgerichten der internationalen Küche (Top-Preise, bis zu US$ 20/Person), deren Qualität allerdings nicht immer internationalen Standards entsprechen muss.

Menschen mit empfindlichem Verdauungstrakt sollten **Garküchen unbedingt meiden. Leitungswasser** sollten alle Besucher meiden.

☺ Kontrollieren Sie vor Bestellung in teureren Restaurants anhand des Kleingedruckten der Speisekarte, ob es sich bei den ausgewiesenen Beträgen um Inklusivpreise handelt oder nicht.

Merken Sie sich auch das Aussehen des Kellners, bei dem Sie zahlen - da Trinkgelder in Höhe von 5 bis 10 % erwartet werden, geht das Wechselgeld oft sehr krumme Wege.

Vegetarier sind mittlerweile auch als Zielgruppe erkannt worden. Ab Mittelklasse bietet jedes Restaurant vegetarische Gerichte an, in indischen Restaurant befinden sich Vegetarier im Paradies oder sie halten sich an das riesige Angebot von Früchten auf den Märkten (in den billigeren Häusern wird sich niemand darüber aufregen, dass Sie Mitgebrachtes verzehren). Adressen und Lage der Restaurants und Märkte in Arusha und Moshi ☞ Pläne im Kapitel Basisstationen.

## Am Berg

Bergwandern stellt eine intensive Beanspruchung des gesamten Organismus dar. Die Leistungsfähigkeit der Wandernden ist nicht nur von ausreichendem Training, sondern in hohem Maße auch von **gezielter Ernährung** abhängig, vor allem aber von der Vermeidung von Ernährungsfehlern. Im Gegensatz zum "Normalleben" isst man am Berg nicht nur, um Hunger und Durst zu stillen, sondern in erster Linie, um die Leistungsfähigkeit zu **erhalten** und um verschiedenen körperlichen Funktionsstörungen **vorzubeugen**. Allerdings kann man nicht nur durch richtige Ernährung eine Leistungssteigerung erzielen.

☺ Sämtliche Lebensmittel müssen vom Tal **mitgenommen werden**, bei den Hütten oder in den Camps gibt es **keine** Vorräte. Lediglich an den Hütten des Marangu Trails bieten Ranger in Eigeninitiative und auf eigenes Risiko Coca-Cola, Bier, Schokolade und Kekse an.

## Was essen und trinken?

▷ Etwa 70% des Proviants sollten aus **Kohlenhydraten** (Mehlprodukte, Gemüse, Obst, Zucker), den wichtigsten Energielieferanten bestehen.

▷ **Fette** sind zwar unerlässliche Nahrungsbestandteile, zur Energiegewinnung aber weniger geeignet, da sie zur Verbrennung dreimal soviel Sauerstoff benötigen wie Kohlenhydrate.

▷ **Eiweiße** sind ebenfalls sehr wichtig für die Erhaltung der Leistungsfähigkeit.

▷ Da eine Kilimanjaro-Besteigung im Schnitt nur 5 oder 6 Tage dauert, ist die Zufuhr von künstlich hergestellten **Vitaminen** und **Spurenelementen** in Form von Tabletten nicht erforderlich.

▷ **Salz** verliert der wandernde Mensch durch das Schwitzen, eine Körperfunktion, die beim Bergwandern vorherrschend ist. Sie sollten daher Ihre Speisen etwas stärker salzen als gewohnt.

▷ Das wichtigste Nahrungsmittel ist **Wasser**, und daher stellt ausreichendes Trinken die wichtigste Tätigkeit während einer Tour dar! Durch das Schwitzen bei starker körperlicher Anstrengung verlieren Sie pro Stunde bis zu 2 l Flüssigkeit, zum Anfeuchten der Atemluft auf dem Weg zur Lunge benötigen Sie, vor allem in kalter, trockener Luft in großer Höhe, bis zu 5 l Wasser/Tag - mit Harn und Stuhl verlieren Sie auch noch rund 2 l. Trinken Sie daher so oft wie möglich und über den gesamten Tourverlauf gleichmäßig verteilt. Jeder Flüssigkeitsverlust führt zur Bluteindickung, diese kann zu rascher Ermüdung und Erschöpfung, Erfrierungen, Thrombosen, allgemeinen Höhenproblemen usw. führen (☞ Gesundheit).

✋ Auch wenn Sie keinen Durst verspüren - das übliche normale Durst- und Hungergefühl vermindert sich bei zunehmender Höhe drastisch - lautet die Devise: **trinken, trinken und noch einmal trinken**. Als Faustregel: Pro Stunde körperlicher großer Anstrengung **1 Liter Flüssigkeit** zusätzlich.

Bis zu einer Höhe von 3.000 bis 4.000 m fließt routenabhängig Wasser in Trinkqualität in großen Mengen die Hänge hinab. Ab dort muss Wasser auf Trägerrücken mitgenommen werden.

## Wie essen und trinken ?

Der Wandertag soll mit einem in Ruhe und ohne Zeitdruck genossenem **Frühstück** mit viel Flüssigkeit beginnen (ausgenommen davon ist das letzte Frühstück vor dem Gipfelsturm, ☞ weiter unten). Während der Wanderung sollte man etwa alle zwei Stunden eine (sehr) **kurze Rast** einlegen und eine Kleinigkeit essen, z.B. Kekse oder Schokolade (schnelle Energielieferanten), und wieder viel trinken. Üblicherweise wird nach der halben Strecke eine **längere Rast** zum Verzehr des Lunchpaketes gehalten. **Unmittelbar nach der Tour**, bei Ankunft auf der Hütte, nur einen kleinen, leichten Imbiss einnehmen und wieder viel trinken. Die **wichtigste und ausgiebigste Mahlzeit** des Tages soll **erst ein bis zwei Stunden nach Ankunft** erfolgen, natürlich wieder begleitet von großer Flüssigkeitsaufnahme.

Konzentratnahrung ("Astronautenfutter") ist hier fehl am Platz und belastet nur Ihren Geldbeutel.

Für Zusammenstellung, Einkauf und Zubereitung der Nahrung ist der Tour Operator verantwortlich (☞ Die Begehung-Praktisches: Führer, Träger, Ranger). Im großen und ganzen halten sie sich an die oben angeführte Zusammenstellung und Vorgehensweise. Vor Antritt der Wanderung sollten Sie aber zumindest die Anzahl der geplanten Mahlzeiten überprüfen. Wer bestimmte Nahrungsmittel (Hülsenfrüchte, scharfe Zwiebeln, Schwarztee o.ä.) aus gesundheitlichen, religiösen oder anderen Gründen nicht essen darf, sollte dies mit dem Tour Operator besprechen. In bescheidenem Umfang lassen sich auch vom günstigeren Tour Operator Änderungen organisieren. Wer bestimmte Lebensmittel in großen Mengen zu verzehren pflegt, sollte dies auch mitteilen; so wird z.B. pro Person für eine 6-Tages-Tour üblicherweise nur 0,5 kg Zucker einkalkuliert. Für Schweinefleischliebhaber: Dieses ist praktisch nicht erhältlich.

Andere Leckermäuler brauchen auf ihre Lieblingsgerichte (falls sie bei einem der guten und teuren Tour Operator oder bei einem Hotel der Kat. A gebucht haben) nicht zu verzichten: Bei entsprechend tiefem Griff in den Geldbeutel lässt sich alles arrangieren - Nairobi, die Konsummetropole Nr. 1 in Ostafrika, ist nicht weit (ob sich der Koch allerdings auf die fachgerechte Zubereitung von Hummerravioli versteht, ist eine andere Frage).

Die Ernährung am Berg schlägt im Schnitt mit ca. US$ 10/Tag/Person zu Buche.

- Ein Beispiel für die typische Ernährung während der Wanderung:
- **Frühstück**: Schwarztee mit Zucker und Milchpulver, Weißbrot, Margarine, Marmelade, Eier, Obst.
- **Lunchpaket**: Sandwich mit kaltem Rindfleisch, Tomaten, grünem Salat, Obst, Ei, Schwarztee.
- **Imbiss** bei Ankunft am Camp: Schwarztee, Nüsse, Kekse, Popcorn.
- **Dinner**: Suppe (Instantprodukte zumindest als Basis), Brathuhn mit Reis, Sauce, Gemüse und Weißbrot.
- **Nachtisch**: Pfannkuchen mit Marmelade, Obst, Schwarztee.

☺ Das Frühstück vor dem Gipfelsturm (gegen Mitternacht) sollte **nur klein** ausfallen: Tee, einige Kekse, fertig - Abmarsch. Zum einen hält das letzte Abendessen noch vor, zum anderen ist die Bewältigung eines üppigen Frühstücks in Verbindung mit der Höhenlage für den Körper belastend und könnte störende Folgen haben.

### Umweltzerstörung durch Lebensmittelzubereitung

Das Schlagen, Sammeln und Verwenden von Feuerholz ist schon seit Jahren lt. "Draft National Policies for National Parks in Tanzania" verboten. Bis vor kurzem hat das niemanden interessiert, rund um die Hütten/Camps wurde Brennholz in rauen Mengen geschlagen und verwendet. Diese Zeiten sind nun so gut wie vorbei. Die KINAPA/TANAPA konnte sich durch Überzeugungsarbeit soweit durchsetzen, dass jetzt alle Tour Operator Petroleum- oder Gaskocher verwenden, um für Touristen, Träger und Guides das Essen zuzubereiten.

Sollte das von Ihnen gewählte Unternehmen dieses anders sehen bzw. durchführen, empfehle ich zum Schutze des Berges eine Meldung an die TTB in Arusha und/oder das HQ in Marangu.

✗ ☞ Basisstationen.

## Foto, Film und Video

✋ Verpacken Sie Ihre gesamte Ausrüstung sehr sorgfältig (Stürze in schwierigem, nassem Gelände usw.) und in jedem Fall staub- und wasserdicht! Führen Sie ein Reinigungsset mit sich, und benutzen Sie es!

☺ In Arusha oder Moshi sind Foto-Filme (meist 100 ASA) erhältlich, Dia-Filme sind seltener zu bekommen. Prüfen Sie das Ablaufdatum. Video- und Tonbandkassetten in guter Qualität zu erhalten, ist schwierig.

▷ **Aufnahmen von Menschen** (besonders auf den farbenprächtigen Märkten) sind eine heikle Angelegenheit. Aus den verschiedensten Gründen wollen die Menschen nicht abgelichtet werden - es sei denn, Sie fragen vorher höflich um Erlaubnis. Das Einverständnis ist meist mit einer Forderung nach Bezahlung verbunden, die sich zwischen einem halben US-Dollar und einer Phantasiesumme bewegen kann - handeln! Die Situation vereinfacht sich, wenn sich Einheimische in Ihrer Begleitung befinden. Angestellte Träger und Führer setzen dem Wunsch nach Ablichtung keine Geldforderungen entgegen. Man wird Sie aber, sollte das abschließende Trinkgeld zu gering ausfallen, energisch an diesen Dienst erinnern.

Sei's wie's sei, es ist auch in diesem Fall ein Gebot der Höflichkeit, vor dem Fotografieren um Erlaubnis zu fragen.

Die Ablichtung öffentlicher Bauwerke (Verwaltungsgebäude, Bahnhöfe, Brücken usw.) ist verboten - prinzipiell betrachtet, fallen darunter auch die Gebäude der KINAPA (Marangu HQ, Hütten), man nimmt es hier aber nicht so genau.

☺ In der Regenwaldzone und den unteren Lagen der Heidezone herrscht akuter Lichtmangel. Die Verwendung lichtempfindlicher Filme (400 ASA) bzw. eines Stativs ist speziell bei Vorschaltung von Filtern unumgänglich.

✋ Aufnahmen von öffentlichen Gebäuden (Polizei, Flughafen, Brücken Bahnhöfe, Gefängnisse usw.), Regierungsmitgliedern und deren Fahrzeugen (erkenntlich an Wimpeln, Fahnen und Polizeieskorte) sind bei Strafe verboten. Fahrzeuge der Regierung, Polizei usw. erkennt man an den Nummernschildern: gelber Grund, schwarze Schrift (meist) mit tansanischer Flagge. Die Buchstaben-Ziffernkombination beginnt mit den Buchstaben ST (*serikale tanzania*).

Theoretisch dürfen auch Fahrzeuge mit grünen Schildern (Diplomaten) und blau-weißen (Uno) nicht fotografiert werden. Ausgenommen sind davon das NP-Hauptquartier in Marangu sowie die Hütten und Camps am Berg.

✋ Verwenden Sie auf Grund der extremen Kälte in höheren Lagen nur neue Silberoxid-Batterien, und führen Sie stets Reservebatterien mit sich. Bedenken Sie, dass auch Akkus bei Kälte in ihrer Leistung nachlassen und dass es am Berg keine Möglichkeit gibt, diese aufzuladen.

☺ Ursache für Kameraausfälle ist oft nur ein hauchdünner Wasserfilm zwischen den beiden versorgenden Knopfbatterien - aufschrauben, trocken wischen, wieder einbauen - (meist) erledigt.

# Geld

## Währung

Die Währung Tansanias ist der **Tanzania Shilling (tsh)**, erhältlich in Noten zu 10.000, 5.000, 1.000, 500, tsh, Münzen zu 200, 100, 50 sowie (sehr selten),

US$-Banknoten sind seit 1989 z.T. mit einem **Sicherheitsstreifen** versehen. Das von Banken wie Forex-Büros verwendete Gerät zur Überprüfung der Echtheit der Banknoten erkennt nur diesen Streifen. Alle älteren Banknoten ohne Sicherheitsstreifen - und davon sind noch Millionen im Umlauf - werden als **gefälscht** betrachtet und nicht angenommen. Stellen Sie daher beim Einkauf von US$ sicher, daß Sie nur Banknoten mit Sicherheitsstreifen erhalten (jede Bank wird diesem Wunsch entsprechen, wenn Sie ihr dazu die nötige Zeit lassen).

20, 10 und 5 tsh. Die Einteilung in 100 Cents ist auf Grund der hohen Inflationsrate (zumindest in der Vergangenheit) obsolet geworden. Aus dem selben Grund sind alle Preise im Text in US-Dollar angegeben. Noten mit einem Nennwert von tsh 20.000 und 50.000 sind in Vorbereitung. Nehmen Sie diese aber nur in Banken und Wechselstuben an! Tansanisches Geld darf nicht ausgeführt werden (ein kleiner Betrag für Kaffee o.ä. in der Wartehalle wird in der Regel toleriert).

Die Bezahlung für den Ausflug auf den Kilimanjaro (Gebühren, Träger, Essen, Versicherung usw.) erfolgt beim Tour Operator. Es kann in US$ (das ist ihm lieber) oder tsh bezahlt werden. EURO werden (noch) nicht genommen.

Der Kurs für US$-Reiseschecks (es werden - falls überhaupt - praktisch nur American Express genommen, siehe Hinweis zu Ende dieses Kap.)liegt etwas unter dem für bar-US$ (ca. 5%). Falls der Kurs für Schecks besser als der für bar-US$ ausgewiesen ist, erkundigen Sie sich nach der Höhe der Provision!

Bezahlung mit Kreditkarten ist nur bei ganz großen Unternehmen (☞ Die Begehung - Praktisches: Organisation und Durchführung) und in Hotels der Kat. A möglich. Die Kosten/Gebühren sind exorbitant hoch - bis zu 15%.

## Wechseln

In Dar es Salaam, Arusha wie in Moshi gibt es **Banken** und private Wechselstuben (Bureau de Change, Lage siehe Basisstationen) . Die Kurse in den Wechselstuben sind besser als in den Banken, die Abwicklung nimmt wesentlich weniger Zeit in Anspruch. Auch in **Hotels der Kat. A** kann gewechselt werden - dies ist die teuerste Möglichkeit.

- BANK Mo bis Fr 8:30 bis 12:30 und 14:00 bis 16:00, einige auch Sa 8:30 bis 11:30.
- ♦ Wechselstuben verzichten meist auf die Mittagspause, schließen jedoch auch um 16:00, Sa 8:30 bis 12:00
- In Hotels der Kat. A können Sie immer (zumindest tagsüber) wechseln.

Wechselangebote von Privatpersonen in den Straßen Arushas und Dar es Salaams mit Phantasiekursen erfolgen durchwegs in betrügerischer Absicht!

Im März 2005 standen die **Wechselkurse** für US$ 1 bei knapp unter tsh 1.100 in den Banken, knapp über tsh 1.100 in den Wechselstuben (für US$-Scheine zu 100 und 50, der Kurs für kleinere Scheine ist wesentlich schlechter), die Kurse in den Hotels sanken teilweise ab auf tsh 900 (auch für große Scheine). Es können auch US$ gekauft werden (zumindest in Wechselstuben), allerdings zu sehr hohen Preisen. Das Wechseln von großen US$-Scheinen in kleine ist in Wechselstuben möglich.

Euro werden mittlerweile im großen und ganzen zumindest von Wechselstuben ohne Probleme zu einem respektablen Kurs gewechselt (März 2005: tsh 1430 ). Allerdings sollten Sie das genau kontrollieren, die Kurse für US$ sind im großen und ganzen einheitlich. In Marangu existiert weder eine Bank noch eine Bureau de Change, die Kurse der Hotels sind die schlechtesten von Tansania.

Reisende, die besonders "klug" sein wollten, wechselten Traveller-Checks und meldeten diese dann als gestohlen. Da immer schon auf der Rückseite der Checks eigenhändig Adresse, Passnummer usw. vermerkt werden musste, funktioniert dieses Vorgehen nicht immer - die Aufklärung der Causa nimmt allerdings lange Zeit in Anspruch. Aus diesem Grunde wechseln Banken wie Wechselstuben in Dar es Salaam keine Traveller-Checks! Die einzigen Ausnahmen März 2005 waren Extreme, Masai, Crown, MGM - allerdings nur unter Vorlage einer Kaufbestätigung (auf dieser sollten auch die Check-Nummern angegeben sein). Bei offiziellen Stellen sowie von Tour Operator wurden Checks überhaupt nicht angenommen!

Es ist anzunehmen, dass diese Vorgangsweise auch in Arusha und Moshi Einzug halten wird - statten Sie daher Ihre Reisekasse eher mit bar-Dollar (und/oder bar-Euro) aus.

# Gesundheit

## Tropenkrankheiten

Reisen Sie direkt aus Deutschland, Österreich oder der Schweiz ein, ist von den tansanischen Behörden keine Impfung vorgeschrieben. Aktuell ist auch die Gelbfieberimpfung nicht vorgeschrieben (auch nicht, wenn Sie aus einem Infektionsgebiet einreisen) - erkundigen Sie sich aber darüber vor Abreise bei der Botschaft in Berlin (siehe Kap. Dipl. Vertretungen).

Falls Sie zum Relaxen die Strände Sansibars ins Auge gefasst haben sollten: Hier ist die Gelbfieberimpfung für die Einreise zwingend vorgeschrieben, egal, woher Sie kommen.

☝ Als Nachweis für die Impfung wird in jedem Fall nur die Eintragung im **Internationalen (gelben) Impfpass der World Health Organization** (WHO) anerkannt.

▷ In Bezug auf die Notwendigkeit einer Prophylaxe gegen die Tropenkrankheit **Malaria** ist man in der Medizin geteilter Meinung: Während die einen eine Prophylaxe für unabdingbar halten, sobald man nur einen Fuß in ein malariaverseuchtes Land setzt, vertrauen andere darauf, dass ein erwachsenes und durchschnittlich intaktes Immunsystem mit der Malaria ein bis zwei Wochen lang, genau die Zeit, die Sie für eine Kilimanjaro-Besteigung benötigen, fertig werden kann. Lassen Sie sich von einem kompetenten Arzt untersuchen und beraten. Wer länger im Land bleiben will, sollte sich unbedingt vor Malaria schützen.

▷ Ich rate Ihnen dringend zu **Schutzimpfungen** gegen **Tetanus**, **Cholera**, **Typhus**, **Paratyphus**, **Gelbfieber** und **Hepatitis** A und B. Suchen Sie 6 bis 8 Wochen vor Ihrer geplanten Abreise Ihren Hausarzt oder das nächstgelegene tropenmedizinische Institut auf, wo man sie individuell beraten wird.

## Bergkrankheiten

Die Hütten der Marangu-Route sind mit Funk und Tragbahren ausgestattet, an der Machame-Route existieren zumindest Tragbahren. Bei Buchung einer Tour werden Sie durch Entrichtung einer Gebühr **automatisch** Mitglied bei der tansanischen Bergrettung. Diese ist im Unglücksfall für den Transport von der Unfallstelle ins nächstgelegene Krankenhaus zuständig. Rückholversicherungen greifen nur für den Transport vom Krankenhaus in die Heimat. Die Organisation eines Transports durch die Bergrettung übernimmt Ihr Führer.

☺ Bei vernünftiger Wanderweise und aufmerksamem Studium dieses Buches wird Ihnen nichts passieren. Daher sind die folgenden Absätze dieses Unterkapitels nur für extreme Ausnahmesituationen geschrieben worden.

Bei der Einschätzung von Höhe, UV-Strahlung und ertragbarer Kälte als wesentlichen Problemfaktoren wird von vielen, auch erfahrenen Wanderern der **Einfluss von Wind** und **Regen** auf den **Faktor Kälte** (sog. *chill factor*) unterschätzt oder gar übersehen. Ein Beispiel soll dies verdeutlichen: Eine gemessene Temperatur von -10° (z.B. an der Kibo-Hütte) wirkt sich bei einer Windgeschwindigkeit von 20m/sec (entspricht 72 km/h) wie eine Temperatur von -36° aus, womit wir uns fast in arktischen Verhältnissen bewegen. Durch ein außergewöhnlich ungünstiges Zusammenspiel von Faktoren wie Kälte, Nässe, Wind, Bewegungsmangel (z.B. bei Verletzungen), ungenügenden Wärmeschutz (Kleidung), Flüssigkeitsmangel (Bluteindickung) und Höhe kann es bereits bei Temperaturen von +10° zu **örtlichen Erfrierungen** an exponierten Körperstellen (Zehen, Finger, Nase, Ohren) kommen. Meist kündigen starke Schmerzen in den gefährdeten Körperteilen das Vorstadium einer örtlichen Erfrierung an, es sei denn, dieses Signal wird durch Alkoholisierung oder Drogenkonsum außer Kraft gesetzt.

Bei **Erfrierungen ersten Grades** ist die Haut wachsweiß, kalt, gefühl- und schmerzlos, dieser Zustand ist durch Erwärmung voll rückbildungsfähig. Allerdings ist der Prozess der Wiedererwärmung in der Regel sehr schmerzhaft.

Die Blasenbildung und blaurote Verfärbung der Haut bei **Erfrierungen zweiten Grades** sind erst nach 2 bis 3 Tagen erkennbar.

Auch **Erfrierungen dritten Grades** werden frühestens nach mehreren Tagen erkennbar - die Haut ist schwarz und hart wie Porzellan. Die betroffenen Körperteile sind unrettbar verloren und müssen **amputiert** werden.

## Erste Hilfe

Jede Erfrierung sieht anfangs aus wie eine erstgradige! Daher ist es notwendig, vom schlimmstmöglichen Fall - dem Vorliegen einer drittgradigen Erfrierung - auszugehen und sie entsprechend zu behandeln.

Stelle mit eigener oder fremder Körperwärme **anwärmen** (nicht mit Schnee einreiben), benachbarte Körperteile durch Massieren **passiv bewegen** (nicht die Erfrierung selbst, da es sich dabei um eine offene Wunde im medizinischen Sinn handelt), keim- und vor allem druckfrei **verbinden** (durch Watteverband).

**Heiße, gezuckerte** und **salzreiche Getränke** einnehmen (gezuckerter und gesalzener Tee ist vielleicht nicht jedermanns Sache, hilft aber). **Unter keinen Umständen Alkohol** trinken!

Sofortiger Abmarsch in eine **sichere Unterkunft**. Bei schweren Erfrierungen, d.h. das Opfer kann selbst nicht gehen, nur liegend transportieren. In der gesicherten Unterkunft können Sie heiße, gezuckerte Alkoholgetränke zu sich nehmen. Sie sollten aber zusätzlich mehrmals täglich **Bewegung in sehr warmem Wasserbad** (35° bis max. 42°, Fieberthermometer) vornehmen, danach die erfrorenen Stellen vorsichtig abtrocknen und wieder keim- und druckfrei verbinden.

**Neuerliche Kälteeinwirkungen** müssen **unbedingt vermieden** werden - das Wiedereinfrieren bereits aufgetauter Körperteile bedeutet stets sichere Amputation. Sollten sich Blasen bilden (Erfrierungen zweiten Grades), diese niemals aufstechen und ein Aufplatzen vermeiden.

Gehen Sie so schnell wie möglich, spätestens aber nach einer Woche zum Arzt!

Sinkt die Temperatur des Körperkerns (Herz, innere Organe, Gehirn usw.) unter dem Einfluss derselben Faktoren, die Erfrierungen bedingen, im Zusammenspiel mit beispielsweise hohem Blutverlust, Bewegungsarmut, Konditionsschwäche, Alkoholeinwirkung und/oder fehlender Höhenanpassung auf einen Wert von deutlich unter 37°, so spricht man bei Temperaturen von bis zu 30° von allgemeiner, sog. "Leichter **Unterkühlung**" (Hypothermie) (im Gegensatz zur "Schweren Unterkühlung" bzw. "Unterkühlung bei Scheintod" - das ist ein **lebensbedrohender** Zustand)! Symptome sind Muskelzittern, beschleunigter Puls und Atmung, schwindende Muskelkraft, das Bewusstsein ist (noch) vorhanden.

Unterkühlung kann auch bei Plusgraden auftreten, wenn Sie beispielsweise verletzt und bewegungsunfähig längere Zeit in einem kalten (+10°) Bach liegen. Lange bevor es überhaupt zu einer Unterkühlung des Körperkerns kommt, machen Symptome wie beispielsweise das bekannte Kältezittern ein Weitermarschieren so unangenehm, dass man freiwillig darauf verzichtet und umkehrt. Durch Alkohol- bzw. Drogengenus kann dieses Warnsystem allerdings beeinträchtig bzw. außer Kraft gesetzt werden.

Unbedingt **Schutz vor weiterer Abkühlung** (Decken, Folien, Bekleidungsstücke o.ä.), aktive oder passive **Bewegung unter allen Umständen vermeiden** (sind parallel Erfrierungen zu bemerken, nicht massieren!), **heiße, gezuckerte Getränke (keinen Alkohol)** einnehmen, Atmung und Kreislauf beobachten, **keine Wärme von außen** zuführen (keine heißen Bäder). Der Körper wärmt sich langsam wieder selbst auf, trotzdem muss für sofortigen Transport **in sichere Unterkunft** gesorgt werden. Unter allen Umständen ist ein über die normale Ruhezirkulation hinausgehendes Eindringen des kälteren Blutes der Körperaußenseite (Peripherie) **in den Körperkern zu verhindern**, daher muss der Unterkühlte so **schonend** wie möglich transportiert werden, und es dürfen **keine Massagen** verabreicht werden.

📖 Erste Hilfe, Martin Schepers, OutdoorHandbuch Basiswissen für draußen, Band 39, 116 S., Conrad Stein Verlag, ISBN 3-89392-139-7, € 7,90.

✋ Erfrierungen und Unterkühlungen treten im Normalfall, das heißt bei Alkohol- und Drogenabstinenz, vernünftiger Bekleidung und Ausrüstung sowie bei Befolgen der Hinweise des Führers sicher nicht auf.

Anders verhält es sich mit **Muskelkrämpfen**. Diese plötzlichen Verkrampfungen treten während oder kurz nach einer Tour bei Überbeanspruchung bzw. mangelhaftem Trainingszustand zuerst in den Waden (Unterschenkeln) auf. Bei leichten Krämpfen sollte man mit stark **reduziertem Tempo** weitermarschieren, bei schweren rasten, vorsichtig die verkrampfte Muskulatur **dehnen** und **erwärmen** (heiße Wickel) und viel Flüssigkeit zu sich nehmen (keinen Alkohol).

Der **Muskelkater** hat zwar dieselben Ursachen wie der Muskelkrampf, tritt aber erst mehrere Stunden nach der Überbeanspruchung auf, meist erst am nächsten Tag. Da es sich dabei um zahlreiche Mikro-Muskelfaserrisse (und nicht nur, wie früher angenommen, um einen überhöhten Milchsäurespiegel im Gewebe), also um Verletzungen handelt, muss der Muskelkater auch anders behandelt werden als der Krampf: keine Gymnastik, keine Wärme, keine Massage - nur **Ruhe** bringt die Kraft.

Diesen Unannehmlichkeiten können Sie durch ausreichendes Training, Vermeidung von Überbeanspruchung, richtige Gehtaktik (☞ Die Begehung - Praktisches: Geh- und Höhentaktik) und ausreichendes Trinken **vorbeugen**.

Die Ursachen der **Höhenkrankheit** (**AMS**, *acute mountain sickness*) sind in einer Kombination von zu raschem Aufstieg **(keine Höhenanpassung)** und gesunkenem atmosphärischem Druck (Sauerstoffpartialdruck) in Höhenlagen ab ca. 2.000/2.500 m zu finden. Die normale Sauerstoffversorgung des Gewebes ist dann nicht mehr gewährleistet.

Etwa 15% aller Menschen entwickeln die Symptomatik der AMS, wenn sie rasch mehr als 2.500 m innerhalb eines Tages aufsteigen. Da am Kilimanjaro die Hütten durchschnittlich nur 1.000 Höhenmeter voneinander entfernt sind, verringert sich das Risiko dementsprechend. Vorsicht ist dennoch geboten, denn ein paar Prozent potentieller AMS-Opfer gibt es doch noch. Es kann nicht deutlich genug ausgesprochen werden - eine übergangene Höhenkrankheit kann tödlich enden (Hirn- bzw. Lungenödeme)!

Erste **Warnzeichen** sind plötzlicher rapider Leistungsabfall, Kopfschmerzen, Appetitlosigkeit, Schlafstörungen und Übelkeit verbunden mit geringer Harnausscheidung bei normaler Flüssigkeitszufuhr. Wenn Sie den Hinweisen Folge leisten, verschwinden in Tallagen (Moshi, Arusha) die Symptome von selbst. Unterstützend wirkt eine vermehrte Flüssigkeitsaufnahme, leichte Diät (Früchte und stärkereiche Nahrungsmittel wie Kartoffeln) und stark verringerte Aktivität (nicht jedoch totale Ruhe).

✋ Treten diese Warnzeichen auf, **unter keinen Umständen weiterwandern**, zur letzten Hütte zurückgehen und dort noch einmal übernachten. Sind die Symptome am folgenden Tag verschwunden, langsam den Aufstieg fortsetzen, bleiben die Warnzeichen bestehen, **sofort absteigen**, keine Medikamente (☞ Medikamente und Drogen).

☹ Traurig, aber leider wahr: Hat Sie die Höhenkrankheit einmal erfasst, können Sie für diesen Urlaub den Gipfelsturm vergessen, probieren Sie es in ein paar Wochen/Monaten oder im nächsten Jahr wieder. Denn so, wie nicht alle Menschen in gleicher Weise AMS-gefährdet sind, sind auch Sie nicht jedes Mal gleich stark gefährdet. Die Ursachen für diesen Zick-Zack-Kurs der AMS ist immer noch unbekannt.

Es werden auf dem europäischen Markt einige prophylaktische Medikamente angeboten (Acetazolamid = Diamox, Prochlorparazin, Antazida, Phenytoin, Dexamethason). Ihre Einnahme ist entweder ganz ohne Nutzen, löst unangenehme Nebenwirkungen aus oder führt gar zu unerwünschten Effekten wie Leistungsminderung, verlangsamter (Höhenanpassung) oder Flüssigkeitsverlust.

## Medikamente und Drogen

Verschiedene flüssige Medikamente vertragen **tiefe Temperaturen** nicht, gefrieren und werden unbrauchbar (beispielsweise Insulin) oder sprengen durch ihre Ausdehnung das sie umhüllende Glasfläschchen. Fragen Sie daher vor dem Kauf den Apotheker nach der Kälteresistenz der Medikamente. Gibt es keine Alternativen, sollten Sie nicht-kälteresistente Flüssigkeiten dicht am Körper tragen. Dabei sind Plastikfläschchen bzw. -ampullen solchen aus Glas vorzuziehen, da Glas bei tiefen Temperaturen noch spröder wird, als es bei Raumtemperatur schon der Fall ist. Das Wiederauftauen von gefrorenen Medikamenten (falls überhaupt sinnvoll - in der Apotheke nachfragen!) muss langsam, z.B. mit einer Wärmflasche, erfolgen. Viele Medikamente werden auch durch **UV-Strahlung** deaktiviert, daher nicht zu lange unbedeckt im Freien liegen lassen.

Die Zusammenhänge zwischen bestehenden Krankheiten, Dosierung und Wirkung der **Medikamente und Höhe** (Druckminderung) sind zu kompliziert, um hier ausgeführt zu werden. Menschen, die regelmäßig Medikamente (wie blutdrucksenkende oder -steigernde, herz- und kreislaufstärkende Medikamente, Asthmamittel, Insulin blutgerinnungshemmende Medikamente oder Psychopharmaka) einnehmen müssen, sollten dies unbedingt einige Wochen vor der geplanten Abreise mit ihrem Hausarzt besprechen bzw. einen Sportmediziner konsultieren.

**Schlafmittel** sind wegen der Gefahr einer verminderten Atemtätigkeit als problematisch anzusehen.

Heutzutage großzügig verordnete **Antidepressiva** können unter Umständen zu Selbstüberschätzung und Beeinträchtigung der Kritikfähigkeit führen. Vorsicht! In besonderem Maß gilt dies auch bei regelmäßiger Einnahme von **Drogen**.

**Alkohol** erweitert die peripheren Blutbahnen. Bei Kälteexplosionen (z.B. bei unerwartet auftretendem Zusammentreffen von Regen, Sturm und Kälte = Wettersturz) wird durch diese erweiterten Gefäße der Wärmeverlust enorm gefördert, obwohl man subjektiv das Gefühl von Wärme hat. In weiterer Folge werden das

Wärmeregulationszentrum im Gehirn gelähmt und die Kälteabwehrreaktionen des Körpers verhindert. Unterkühlung kann die Folge sein.

Neben der Tatsache, dass starke Raucher die Wirkung von **Nikotin** beim Gipfelanstieg besonders zu spüren bekommen, wirkt diese Droge gefäßverengend. Das bedeutet ein **gesteigertes Risiko** periphere Körperteile (Finger, Nase, Zehen) zu erfrieren.

**Diabetiker** sollten ihre Begleiter mit der Problematik dieser Krankheit vertraut machen, Traubenzucker mit sich führen und daran denken, dass noch kein Gerät existiert, das die Glukosebestimmung in großer Höhe oder bei Kälte zuverlässig durchführt. Machen Sie unbedingt Ihren Arzt mit Ihrem Vorhaben der Kilimanjaro-Besteigung vertraut!

Die tägliche Einnahme der **Antibabypille** wirkt u.a. auch bluteindickend und setzt somit die Fließgeschwindigkeit des Blutes herab. Das bedeutet in großer Höhe gesteigertes Risiko von Thrombose und Embolie.

Sie sollten in diesem Fall für eine vermehrte Flüssigkeitsaufnahme sorgen.

Grundsätzlich betrachtet stellen dauernd vorhandene Krankheiten keinen Ausschließungsgrund für diese Tour dar - konsultieren Sie aber unbedingt einige Wochen vor der Buchung Ihren Hausarzt bzw. einen Sportarzt.

## Reiseapotheke

Mittel gegen Fieber, Schmerzen, Grippe, Mund- und Rachenentzündung, Verstopfung wie Durchfall, Sonnenbrand, Bindehautentzündung, Verstauchungen, Schwellungen, Brandwunden, weiterhin Wundsalbe, Verbandmaterial (elastische Binden, Mullbinden, Hansaplast Strips), Desinfektionsmittel, Fieberthermometer, Verbandschere, Pinzette. Bezüglich Einkauf von Medikamenten vor Ort: Selbst in Apotheken angebotene Medikamente (auch patentrechtlich geschützte Markenware!) sind sehr oft illegal hergestellt und verfügen über keinen oder gar falschen Inhaltsstoff (lassen Sie sich dabei von fachmännisch hergestellten Verpackungen und Blistern nicht täuschen). Gleiches gilt auch für die, teilweise sehr gut bestückten, "Hausapotheken" von fast allen Hotels, die Touren anbieten. Vermeiden Sie

Komplikationen, vertrauen können Sie nur Ihrer eigenen in Europa zusammengestellten Reiseapotheke!

## Sonstige Krankheiten

Sobald man den Regenwaldgürtel des Kilimanjaro verlässt und durch Moor- und Heideland bzw. Steinwüste wandert, lässt ein stetig kühl bis kalt wehender Wind ein Gefühl von **Hitze** nicht aufkommen. Das Vorhandensein von **UV-Strahlung** wird subjektiv nicht wahrgenommen, obwohl in dieser Höhe davon tatsächlich genügend vorhanden ist.

Bei Windstille können in der Steinwüstenzone die Temperaturen tagsüber auf bis zu +40° steigen.

Der häufig auftretende **Sonnenstich** wird durch starke Einwirkung von Sonnenstrahlen auf den unbedeckten Kopf ausgelöst. Durch diese Überwärmung kommt es zur Reizung der Hirnhäute. **Symptome:** Kopfschmerzen, Schwindel, evtl. Nackensteife, oft hochrotes und heißes Gesicht. **Hilfe:** Schattigen, kühlen Ort aufsuchen, Kopf und Oberkörper hoch lagern, Kopf und Nacken mit feuchten Umschlägen kühlen, Kleider öffnen, viel trinken (keinen Alkohol). **Vorbeugung:** Kopfbedeckung.

Jeder **Sonnenbrand** ist eine Brandwunde zumindest ersten Grades! Auch bei Kälte und Nebel ist durch die diffuse UV-Strahlung mit erheblichen Belastungen zu rechnen. Je empfindlicher die Haut, desto höher sollte der Schutzfaktor der verwendeten Creme sein und desto öfter muss diese während der Tour aufgetragen werden. Besonders zu schützen sind Nase und Lippen.

Beabsichtigen Sie, bis zum Uhuru Point vorzudringen, müssen Sie Gletscher passieren. Empfindliche Augen können hierauf mit **Schneeblindheit** reagieren. Dagegen hilft nur und ausschließlich eine UV-dichte, seitlich und auch nach unten abgedeckte Sonnenbrille (Gletscherbrille). Diese sollte nicht einmal zum Fotografieren abgenommen werden. Schneeblindheit bedeutet nicht nur eine vorübergehende Erblindung, sondern ist auch mit rasenden Schmerzen verbunden und kann zu Dauerschäden an den Augen führen.

Brillen- bzw. Kontaktlinsenträger sollten ihre **Reservebrillen** bzw. **-linsen** nicht vergessen.

Die Wahrscheinlichkeit eines Bein- oder Armbruchs durch Unfall ist bei vernünftiger Gehweise praktisch gleich null.

Menschen mit Neigung zu **Bluthochdruck** sollten vor Beginn dieser Tour unbedingt eine Begutachtung durch ihren Hausarzt/Sportarzt (Belastungshypertonus) vornehmen lassen.

Soweit allgemein medizinisch bekannt, stellen Menstruationsblutungen für die Besteigung des Mt. Kilimanjaro kein besonderes Risiko dar. Frauen in der prämenstruellen Phase (Blutverdickung) sollten bezüglich Höhenkrankheit und Erfrierungen besonders vorsichtig sein.

🕮 Doc Holiday, Dr. Walter Rose, OutdoorHandbuch Basiswissen für draußen Bd. 108, 109 Seiten, Conrad Stein Verlag, ISBN 3-89392-508-2, € 6,90.

Die unter Arusha, Dar es Salaam und Moshi angeführten Krankenhäuser entsprechen mehr oder weniger mitteleuropäischem Standard, lediglich Bluttransfusionen sollten Sie nicht über sich ergehen lassen.

## Kinder am Berg

✋ Für **Kinder unter 10 Jahren** ist der Kilimanjaro-NP **tabu**.

Der Organismus von Schulkindern verfügt etwa ab dem 14. Lebensjahr über eine beachtenswerte Toleranz gegenüber Dauerbelastung, auch über weite Etappen hinweg. Ein noch nicht zur Gänze ausgefertigtes Muskel-Skelett-Gelenk-System warnt durch rasche Ermüdung vor Überbeanspruchung (und beugt so auch einer Überlastung des Herz-Kreislaufsystems verlässlich vor) - eine kurze Rast, und hurtig geht es weiter.

**Vorsicht** ist jedoch beim **Gepäck** geboten: 16-Jährige sollten nicht mehr als 6 kg auf dem Rücken tragen. Die Gefahr einer Deformation der Wirbelsäule mit bleibenden Schäden ist bei schwerem Gepäck enorm (da hilft auch der körpergerechtest konstruierte Rucksack nichts)!

Das Tempo wird vom Kind vorgegeben. Kalkulieren Sie die doppelte Wanderzeit ein. Bergauf gehen Sie hinter dem Kind, bergab gehen Sie vor dem Kind.

Achten Sie beim Bergabgehen darauf, dass Ihr Kind nicht zu schnell unterwegs ist bzw. gar läuft.

Abgesehen vom Risiko eines Sturzes o.ä. (die meisten alpinen Unfälle geschehen beim Bergabgehen) bedeutet ein zu rasches Bergabgehen eine enorme Belastung der Wirbelsäule und vor allem der Knie.

Das Verhältnis Körpermasse-Hautoberfläche ist bei Kindern ungünstiger als bei Erwachsenen (grundsätzliche Gefahr von Kälteschäden), Kinder **schwitzen** daher auch wesentlich **mehr** als Erwachsene. Daher darf man Reserveunterwäsche und Reservehandschuhe nicht vergessen, auch dem **gesteigerten Flüssigkeitsbedarf** muss Rechnung getragen werden. Unbedingt sollte eine Kopfbedeckung getragen werden (Abwehr von Sonnenstich). Sonnenschutzcreme in rauen Mengen mitnehmen!

Ein besonderes Problem stellt der Kauf von Kinderbergschuhen dar. Die Auswahl an wasserdichten kleinen Größen ist gering und nur in auf Bergsport spezialisierten Geschäften am Lager vorrätig.

In den letzten Jahren ist der Prozentsatz von Kindern mit Senk-, Spreiz- oder Plattfüßen stark angestiegen, denken Sie deshalb früh genug an die Besorgung von Einlagen. Fangen Sie mit dem Einkauf rechtzeitig an, und suchen Sie mit Ihrem Kind einen Orthopäden auf. Auch die Konsultation eines Sportfacharztes sollte selbstverständlich sein.

## Senioren am Berg

Dieses Buch ist selbstverständlich auch für trainierte, gesunde ältere Menschen geschrieben worden. Es gibt keinen Grund, warum Sie den Mt. Kilimanjaro nicht besteigen sollten. Lediglich das im **Kapitel Gesundheit** Gesagte sollten Sie sehr ernst nehmen. Gegenüber der Höhenkrankheit sind ältere Menschen etwas anfälliger, außerdem benötigen sie **mehr Flüssigkeit**. Ein Besuch beim **Hausarzt** oder dem **Sportarzt** sollte dem Unternehmen **in jedem Fall** vorausgehen. Als Ansporn: Der bisher älteste Gipfelbezwinger war ein 86-jähriger Franzose!

## Behinderte und Gebrechliche am Berg

1998 drang ein gehbehinderter Engländer im Rollstuhl (Spezialkonstruktion) bis zur Kibo Hütte vor, im Jahr darauf erklomm eine Gruppe Blinder aus Südafrika den Berg. Grundsätzlich unterstützt die TANAPA Aktivitäten behinderter oder gebrechlicher Personen am Mt. Kilimanjaro. Erwarten Sie jedoch keine allzu große Hilfe (vor allem keine finanzielle!). Auch sollten Sie davon ausgehen, dass die im großen Abschnitt "Die Trails" angegebene Dauer der Bezwingung (meist 6 Tage, routenabhängig) auch im Fall von Behinderungen nicht überschritten werden darf (Details siehe dort, einführendes Kapitel).

In nächster Zukunft soll parallel zur Marangu Route (zwischen Marangu HQ und Horombo Hut) eine nicht-öffentliche Forststraße ("Maua Trail, siehe Kap. "Die Trails/Administrative Zone") entstehen. Unter anderem soll sie auch dem Transport behinderter oder gebrechlicher Personen mittels (TANAPA-eigenem) Fahrzeug zur Verfügung stehen. Wann es soweit ist, weiß zur Zeit niemand.

Wenn Sie eine solche Tour vorhaben, werden Sie sich wahrscheinlich auch um Sponsoren umsehen, vergessen Sie dabei nicht die ansässigen Tour Operator, Hotels und Industrien (wegen etwaiger Kontakte zu Industrieunternehmen wenden Sie sich entweder an die Deutsche Botschaft in Dar es Salaam und/oder die Tansan. Botschaft in Berlin, ☞ Kapitel Dipl. Vertretungen).

# i Information

☞ Basisstationen.

Eine sehr informative private Webseite ist 💻 www.mount-kilimanjaro.de, auch unter 💻 www. peakware.com finden sich nützliche Infos, ein weiteres Forum findet sich unter 💻 www.gipfeltreffen.at.

- Tanazania National Park Authority (TANAPA), PO box 3134, Arusha, (genaue Lage siehe dort), 💻 www.tanapa.com, ✉ tanapa@habari.co.tz, ✉ info@tanzaniaparks.com, ☎ 00255/27/2503471, 2548040, FAX 2548216
- Kilimanjaro National Park Authority (KINAPA), PO Box 96, Marangu, ✉ kinapa@habari.co.tz

# Kleidung

Für die Besteigung des Kilimanjaro benötigen Sie nicht mehr als für eine mehrtägige Wanderung in den höheren Alpen. Bedenken Sie nur, dass es auf diesem Berg u.U. tagelang regnen kann. Bezüglich der Temperatur müssen Sie mit bis zu -25°

im Freien rechnen. Der Gipfel kann ab einer Höhe von ca. 5.000 m total verschneit sein. In bezug auf die Kleidung ist hervorzuheben, dass mehrere dünne Schichten übereinander getragen (Zwiebelschalensystem, ☞ Ausrüstung, Schlafsack) besser wärmen als ein sehr dickes Kleidungsstück allein.

▷ **Bergschuhe** - kompakt, über mehrere Stunden wasserdicht, zur Erhöhung der Trittsicherheit über den Knöchel hinausreichend, atmungsaktiv, die Zunge sollte mit dem Schaft vernäht sein, Reinigungs- und Imprägnierset mitnehmen. Sehr hohe Schäfte (über 22 cm) sind hinderlich beim Bergabgehen, erweisen sich aber bei tiefgründigen Pfaden (nach Regen) von großem Vorteil. Wenn die Schuhe zum Schnüren sind, kann man das obere Drittel offen lassen. Bei niedrigen Schuhen sollten Sie Gamaschen benutzen. Verwenden Sie keine Kletterschuhe!

▷ **Wollsocken** bzw. -stutzen, unbedingt mindestens ein Reservepaar. Kälteempfindlichen Personen sollten separate Schlafsocken mitnehmen.

▷ **Unterwäsche** aus atmungsaktivem Gewebe, langbeinig, langärmelig, aus Seide, Angora- oder Mohairwolle, Wolle-Seide-Gemisch, verwenden Sie Kunstfaser nur, wenn das Gewebe **atmungsaktiv** ist.

▷ **Hemd/Bluse** aus **atmungsaktivem** Material, evtl. mit Rollkragen.

▷ **Pullover**, warm, langärmelig, Wolle, Mohair, Angora, evtl. mit Rollkragen.

▷ **Anorak**, **wasserabstoßend**, **winddicht**, mit Kapuze, mehreren Innen- und Außentaschen (für Filme, Taschentücher, Zigaretten usw.), Außenhaut aus strapazierfähigem, reißfestem Material (Ausrutschen!), für die Nachteile von Daune, ☞ Ausrüstung, Schlafsack.

▷ **Hose**, lang, weit geschnitten

▷ Wasserdichte **Gamaschen** für die Regenwaldabschnitte, teilweise auch für das Moorland - achten Sie beim Einkauf darauf, dass sie fest am Schuh zu fixieren sind. Gamaschen, die oben wie unten nur Gummibänder zur Befestigung haben, sind reine Dekoration. Beim Tritt in ein Moorloch verrutschen sie und bieten keinen Schutz mehr. Am besten wählen Sie Gamaschen, die unten vorn einen Haken haben, der in die Schuhbänder eingehakt wird, und die auf einer Seite über einen angenähten Riemen (aus Leder!) verfügen, der unter den Schuhen durchgezogen und auf der anderen Seite wieder fixiert wird (wie Gürtel). Das obere Ende weist auch bei diesen Modellen nur ein Gummiband auf.

- **Handschuhe** (besser geeignet) oder Fäustlinge (plus ein Reservepaar). Wer viel fotografiert, sollte sich ein Paar sog. Innenhandschuhe aus dünnem Gewebe besorgen. Diese bieten zwar keinen übermäßigen Kälteschutz, sind aber für Manipulationen an der Kamera, bei denen dicke Handschuhe/Fäustlinge hinderlich sind, sehr brauchbar.
- Regenschutz (Umhang oder Anzug mit Kapuze), 100% wasserdicht - dieses Kleidungsstück muss unbedingt atmungsaktiv sein, da Sie sonst bei Regen bald von innen genauso nass sein werden wie von außen. Das Material darf nicht zu dünn sein, da es bei einem etwaigen Weiterwandern in der Regenwaldzone beschädigt werden könnte.
  Ein weiter Umhang (Poncho) bietet den Vorteil, dass er auch das mitgeführte Gepäck vor Regen schützt. Er muss aber so konstruiert sein, dass man Vorder- und Rückseite zwischen den Beinen verbinden kann, weil man sonst bei steilen Passagen auf das Vorderteil tritt, das kann gefährlich sein.
- Wichtig ist auch die Verwendung einer Kopfbedeckung, in den unteren Lagen gegen die Einwirkung von Sonnenstrahlen (Hut), weiter oben gegen dieselbe, durch Kälte verstärkte Einwirkung (Wollhaube).
- Zusätzlich benötigen Sie noch eine **Schnee**- bzw. **Gletscherbrille**.
- Bekleidung für den Aufenthalt am Fuße des Berges: Ein Paar leichte Turn- oder Leinenschuhe, T-Shirt oder leichtes, helles Hemd, leichte, helle Hose, leichter Pullover (die Vormittage und Abende können kühl werden), Hut oder Kappe.
  Diese Dinge können vor Ort in durchschnittlicher Qualität, mit sinnreichen Aussprüchen ("I just have done it", "Kibo Hotel - your partner") erworben werden.

Allgemein ist zu beachten, dass **kurze Hosen** an den Hängen des Berges (außerhalb des NP) bei Männern wie bei Frauen, **Miniröcke** oder **Träger-T-Shirts** bei Frauen **nicht gerne** gesehen werden (islamisch-christliches Mischgebiet). An der Küste sind diese Kleidungsstücke in keinem Fall zu tragen (fast rein islamisches Gebiet)!

Ausrüstung 1 - von Kopf bis Fuß, OutdoorHandbuch Basiswissen für draußen Band 100 von S. Deutschmann & J. Schinabeck. Conrad Stein Verlag, ISBN 3-89392-500-7, € 7,90.

# Klima

Vereinfachend gesagt sind die für das ostafrikanische Klima (Tansania, Kenia, Uganda) bestimmenden Faktoren die äquatoriale Lage, die Position am Ostrand einer großen Landmasse, die Nachbarschaft zu einer noch größeren Landmasse (Asien), das Graben- und Seensystem sowie eine stark strukturierte Oberflächengestalt. Stark schematisiert kann man das Klimageschehen in Ostafrika wie folgt beschreiben:

Luftmassen werden durch intensive Sonneneinstrahlung erwärmt und steigen auf. Die Zone der aufsteigenden Luftmassen wird als **innertropische Tiefdruckrinne** (auch innertropischer Trog) bezeichnet. Die Lage dieser Rinne richtet sich nach dem Höchststand der Sonne (Ende September und März), dem sie im kurzen zeitlichen Abstand von ca. 5 Wochen folgt. Dies bedeutet, dass sich die Rinne im (europäischen) Sommer von Süden nach Norden, im (europäischen) Winter hingegen von Norden nach Süden über Ostafrika schiebt. Die aufgestiegenen Luftmassen fließen in höheren Regionen in Richtung der Pole, kühlen am Rand des Troges ab und sinken zu Boden, werden von der Tiefdruckrinne wieder angesaugt und **regnen sich** während dieses Vorgangs **aus**.

Für das Gebiet um den Mt. Kilimanjaro folgt daraus, dass im Jahr **zwei Regenzeiten** auftreten: die **kleine Regenzeit** von Oktober bis in den Dezember hinein sowie die **große Regenzeit** von März bis Mai.

☹ In diesen Monaten fällt auch am Berg selbst der meiste Regen (bis zu 600 mm, zwischen 1.500 und 2.000 m aber auch wesentlich mehr möglich, mind. 18 Regentage/Monat). Der Gipfel ist permanent hinter Wolken versteckt, Ausblicke sind nicht möglich. Die Begehung des Umbwe wie Mweka Trails zu dieser Zeit ist lebensgefährlich; Machame Trail ist - da von etwas geringerer Steigung - nicht ganz so gefährlich, empfehlen kann ich aber auch dieses Vorhaben nicht. Marangu, Shira-/Lemosho und Rongai-/Naromoru Trail können begangen werden, ein Vergnügen ist das aber nicht. In höheren Regionen fallen die Niederschläge als Schnee - ab ca. 4.000 m (Southern Summit Bound, Shira Camp, Barranco Camp, Horombo-Hütte) oft, ab Barafu Camp bzw. Kibo Hut immer. Wer die Begehung des Gipfels zu dieser Zeit trotzdem unternehmen will, sollte, da die Schneemassen beinhart gefroren sind, vorsichtshalber Steigeisen und Pickel mitführen.

| Niederschlagsmengen in Moshi | | ...in Arusha | |
|---|---|---|---|
| März | ca. 120 mm | März | ca. 130 mm |
| April | ca. 300 mm | April | ca. 280 mm |
| Mai | ca. 170 mm | Mai | ca. 50 mm |
| Oktober | ca. 40 mm | Oktober | ca. 65 mm |
| November | ca. 50 mm | November | ca. 120 mm |
| Dezember | ca. 45 mm | Dezember | ca. 100 mm |

☺ **Ideale Bedingungen** herrschen in der **langen Trockenzeit** von Mitte Juni bis etwa Mitte September, in der die Niederschlagsmengen in Moshi und Arusha die 50-mm-Marke bei weitem nicht erreichen. Im Juli ist der Gipfel meist den ganzen Tag sichtbar, im August, September umgürten ihn dichte, kleine Wolken.

▷ In den Monaten Januar und Februar (kurze Trockenzeit) fallen jeweils ca. 50 mm Regen in Moshi. Eine Begehung des Berges ist auf allen Routen ohne Probleme möglich. Der Gipfel ist nur frühmorgens und abends frei sichtbar; tagsüber ist er immer hinter sehr dichten Wolken versteckt, so dass er nicht einmal vom Southern Summit Bound aus zu sehen ist. Langgediente Führer sind der Meinung, dass bei zunehmendem Mond die Bewölkung und somit die Regenfälle weniger stark sind als bei abnehmendem Mond.

▷ Die **Temperaturen** schwanken im Jahresverlauf weniger als im Tagesverlauf. Während der langen Trockenzeit sind die Tagestemperaturen im langjährigen Mittel niedriger (18° bis 20° in Arusha, 20° bis 22° in Moshi, heiße Tage, kalte Nächte) als in der kurzen Trockenzeit (22° bis 24° in Arusha, 25° in Moshi). Während der Regenzeiten liegen sie jeweils um ca. 1° bis 2° höher als in der kurzen Trockenzeit. In Moshi schwankt die Temperatur während eines Tages im August zwischen 12° und 30°!

▷ Diese großräumige Klimasituation erfährt am Berg noch einige Modifikationen, die sich in erster Linie als Regenfälle niederschlagen. "Trockenzeit" bedeutet für die **westlich gelegenen Trails** (Shira/Lemosho, Umbwe, Machame) zumindest im Januar und Februar immer noch mindestens je einen Regenschauer **vormittags** und **nachmittags**. Grund dafür sind die aufsteigenden Luftmassen, die aus der Regenwaldzone Feuchtigkeit hinauftransportieren. Außerdem werden die erwärmten aufsteigenden Luftmassen aus dem Seengebiet durch die Erdrotation abgelenkt und regnen ebenfalls an den Westhängen ab. Der Mweka Trail bleibt davon zu einem Großteil verschont, Marangu und Rongai/Naromoru Trail praktisch gänzlich.

# Preise

## Reisekosten Pauschalreise

Von Reisebüros wird das Erlebnis Mt. Kilimanjaro als **Pauschalreise** für 14 Tage, inkl. aller anfallenden Kosten, anschließendem Aufenthalt in einem NP (hier sollten Sie prüfen, ob eine Campingsafari oder eine Lodgesafari angeboten wird) oder auf Sansibar, Flug hin und zurück, Flughafengebühren, Hoteltransfer, Vollpension während der Wanderung und während des NP-Besuchs (Sansibar-Aufenthalt sowie Aufenthalt in Hotels mit Halbpension), bei Doppelzimmerbelegung für € 2.500 bis 3.000/Person angeboten. Kosten für Visa usw. kommen noch dazu.

## Reisekosten bei Selbstorganisation

Da dieses Buch nicht nur zu einem gelungenen Bergerlebnis verhelfen soll, sondern auch die **Selbstorganisation** ermöglichen und zur Senkung Ihrer Kosten beitragen will, gebe ich hier analog zum vorhergegangenen Pauschalarrangement Preisbeispiele für die Kosten einer **Individualreise** (Beträge pro Person, ebenfalls bei Doppelzimmerbelegung, der hier zugrunde gelegte Wechselkurs Euro:US$ = 1:1,3):

▷ Flug nach KIA hin/zurück (variiert je nach Saison, Klasse, Buchungsdatum, Alter usw.) inklusive Flughafengebühren und Transfer zum Hotel etwa US$ 950 .

▷ 1 Übernachtung in Arusha in einem Hotel der Kat. C (alle anderen Hotelkategorien ☞ Basisstationen), ca. US$ 20.

▷ Besteigung (6 Tage/5 Nächte, Vollpension, Machame Route): ca. US$ 750. Diese setzen sich so zusammen:

- ♦ Eintrittsgebühren US$ 1-80 (US$ 30/Tag),
- ♦ Übernachtungsgebühren US$ 200 (US$ 40/Nacht in Zelt),

- ♦ Versicherung/Bergrettung US$ 20,
- ♦ Führer, Koch und Träger ca. US$, 150
- ♦ Ernährung ca. US$ 100,
- ♦ Transportkosten ca. US$ 100.
- ♦ US$ 125/Tag/Person ist ein Mittelwert, je nach Tour Operator bewegen sich die Kosten zwischen US$ 100 bis 160. Sind die Übernachtungen vor und nach der Tour im Preis inbegriffen, so steigt der Preis um diese Kosten. Auf der Umbwe-Route ist mit denselben Kosten zu rechnen (siehe dazu unbedingt Kapitel Die Begehung/Umbwe-Route). Die Marangu-Route kommt auf mindestens US$ 650 (bei 5 Tagen/4 Nächten!! Die Nächtigung in den Hütten kommt auf US$ 50/Person). Am teuersten sind Shira-/Lemosho und Rongai-/Narororu Trail: bis zu ca. US$ 200/Person/Tag, der Grund sind die hohen Anfahrtskosten. Grundsätzlich ist zu sagen, dass die Kosten auch von der Gruppengröße abhängig sind: je größer umso billiger (aber auch nur im Zehnerbereich).
- ▷ Übernachtung in Arusha (wie oben): ca. US$ 20.
- ▷ NP-Besuch (3 Tage/2 Nächte, Campingsafari, Vollpension): ca. US$ 250, oder alternativ:
- ▷ Aufenthalt auf Sansibar (3 Tage, Übernachtung in einem Hotel der Kat. C, inkl. Flug): ca. US$ 450.
- ▷ 2 weitere Übernachtungen in Arusha (wie oben): ca. US$ 40.
- ▷ Gesamtkosten: ca. US$ 2.030 pro Person (Alternativprogramm ca. US$ 2.230 pro Person).
- ▷ Für Einzelreisende erhöht sich dieser Betrag um ca. US$ 100 (Erhöhung der anteiligen Hotel- und Transportkosten) bei EZ-Belegung.
- ▷ Wird statt einer Campingsafari eine Lodgesafari ausgerichtet, fallen Mehrkosten in Höhe von ca. US$ 350/Person an.
- ▷ Hinzu kommen die Kosten für Ernährung außerhalb der NPs - je nach Restauranttyp US$ 40 bis 80 (bei Alternativprogramm ca. US$ 70 bis 110). Zu diesen Preisen sei generell gesagt, dass sie durch hartnäckiges **Handeln** etwas gedrückt werden können (vor allem, wenn Sie in einer größeren Gruppe reisen oder wenn Sie Besteigung und NP-Besuch bei demselben Tour Operator buchen). Erhoffen Sie sich aber kein allzu großes Ergebnis.
- ▷ Auch in diesem Preisbeispiel sind Kosten für Impfungen (US$ 350), Visum (50), usw. nicht enthalten

▷ Während der Wanderung sollten Sie einige tausend tsh mit sich führen. Jeder Träger und Führer erwartet auf den Hütten des Marangu Trails und am Rangerposten beim Verlassen des Kilimanjaro-NP eine Flasche Bier.

▷ Weiter sollten Sie das Trinkgeld nach dem Trail nicht vergessen (☞ Trinkgeld).

## Sicherheitslage

Die wenigsten Besucher marschieren nur schnell den Mt. Kilimanjaro rauf und runter und eilen dann wieder nach Hause. Die meisten besteigen den Berg im Rahmen eines 14-tägigen (oder längeren) Programms, welches auch den Besuch eines oder mehrer NPs umfasst. Ich möchte in diesem Kapitel in erster Linie auf dieses Rahmenprogramm eingehen, denn hier lauern Gefahren. Offiziell handelt es sich bei diesen um aus Kenia einsickernde Somali-Banditen - schwer bewaffnet, rücksichtslos (☞Kap. "Flora und Fauna/ Kulturzone").

Besonders betroffen sind die **grenznahen Gegenden des Distriktes Ngorongoro**. Hier, nahe der Ortschaft Loliondo, liegt der **Lake Natron**. Ein Besuch desselben wird von Tour Operator gerne angeboten, da keine Eintrittsgebühren zu entrichten sind. Widerstehen Sie diesem Angebot standhaft (so schön der Lake Natron auch ist), die Chance am Lake Natron ausgeraubt zu werden ist sehr groß!

Wenn Sie den **Serengeti NP** oder den **Ngorongoro Krater** besuchen, sollten Sie abgelegene, weit von den Hauptverkehrswegen entfernte Gebiete nicht besuchen (vor allem in der nordöstlichen Ecke der Serengeti und im nördlichen Teil des Kraters). Tarangire und Lake Manyara NP sind (noch) sicher.

Sollten Sie eine Tour über einen in **Kenia ansässigen Tour Operator** (Nairobi, Mombasa) gebucht haben, gilt es folgendes zu bedenken: Fahrzeugen mit kenianischen Kennzeichen ist der Besuch der tansanischen NPs nicht gestattet! Um Kosten zu sparen (Anmietung eines tansanischen Fahrzeuges, NP-Gebühren), wird vielfach ein inoffizieller Grenzübergang ("grüne Grenze") passiert (Massai fungieren dabei als Lotsen) und auch die NPs illegal (ohne Bezahlung von Gebühren) befahren. Alle möglichen Übergangsstellen liegen auf Grund topographischer Gegebenheiten im Distrikt Ngorongroro, also der beschriebenen Gegend rund um den Lake Natron! Seriös agierende Tour Operator in Kenia verfügen über eine Zweigstelle in Tansania (meist Arusha) und wechseln hier die Fahrzeuge. Das Betreten des Kilimanjaro NPs mit kenianischen Tour Operator ist gestattet.

Zur Sicherheitslage in den Orten Arusha, Moshi, Marangu und Dar es Salaam ☞ Kap. "Basisstationen". Nehmen Sie das Gesagte sehr ernst! Am Berg selbst (innerhalb der NP-Grenzen) gibt es nach wie vor kaum Probleme, da Ranger das Gebiet laufend kontrollieren.

Zur allgemeinen und speziellen Sicherheit von Touristen wurde die Präsenz von Sicherheitskräften (Polizei, Militär) drastisch erhöht. Die Grenze wird beiderseits (Tansania, Kenia) vom Militär kontrolliert. Auch Massai-Krieger werden zu Milizsoldaten ausgebildet. Da die traditionelle Rolle von Massai-Kriegern (Moran) der Schutz der Zivilbevölkerung ist, erhalten sie keinen Sold (es werden aber die sozialen Dienste in dieser Region verbessert).

Aufgrund ausgebliebener bzw. nicht ausreichender Regenfälle während der letzten Jahre ist weiter noch zu bemerken, dass in jüngster Zeit Streitereien unter den ansässigen Ethnien der südlich des Kilimanjaro sich befindlichen Masai-Steppe über die adäquate Nutzung der agrarischen Flächen etwas zu eskalieren beginnen: nomadisierende Viehzüchter respektieren/akzeptieren nicht mehr die Rechte bodenbearbeitender/sesshafter Ackerbauern und treiben ihre Rinder über deren Felder. Dieses Verhalten führte manchmal auch zu Kampfhandlungen mit Verletzten und Toten. Es besteht grundsätzlich die Möglichkeit, dass sich diese Rivalitäten auch weiter nach Norden ausdehnen - betroffen wäre dann das Gebiet zwischen Serengeti, Ngorongoro Crater und Mt. Meru/Kilimanjaro (also die klass. Safari-Runde). In der Regel werden Touristen von diesen Kämpfen nicht tangiert, doch in der Hitze des Gefechtes kann nicht auf alles Rücksicht genommen werden. Wenn Sie also im genannten Gebiet größere sich in wilder Erregung befindliche Menschenansammlungen antreffen, sollten Sie sich schleunigst entfernen.

# Telefon und Notrufe

Nachdem die Tanzanian Telecommunication Corp.Ltd zumindest teilprivatisiert wurde, funktionieren mittlerweile Telefon-, Fax- und Internetanschlüsse, ebenso die Systeme der verschiedenen privaten Mobilnetz-Betreiber.

Wichtige allgemein gültige Telefon-Nummern: genereller Notruf (emergency call): 112, Crime Stopper: 111, Anti-Corruption-Bureaux: 113, Vermittlung nationaler Telefon-Gespräche: 100/101, int. ☏-Gespräche 0100/0101

Wenn sie nach Tanzania anrufen lautet die Vorwahl: +255, bei der regionalen Vorwahl bzw. Mobilnetzvorwahl dann jeweils die 0 weglassen! Regionale Vorwahl: 022 für Dar es Salaam, 027 für Arusha/Moshi/Marangu sowie mobile Netze: 0741, 0744, 0745, 0748.

# Transport

## ...von Dar es Salaam

Öffentliche Transportmittel wurden vom Areal des Flughafens verbannt. Der Dalladalla-Bahnhof befindet sich ca. 3 km entfernt. Wer diese Wanderung dennoch unternehmen will - eine Fahrt mit Dalladalla ins Zentrum dauert ca. 1 Std., beläuft sich auf ca. US$ 1 und ist relativ unbequem.

*Ubungo-Busterminal in Dar es Salaam*

- Ein Taxi benötigt für dieselbe Strecke ca. 30 Minuten und kostet ca. US$ 10 (handeln!). Taxikosten für Stadtfahrten (z.B. vom Hotel zur Samora Av.) belaufen sich auf ca. US$ 1,50 bis 2.
- Es fahren täglich zwischen 7:00 und 10:00 mehrere Busse verschiedener Gesellschaften vom Busbahnhof Ubungo (Taxi vom Zentrum ca. US$ 5) nach Arusha/Moshi/Marangu, Preis: von US$ 12 bis 20, je nach Ausstattung, Fahrdauer: ca. 8 Std. Über Stadtterminals verfügen lediglich die Luxury-Unternehmen Scandinavian Express Service Ltd. (US$ 20) und Royal Coach TA (US$ 17).
- Buchungen im voraus sind nicht nötig; Sie erscheinen am Busbahnhof und die Fahrer bzw. Schaffner umschwirren Sie wie die Motten das Licht. Details dazu ☞ Basisstationen/Dar es Salaam

- Der Bahnverkehr zwischen Dar es Salaam und Moshi wurde auf Grund der harten Konkurrenz von Bussen (und dem Nichtvorhandensein von Waggons) eingestellt.
- Täglich verkehren **Flugzeuge** der Air Tanzania sowie Precision Air zwischen Dar es Salaam und KIA (Arusha/Moshi ☞ Basisstationen).

## ...vom Kilimanjaro International Airport (KIA)

Wenn Sie die Tour bereits von EU aus gebucht haben, wird Sie Ihr Tour Operator abholen (achten Sie, ob im Angebot dieses Service im Preis enthalten ist).

- Sonst stehen hier z.Z. lediglich Taxis und ein privater Shuttle-Dienst zur Verfügung (Dalladallas wurden verbannt, daran wird sich auch in nächster Zeit nichts ändern): Taxi (für 3 Personen) US$ 40, Shuttle (für 8 Personen) US$ 65, in der Regel zum Hotel Ihrer Wahl - in Arusha !!!!! Taxi-Fahrer aus Moshi lassen sich eher selten am KIA blicken. Allerdings will Riverside-Shuttle (siehe Anreise von Nairobi) einen Dienst nach Moshi einrichten.
- Zwischen **Arusha** und **Moshi** verkehren tagsüber laufend Dalladalla. Fahrzeit ca. 1 Std., ca. US$ 1, (Lage der Busbahnhöfe in Arusha und Moshi ☞ Basisstationen).
- Um nach Marangu zu kommen, muss ab Moshi ein Dalladalla genommen werden. Fahrzeit ca. 1 Std. (zum Hotel Ihrer Wahl) für ca. US$ 100.
- Davanu und Riverside Shuttle fahren dieselbe Strecke weitaus komfortabler (und etwas schneller) ab Moshi für US$ 20, ab Arusha für US$ 30 (eben-

falls zum Hotel Ihrer Wahl in Marangu), Lage der Terminals siehe nächstes Unterkapitel.

- Inlandsflüge landen in der Regel auf den regionalen Airstrips, in Arusha ca. 5 km, in Moshi ca. 8 km außerhalb. Air Tanzania verfügt über einen kostenlosen Shuttle-Dienst. Falls der ausfällt, müssen Sie für ca. US$ 10/Fahrt ein Taxi nehmen.

## ...von Kenia

Eine Anreise nach Arusha (oder Moshi) über Nairobi ist nur sinnvoll, wenn Sie vormittags in Nairobi landen. Für die Busfahrt nach Arusha benötigen Sie ca. 2 bis 3 Stunden (von Dar es Salaam ca. 8 Std.). Flüge von Europa nach Nairobi können etwas günstiger sein als nach Dar es Salaam oder KIA. Bei Ihrer Kalkulation sollten Sie aber nicht vergessen, neben den Kosten für den Bus (Nairobi-Arusha ca. US$ 10, eine Frage des Standards) und evtl. Taxikosten) auch Visa-Kosten für Kenia einzuberechnen.

Wenn Sie erst am späten Nachmittag oder Abend in Nairobi ankommen, werden Sie um eine Übernachtung nicht umhinkommen, da in Tansania keine Nachtbusse verkehren dürfen. Da der Sicherheitsstandard in Nairobi katastrophal ist (lt. Statistik zweitgefährlichste Stadt Afrikas, Raubüberfälle auch tagsüber nicht außergewöhnlich), kann ich nur ein Hotel im "europäischen" Zentrum (das Viertel zwischen den Straßen Moi Av., Uhuru Highway, University Way und Harambee Av.) anraten. Obwohl es sich dabei durchwegs um solche der Kat. A handelt, drückt mich dabei das Gewissen, denn für Ihre Sicherheit können auch diese Hotels nicht (mehr) garantieren. Denjenigen, die diese Variante aus finanziellen Gründen erwägen, empfehle ich 1. noch einmal genau nachzurechnen und 2. sich genau zu überlegen, ob die relativ geringe Ersparnis das Sicherheitsrisiko wirklich lohnt. Die Einreise von Mombasa gestaltet sich noch ungünstiger als die von Nairobi. Mit dem Bus sind Sie ca. 8 Stunden unterwegs. Direktflüge nach KIA gibt es nicht, der Eisenbahnverkehr zwischen Mombasa und Moshi wurde eingestellt.

Wer nur den Mt. Kilimanjaro besteigen will (und evtl. noch für einige Tage einen NP besuchen will) ist bestens beraten KIA anzufliegen. Da aber viele Kenia-Besucher einen Ausflug zum Mt. Kilimanjaro unternehmen wollen, führe ich die Möglichkeiten an. Ein Visum für Tansania kann an jeder Grenzübertrittsstelle problemlos beantragt werden und kostet US$/EURO 50 in bar (☞ Einreise)!

♦ Bezüglich Informationen für Kenia verweise ich auf einen Kenia-Reiseführer bzw. die Tourist Information in Mombasa (Moi Ave, kurz hinter den Blech-Stoßzähnen).

## ...von Nairobi

🚌 Täglich fahren mehrere **Busse** via Namanga nach Arusha, Fahrzeit ca. 2 bis 3 Std., ab Busbahnhof in Accra Rd. für ca. US$ 15. **Arusha-Nairobi** wird auch täglich mehrmals bedient (Busbahnhöfe in Arusha/Moshi ☞ Basisstationen).

♦ Davanu Shuttle fährt täglich zweimal (8:00, 14:00) um US$ 30 nach Arusha (bzw. US$ 35 nach Moshi, US$ 45 bis Marangu, die Preise sind verhandelbar!), Office/Terminal Nairobi: Windsor House, University Way (Ecke Muindi Mbingu Str., fahrplanmäßig werden auch das Norfolk und New Stanley Hotel gestreift)), ☎ 00254/20/222002, 00254/720/513805, ✉ davanu@nbnet.co.ke, Office Arusha: Standard Chartered Bldg. (2. OG), Goliondoi Rd., ☎ 00255/744/400318, 00255/748/400318 (Terminal beim Mt. Meru Hotel), Office/Terminal Moshi, Kahawa House, Clocktower-Kreisverkehr, ☎ 00255/744/361653, 00255/744/287604

♦ Riverside Shuttle bietet selbes Service: 8:00 und 14:00, Office/Terminal Nairobi: Pan Africa House, Kenyatta Av. ☎ 00254/20/229618, Office/Terminal Arusha: Sokoine Rd. (schon ziemlich knapp am Clocktower-Kreisverkehr, unübersehbar gegenüber der Public Library), ☎ 00255/27/2502639. Office/Terminal Moshi: THB House, Boma Rd., Preis: US$ 20, ✉ riverside_shuttle@hotmail.com

☺ Beide Unternehmen bringen Sie in Nairobi wie in Arusha/Moshi/Marangu zum Hotel Ihrer Wahl bzw. holen Sie auch von dort ab.

☺ Die **Grenzformalitäten** gestalten sich mittlerweile an jeder Übertrittsstelle problemlos - Formular ausfüllen, Reisepass präsentieren, zahlen, Stempelung erhalten, fertig zur Weiterfahrt.

☹ Kein Eisenbahnverkehr zwischen Nairobi und Arusha/Moshi (KIA)!

✈ Air Tanzania, Chester House (Erdgeschoss), Koinange St, Nairobi, ☎ 00254/ 20/214783 + ☎ 336224, FAX 214936

## ...von Mombasa

Täglich fahren Busse zwischen Mombasa und Arusha/Moshi über Voi, Taveta. Busbahnhof Mombasa in Kenyatta Ave vor dem Marktgelände. Reservieren Sie Ihren Platz einen Tag vor der Abreise, Busbahnhof in Arusha/ Moshi ☞ Basisstationen. Fahrzeit 8 Std. für ca. US$ 10 - 15 (je nach Bus-Standard). Bezüglich Sicherheit muss gesagt werden, dass der Standard in Mombasa wesentlich höher ist als in Nairobi (nach Einbruch der Dunkelheit sollten Sie aber auch hier nur mehr Taxis benützen).

Versichern Sie sich, dass der Bus über Voi und Taveta nach Arusha/Moshi fährt, ansonsten fahren Sie über Tanga (Grenzort Lunga Lunga) - die fast doppelte Strecke.

Wie bereits angedeutet dürfen in Kenya Busse auch nachts fahren, in Tanzania hingegen nicht. Das hat Konsequenzen insofern, dass Busse Richtung Arusha/Moshi Mombasa frühmorgens (zw. 6:00 bis 8:00) verlassen. Es gibt auch Abendbusse (Abfahrt 21:00/22:00) - rechnen Sie mit längerer Wartezeit an der Grenze (zumindest bis zum Morgengrauen).

Kein Flug- und kein Eisenbahnverkehr zwischen Mombasa und Arusha/Moshi.

**Schiffe** nach Tanga (Tansania) fahren sehr unregelmäßig. Erkundigungen entweder am Hafen oder in den Büros der Linien, Moi Ave (Zanzibar Sea Ferries ist eine empfehlenswerte Anlaufstelle). Von Tanga geht es weiter mit dem Bus (täglich) nach Moshi/Arusha in ca. 5 Stunden. Die romantische Möglichkeit, mit einer Segeldhau nach Tanga zu segeln, sollten Sie aus zeitlichen und Sicherheitsgründen nicht in Erwägung ziehen.

☺ Wer Fahrtkosten sparen will, kann mit Bus oder Bahn nur nach Taveta fahren. Hier warten bereits Fahrzeuge tansanischer Tour Operator und befördern Sie kostenlos nach Arusha, Moshi oder Marangu (falls Sie bei ihnen auch die Besteigung des Mt. Kilimanjaro buchen).

Für den **Transport** von Ihrem Hotel zum **Nationalpark-Eingang** und zurück ist der Tour Operator zuständig. In der Regel ist dieser Transport im Tour-Preis inbegriffen - kontrollieren Sie aber genau. Sie sollten dabei auch darauf bestehen, dass - zumindest bei Anfahrt zum Rongai-/Naromoru, Shira- und Lemosho-Trail, sowie Abholung vom Mweka-Trail - unbedingt allradgetriebene Fahrzeuge zum Einsatz kommen.

*Die Kisutu-Area in Dar es Salaam*
*- hier sollten Sie bei Bedarf übernachten*

# Unterkunft

☞ Basisstationen, Die Begehung (Hütten und Camps), - Die Trails (Einführung).

# Die Begehung

*Erosionsschäden im Erikazeengürtel auf dem ehemaligen Marangu Trail*

# Führer

Sobald Sie die Nationalparkgrenze überschreiten, ist die Anstellung eines Führers (*Guide*) **zwingend vorgeschrieben**. Die Auswahl nimmt der Tour Operator vor. Sie können seine Wahl ablehnen und einen anderen Führer verlangen (im Prinzip führt das aber nur zu Zeitverlust). Ihr Führer hat mehr oder weniger die Pflicht, Sie wohlbehalten zum Uhuru-Peak zu bringen. Aus diesem Grunde muss er unter allen Umständen und in jeder Situation bei Ihnen bleiben. Das kann zu Komplikationen führen.

Nehmen wir eine Gruppe bestehend aus drei Personen an, aus der ein Teilnehmer wegen gesundheitlicher Probleme umkehren muss. Da sich der Führer nicht zweiteilen kann und die erkrankte Person unbedingten Vorrang genießt, müssten die beiden anderen Teilnehmer auch umkehren. Durch Anstellung eines *Assistant Guides* kann hier eine befriedigendere Lösung gefunden werden. Größere Gruppen (etwa ab 7 oder 8 Personen), kommen um die Anstellung eines Assistant Guides sowieso nicht herum.

Im Regelfall beginnt der Führer seine Karriere als Träger (*porter*) und arbeitet sich zum Chef-Träger (*chief porter*) empor. Will er Guide werden, geht er bei einem solchen als *Assistant Guide* in die "Lehre". Wenn der Meinung ist, er hat genug Wissen erworben, schlägt er ihn der "Kilimanjaro Guides Coop. Society" (ein Zusammenschluss aus KINAPA, Hotelbetreibern und Tour Operator der Region sowie Führern; trotz des Namens keine einer Gewerkschaft vergleichbare Institution) als Guide vor. Diese prüft das Wissen des Aspiranten oberflächlich, und ein Ranger geht mit ihm den betreffenden Trail ab, für den er Guide werden will (es können aber selbstverständlich auch alle Trails sein). Danach wird eine Lizenz (*licence*) mit Foto ausgestellt - in Kunststoff eingeschweißt, doppeltes Scheckkartenformat. Sie berechtigt den erfolgreichen "Prüfling" , Touristen auf dem jeweiligen oder ggf. allen Trails zu führen. Dieses Gebiet wird in der Lizenz vermerkt.

Interessante Wissensgebiete wie Geologie, Flora und Fauna, Wetterkunde, Erste Hilfe, Geschichte, Kartenlesen, Englisch, Umweltschutz o.ä. bleiben bei der Prüfung ausgespart - ein Guide muss lediglich den Weg kennen (gerüchteweise gibt/gab es aber auch vergessliche Guides, Sie sind also Ihrer Eigenverantwortung nie entbunden). Trotzdem muss gesagt werden, dass die meisten Führer einwandfrei Englisch können, zumindest die Symptome der Höhenkrankheit erkennen und sich auf die Einschätzung des Wetter verstehen.

Weitere Pflichten des Guides:

▷ **Auswahl und Einkauf von Lebensmitteln**. Überprüfen Sie, ob Informationen über evtl. vereinbarte Sonderwünsche bis zum Führer weitergegeben worden sind (☞ Reise-Infos von A bis Z: Essen und Trinken). Auch für die Wasserversorgung am Berg ist er zuständig. Erinnern Sie ihn daran, dass er Ihre Wasserflasche füllen lässt.

▷ **Auswahl der gemieteten Ausrüstung** (zumindest Zelt und Schaumstoffmatratze). Kontrollieren Sie vor Abmarsch Vollständigkeit und Qualität.

▷ **"Aufsicht" über die Touristen**. Ein gewissenhafter Guide wird Sie jeden Tag vor Abmarsch mit denselben Fragen traktieren: "Haben Sie die Regenschutzbekleidung eingepackt? Fühlen Sie sich wohl? Haben Sie auch nicht vergessen, für heute einen Pullover, Anorak o.ä. mitzunehmen?" usw. - das ist zwar lästig, aber nicht unbegründet.

▷ Auswahl der und Aufsicht über Träger (siehe dazu auch nächstes Kapitel)

Die **Kosten** für den Führer belaufen sich auf ca. US$ 10 bis 15/Tag (plus Trinkgeld, ☞ dort) - davon erhält er selbst ca. 50 %. Assistant Guides sind nur wenig billiger.

Um das nächste Kapitel in seinem gesamten Ausmaß und traurigen Tragweite besser zu verstehen, muss angemerkt werden, dass die Führer auch noch den Löwenanteil der organisatorischen und administrativen Arbeit erledigen müssen. Etwas krass formuliert läuft folgendes Schema ab: Der Tour Operator zeichnet sich dadurch aus, dass er eine Lizenz, ein Büro und (meist) ein Fahrzeug besitzt sowie zumindest einen Führer kennt. Sogenannte "flycatcher" bringen die Kunden (Touristen) von der Straße ins Büro (dafür kassieren sie nach Contract-Abschluss eine winzige Provision). Sobald ein Kunde einen Contract getätigt und auch bezahlt hat, ist die Arbeit des Tour Operators getan. Ab nun erledigt bis zur

Rückkehr nach der Besteigung ins Büro alles der Führer - und trägt dabei ein gerüttelt Maß an Verantwortung. Immerhin ist er es, der die NP-Gebühren abliefern muss (pro Tourist im Schnitt US$ 400 in bar), er schleppt auch das Geld für die Träger die ganze Zeit mit sich herum usw. usf. (Gesundheitsrisiko). Dafür erhält er o. e. Salär (+ Trinkgeld) - allerdings nur für die 5 oder 6 Tage, die er innerhalb des NPs verbringt. Das ist auch für tansan. Verhältnisse nicht gerade fürstlich für **DAS** Bindeglied zwischen Tour Operator und Touristen, zwischen Tour Operator und Trägern sowie zwischen Touristen und Trägern. Jeder Führer fühlt sich (berechtigter Weise, würde´ ich sagen) unterbezahlt und das wiederum weckt Begehrlichkeiten.

So kann er beispielsweise beim Lebensmitteleinkauf schummeln - kleinere Mengen, schlechtere Qualität usw., die Differenz zum ihm vom Tour Operator überlassenen Betrag ist dann sein Profit. Natürlich können Sie beim Einkauf auch dabei sein, sollten dies aber bereits im Vorfeld arrangieren. In erster Linie sind aber die Träger - die letzten der Kili-Kette siehe unten.

Es ist natürlich nicht so, dass alle Führer böse Buben (und alle Tour Operator gierige, desinteressierte Geier) sind, doch es gibt auch (mehr als gedacht) solche.

# Träger

▷ Sie haben praktisch keinen Einfluss auf die Auswahl der Träger. Eine Ablehnung bestimmter Personen führt zu Zeitverlust. Nehmen Sie vorsichtshalber täglich persönlich eine Kontrolle bezüglich Vollständigkeit und wasserdichter Verpackung Ihrer Ausrüstung vor.

▷ Der Führer muss sein Gepäck und seine Ausrüstung nicht selbst tragen, das übernehmen die Träger. Falls Sie Ihren Tagesrucksack oder die Fotoausrüstung nicht mehr selbst tragen wollen und der Führer diese Tätigkeit übernehmen soll, ist diese Leistung auch extra zu bezahlen. Falls Sie Ihren Rucksack aber nicht mehr tragen können (Gipfelsturm), muss er kostenlos helfend einspringen.

▷ Seit 1.1.2001 ist auch die Anstellung von Trägern verpflichtend vorgeschrieben. Das findet seinen Sinn in der Entwicklung der Region, außerdem ist die

Bewältigung des Berges ohne Träger nicht durchführbar: Nahrungsmittel für Sie selbst und für den Führer für 6 Tage, Ausrüstung, ab ca. 3.800 m auch Wasser, sind zu schleppen. Im Schnitt werden bei Gruppen (ab ca. 6 Personen) pro Person zweieinhalb Träger berechnet. Für Kleingruppen (bis 3 oder 4 Personen) eher 3 Träger/Person, für sehr große Gruppen (15 Personen) eher 2 Träger/Person. Wer alleine oder zu zweit gehen will, muss mit ca. 5 - 6 Trägern (insgesamt) rechnen.

Der Träger wird mit 15 kg belastet, dazu gesellt sich seine persönliche Habe - insgesamt sollte das zu schleppende Gesamtgewicht 20 kg nicht überschreiten, in der Regel wird ein Träger jedoch mit 25 kg (oder mehr) belastet.

Im Prinzip bedeutet dieses, dass für Ihre persönliche Habe (in erster Linie ist hier Kleidung zu nennen) bis max. 10 kg (eher weniger) eingerechnet werden, der Rest auf 15 kg verteilt sich auf Ausrüstung (Touristen-Zelt, Messe-Zelt, Matratze, Kocher, Petroleum, Tischtücher, bei luxuriösen Touren auch Klapptische und -stühle usw.), Lebensmittel (v.a. Wasser ab zumind. 2. Camp!) für Träger, Führer, Touristen auf.

Alles, was über eine durchschnittliche Ausrüstung hinausgeht, kommt teuer bis sehr teuer zu stehen - jeder Tour Operator weiß, dass Ihre hochprofessionelle Foto-/Video-Ausrüstung ein Vermögen wert ist und besonders sanft behandelt werden muss - da vermindert sich die Trägerleistung ziemlich schnell auf 5 kg (oder weniger).

Die Träger müssen nicht bei den Touristen bleiben, d.h. sie sind 2 bis 3 Std. vor Ihnen beim nächsten Camp. Sie nutzen diese Zeit für die Suche nach einem geeigneten und freien Platz, Aufstellung des Zeltes (wenn beigestellt, Ihr eigenes Zelt müssen Sie selbst aufstellen) und Vorbereitungsarbeiten für Dinner und Imbiss ( Wasser holen usw. , Messe-Zelt aufstellen, Tische und Bänke entpacke usw.). Träger kann jeder werden, der kräftig genug ist; Prüfungen oder sonstige Aufnahmekriterien sind nicht vorgesehen.

Ein Träger kostet aktuell ca. US$ 5-8/Tag (plus ☞ Trinkgeld) - davon erhält er selbst ca. 50%.

Jährlich sterben mehrere Träger am Berg (verirren, abstürzen und/oder erfrieren bei/nach Nebeleinbruch, teilw. auch Auswirkungen der Höhenkrankheit, es existieren keine offiziellen Statistiken), zahlreiche tragen bleibende Schäden davon (in erster Linie erfrorene Füße/Finger/Nasen/Ohren, Schäden an Wirbelsäule).

Der Führer stellt die Trägermannschaft entweder bereits im Vorfeld der tour zusammen oder erst am NP-gate. Seine Kriterien dabei sind recht einfach - je größer der Verwandtschaftsgrad umso eher eine Anstellung.

Manche Führer kassieren auch "Trinkgeld" bzw. versteigern die Arbeit (im Schnitt kostet das "Recht auf Arbeit" US$ 5, d.h. die Träger arbeiten ausschließlich für das Trinkgeld). Der Ihnen angelastete Lebensmitteleinkauf für die Träger (in der Regel nur Cassava-Mehl für Ugali) kann zu gering ausfallen, überhaupt "vergessen" werden oder die Träger werden angehalten, gefälligst selbst für ihre Ernährung zu sorgen.

Wenn eine Touristen-Gruppe für 20 Träger bezahlt, heißt das nicht, dass auch 20 Träger Arbeit erhalten - vielleicht 18 oder gar nur 17. Bei Abmarsch sind es noch 20, nach einem oder zwei Kilometern werden 2 oder 3 Träger wieder nach Hause geschickt, das Gepäck wird umgepackt und die restl. Träger marschieren überbeladen weiter. Speziell bei Großgruppen ist es schwierig, die Träger-Anzahl jeden Tag zu kontrollieren (tägl. morgens wie abends!), doch spätestens beim abschließenden Gruppenfoto im Hotel oder beim HQ kann endgültig nachgezählt werden.

Der Führer ist für die Bezahlung der Träger zuständig, dafür bekommt er Geld vom Tour Operator - und zwar für - um beim Beispiel zu bleiben - alle 20 Träger - auch hier kann ein schönes Schnäppchen gemacht werden (diese Vorgangsweise kann aber auch im Einvernehmen mit dem Tour Operator vor sich gehen, in diesem Fall wird 1:2 oder 3 geteilt). Das Trinkgeld, welches Sie für 20 Träger geben, teilt er auch durch 20 und gibt jedem wirklich vorhandenen Träger seinen Anteil, den Rest kassiert er selbst. Man könnte noch mehrere Beispiele anführen - genug.

### Was dagegen tun ?

Einzige Möglichkeit in dieser festgefahrenen Situation besteht darin, dass Touristen (also Sie) Druck auf die Führer, die KINAPA, die Tour Operator usw. ausüben, diese unmenschliche Situation zu ändern. Wenn sich jeder Tourist nach Begehung bei der KINAPA im Marangu-HQ über etwaige Missstände massiv aufregen würde wäre schon sehr viel erreicht. Da nicht nur ich sondern auch die "Int. Mountain Explorers Connection" wissen, dass dies nicht jedermanns Sache ist, hat sich eine Tochterorganisation der "IMEC - "Kilimanjaro Porters Assitant Project" (KPAP) -

Mitte 2004 im Da Costa Hotel in Moshi angesiedelt und setzt sich für eine Verbesserung der Situation der Träger ein - (🖳 www.mountainexplorers.org, ✉ kili@mountainexplorers.org. Melden Sie bitte dort alle aufgefallenen Unregelmäßigkeiten entweder persönlich (Fragebogen liegt aus) oder - wenn Sie die tour nicht von Moshi aus starten per: E-Mail: ✉ info@ippg.net, ✉ info@imec.org oder ☏: 00255/744/ 817615. Ihr Bericht sollte zumindest folgende Daten umfassen: Name des Tour Operators (+ PO box + ☏-Nr., email) und Führers (wenn geht Vor- und Zuname), begangene Route, Anzahl der Touristen, Anzahl der bezahlten Träger, Anzahl der tatsächlich vorhandenen Träger, Zustand der Träger (krank ?), Zustand der Träger-Ausrüstung (Schuhwerk, Kleidung), wo schliefen die Träger, wurden sie genötigt Feuerholz zu schlagen und alles was Ihnen sonst noch - negativ wie positiv! - aufgefallen ist (Gesamteindruck). Letztendlich fließen u.a. auch diese Informationen in eine black-list ein, die unter o.g. website (sowie 🖳 www.conrad-stein-verlag.de) abrufbar ist (wahrscheinlich erst ab 2006).

Wundern Sie sich auch nicht, wenn plötzlich während Ihres Aufbruches mehrere Personen erscheinen und Anzahl wie Zustand der Träger, Gewicht der Lasten usw. kontrollieren, sowie Träger befragen und Touristen informieren - es sind Abgesandte der KPAP.

Grundsätzlich arbeitet die KPAP mit der KINAPA (bzw. umgekehrt) zusammen; in der Praxis steht allerdings die KINAPA diesbezüglich unter großem Druck der Tour Operator-Vereinigung (TATO), die den Status-Quo erhalten wollen. Dieses führt natürlich zu Unregelmäßigkeiten in der Zusammenarbeit und zu einer Verzögerung der Verbesserung der Träger-Situation - dass sich die Entwicklung nicht aufhalten lässt, beweist alleine schon die Tatsache, dass bis vor wenigen Jahren Träger (und Führer) im Freien bzw. in Höhlen nächtigen mussten, mittlerweile aber (fast) durchgehend Zelte zur Verfügung gestellt bekommen (und sei es nur (!) das Messe-Zelt (auch das sollten Sie der KPAP mitteilen). Die Bezahlung der Träger hat sich insofern verbessert, dass sie in der Regel ihren Verdienst sofort (d.h. spätestens nach einer Woche) nach Beendigung der Tour erhalten - früher konnte das Monate dauern.

Es schadet auch keinesfalls, wenn Sie während des Treks - abgesehen von einem kurzen Foto - Kontakt mit den Trägern aufnehmen, viele lernten Englisch und freuen sich über jede Praxis, alle freuen sich, wenn Sie Anteil an ihrem Schicksal nehmen.

Diesbezüglich möchte ich Ihnen das Ki-Swahili-Wort POLE ans Herz legen. Es bedeutet sinngemäß "Entschuldigung" (für die Mühsal, die Sie den Trägern antun) - und kann z.B. bei der Trinkgeldübergabe gesagt werden.

Beachten Sie bitte auch unbedingt das unter Kap. Trinkgeld Gesagte !
Übrigens: versichert sind weder Träger noch Führer !

# Koch

Früher - in der guten alten Zeit - fungierte der Führer als Koch (das gab's afrikaweit nur am Kilimanjaro). Findige Tour Opertor entdeckten da eine Marktlücke bzw. weitere Verdienstmöglichkeit. Zumindest bei größeren Gruppen (ab ca. 4 bis 5 Personen) werden Sie um die Anstellung eines Koches (ohne spezifische Ausbildung) nicht umhin kommen - rechnen Sie mit ca. US$ 10/Tag (davon erhält er ca. 50 %).

Erwarten Sie keine kulinarischen Spitzenleistungen, sondern afrikanische Hausmannskost, am Berg wird man traditioneller Weise bescheiden. Sie sollten zumindest anfänglich kontrollieren, ob wirklich ein Koch physisch anwesend ist oder ob nicht doch der Führer kocht (in diesem Fall bezahlen Sie nämlich eine Person zuviel).

Bei Kleingruppen (2 Personen) ist die Anstellung eines Koches Verhandlungssache.

Grundsätzlich betrachtet können Sie selbstverständlich auch selbst kochen.

# Rechte des Touristen

**Sie** bestimmen **Geschwindigkeit und Rhythmus der Wanderung** sowie die **Anzahl der Pausen**. Lassen Sie sich unter keinen Umständen vom Führer treiben oder drängen - außer er hat ein stichhaltiges Argument wie z.B. einen kurz bevorstehenden Wetterumschwung. Die bei der Beschreibung der Trails angeführten Zeiten sind nämlich nicht willkürlich gewählt, sondern stellen ein Produkt aus a)

Zeitbedarf für einen durchschnittlich trainierten Mitteleuropäer und b) adäquat langsamen Anstieg, um der Höhenkrankheit zu entkommen dar. Extreme Bergfexe schaffen die Tagesetappen locker in der Hälfte der vorgestellten Zeit - viele davon habe ich selbst am Gipfeltag (danieder brechend) umkehren sehen (persönlich benötige ich 20 bis 30 % mehr der vorgestellten Zeit, habe aber noch nie Uhuru Peak missen müssen).

## Ranger

Mit den Rangern, die für Kontrolle und Beobachtung zuständig sind, kommt der Besucher fast nicht in Berührung. Sie kontrollieren an den Eingängen (*gates*), ob die Gebühren bezahlt wurden und ob der Verlauf der Wanderung und der Punkt des Verlassens des NP mit den Angaben im Besuchszertifikat (*permit*) übereinstimmt. Theoretisch kontrollieren sie auch, ob die Träger nicht zu große Lasten schleppen.

Für den Touristen sind sie die wichtigste Anlaufstelle für **Beschwerden und Anfragen**. Sie wissen am besten über die Situation der Wasserversorgung auf Ihrem Trail Bescheid: Welche Wasserstelle gerade Wasser führt oder nicht, ob sie verschmutzt ist usw. Der Führer wird dies erfragen und nötigenfalls schon vom *Gate* Wasser mitnehmen (zumindest teils kostenpflichtig).

Außerdem sind die Ranger für die Bekämpfung von Wilderern (im Kilimanjaro-NP praktisch nicht vorhanden), Buschfeuern, Holzsammlern, Grasschneidern, Honigsammlern und für die Hege und Pflege des Parks zuständig - eine Aufgabe, die mit 40 bis 50 Rangern kaum zu bewältigen ist.

## "Schwierigkeiten und Gefahren der Reisewege in den Bergen und wie man sie bewältigt"

Dieser Titel ist eine Kapitelüberschrift aus einer Alpenbeschreibung von Josias Simler (*De Alpibus Commentarius*) aus dem Jahre 1574, die die erste Beschreibung von Gefahren in den Bergen gewesen sein dürfte. Betrachtet man allerdings aktuelle Statistiken von Bergunfällen, so scheinen die Warnungen in diesem Buch und allen nachfolgenden Büchern umsonst geschrieben worden zu sein.

In Österreich ereigneten sich 1999 die meisten tödlichen Bergunfälle (110) beim **Wandern**. An erster Stelle stand der Tod durch Herz-Kreislauf-Versagen: 80 Tote, 2003: 88 Tote! Ursache: Erschöpfung durch falsche Selbsteinschätzung. Weitere Ursachen waren durch **Ermüdung** und **Erschöpfung** hervorgerufene Unfälle (z.B. Ausgleiten und Abstürzen); gefährliche Sportarten wie Paragliding, Canyoning, Klettern usw. forderten "lediglich" 8 Tote. Obwohl offizielle Statistiken nicht existieren: Es sterben auch am Mt. Kilimanjaro jährlich ca. 10 bis 20 Menschen (Touristen, Führer, Träger) - ebenfalls an durch Ermüdung und Erschöpfung hervorgerufenen Unfällen, Höhenkrankheit, Erfrierungen.

**Gefahrenmomente**, die außerhalb des menschlichen Einflusses liegen, treten für den Wanderer am Kilimanjaro, mit einer Ausnahme, nicht allzu häufig auf. Mit Lawinen, Eisstürzen, Gletscherspalten, Abrutschen von Wächten, Steinschlag oder dem Auftauchen wilder Tiere ist im großen und ganzen nicht zu rechnen, solange man sich an den **vorgezeichneten Weg** hält. Dieser scheint oft nicht erkennbar zu sein, der Führer kennt ihn trotzdem. Halten Sie sich in solchen Fällen an seine Anweisungen.

Die erwähnte Ausnahme betrifft den **plötzlichen Wetterumschwung**. Auch der Führer kann ihn nicht verhindern, aber er kennt (meist) die Anzeichen und weiß, wo man Schutz finden kann (Unterstände, Höhlen). Vertrauen Sie ihm auch, wenn er bei Sonnenschein und geringer Bewölkung den Weg verlässt und eine nahebei liegende Höhle aufsucht - bezüglich des Wetters irrt er sich selten. Sie selbst können sich gegen die Auswirkungen von Wetterumschwüngen nur durch das Mitführen von adäquater Kleidung bzw. Ausrüstung schützen (Regenschutzbekleidung, Biwaksack, warme Reservekleidung für Sie und Regenschutz für Ihre Ausrüstung).

Wenden wir uns nun den Gefahren zu, denen Sie selbst bei Vorbereitung und Begehung **vorbeugen** können.

▷ **Trainieren** Sie bereits zu Hause Ihre Muskeln (Kraft- und Ausdauertraining), und kommen Sie fit und gesund an der NP-Grenze an (keine Verkühlung, kein Durchfall, etwaige Krankheiten sollten speziell bei Jugendlichen und Kindern mehrere Wochen zurückliegen).

▷ Es ist nicht besonders sinnvoll, den Kräftigen zu spielen, wenn Ihnen bereits die Umwelt vor den Augen verschwimmt. Auf einigen Teilstücken des Umbwe wie des Mweka Trails können solche Selbstüberschätzungen tödlich enden. Es ist keine Schande, nicht der erste im Camp zu sein.

▷ Die Besteigung des Mt. Kilimanjaro ist kein Sonntagsausflug, die Wege sind nicht immer leicht zu bewältigen. Sie kämpfen mit Rutsch- und Sturzgefahr, betreten Sie die schwierigeren Trails (Umbwe, Western Breach) daher nur, wenn Sie über **absolute Trittsicherheit** verfügen. In größeren Höhen kommt zu den Unfallursachen Übermüdung und Erschöpfung noch **Sauerstoffmangel** hinzu.

▷ Wenn Sie übermüdet oder gar erschöpft sind, stellt es kein allzu großes Problem dar, eine weitere Nacht im Camp zu verbringen und sich auszuruhen (die Kosten dafür können beim HQ im nachhinein entrichtet werden). Bezüglich zusätzlicher Nahrung: Es wird üblicherweise die Möglichkeit eines Reservetages einkalkuliert (nicht verbrauchte Nahrungsmittel teilen Träger und Führer untereinander auf). Die zusätzlichen Kosten für Träger/Führer/Koch müssen Sie mit dem Tour Operator aushandeln (deswegen ist es von Interesse, bereits vor der Tour zu wissen, wie viel verlangt wird).

Zur Vermeidung von Höhenkrankheit, Früherkennung von Erfrierungen und/oder Sonnenstich usw. ☞ Reise-Infos von A bis Z: Gesundheit.

## Geh- und Höhentaktik

Für einen erfolgreichen Gipfelsturm muss die **Gehgeschwindigkeit** der Höhenlage und dem **Trainingszustand** des Wanderers **angepasst** sein. Die Steuerung der Gehgeschwindigkeit erfolgt dabei über den **Atemrhythmus**:

- Untrainierte: 2 Schritte einatmen, 3 Schritte ausatmen,
- Mäßig Trainierte: 1 Schritt einatmen, 2 Schritte ausatmen,
- Gut Trainierte: 1 Schritt einatmen, 1 Schritt ausatmen.

Dieser Rhythmus sollte kontinuierlich und möglichst ohne größere Pausen bis auf eine **Höhe von ca. 3.500 m** beibehalten werden. Bei Steigungen oder Schwierigkeiten wird man dabei automatisch langsamer und passt sich so dem Gelände an, der Kräfteverschleiß ist hierbei am geringsten. Eine alte Alpinistenweisheit sagt: "Wer schneller geht als ein Ochs, ist ein Ochs".

Eine **falsche Gehtaktik** erkennt man sofort an notwendig werdenden **Erholungspausen**. Längere Pausen während der Tour bringen wenig oder gar keine Erholung, man ist nach langem Rasten meist weniger leistungsfähig als vorher. Für notwendige Verrichtungen wie Essen, Kleiderwechseln und Toilette genügen einige wenige Minuten.

Übernachtungen sind von dieser Vorgehensweise natürlich ausgenommen - langer, tiefer Schlaf bringt immer Erholung bei Ermüdung.

☺ Der Tag sollte, bevor man den oben beschriebenen Rhythmus aufnimmt, mit dem sog. **Warmgehen** begonnen werden: ungefähr die erste halbe Stunde mit bewusst verminderter Geschwindigkeit marschieren und danach langsam die Geschwindigkeit auf den individuellen Rhythmus steigern.

Bei Kletterpartien (Western Breach, Arrow Glacier) muss die Atemfrequenz allerdings erhöht werden, danach kann kurz gerastet werden.

Ab etwa **3.500 m** Höhe muss auf Grund des verminderten Sauerstoffgehaltes/Sauerstoffpartialdruckes diese **Atemfrequenz erhöht** werden. Ab dieser Höhe steigt auch die **Gefahr der Höhenkrankheit**. Um dieser Gefahr auszuweichen, muss sich der Körper zuerst einmal an die Höhenlage anpassen. Das bedeutet:

- Langsam gehen (je höher, desto langsamer),
- die **Schlafhöhe** sollte einige 100 Höhenmeter **unter** der erreichten Tageshöhe liegen,
- mit leicht erhöhtem Oberkörper schlafen,
- sämtliche unnötigen Anstrengungen vermeiden (eine weitere Alpinistenregel lautet: "Schlepp' Dich nicht zu Tode"),
- auf Früh- und Warnzeichen achten (☞ Reise-Infos von A bis Z: Gesundheit, Höhenkrankheit),
- Flüssigkeitseinnahme (☞ Reise-Infos von A bis Z: Essen und Trinken) nicht vergessen.

✋ Die Einhaltung der genannten Regeln ist essentiell, damit diese schöne, wenn auch anstrengende Wanderung nicht in einen Alptraum abgleitet.

Man muss die **Adaptation** von der **Akklimatisierung** unterscheiden. Adaptation ist die sofort einsetzende Reaktion des Körpers auf geänderte Umweltbedingungen wie z.B. die Höhe. Bestimmte Körpervorgänge werden hierbei enorm angekurbelt, eine Art Notaggregat wird angeworfen. Die Belastung für den Organismus ist sehr hoch, selbst wenn Sie nur stehen und sich nicht bewegen. Der Wanderer ist - Training hin, gute Kondition her - bei weitem **nicht voll leistungsfähig**. Die Phase der Adaptation hilft, die Zeit bis zur vollständigen Akklimatisierung zu überbrücken. Um zu Ihrer vollen Leistungsfähigkeit zurückzugelangen, benötigen Sie auf 4.000 m einen Aufenthalt (individuell unterschiedlich) von 4 bis 6 Tagen, auf 5.000 m bis zu zwei Wochen.

Ab ca. **5.300 m** Höhe findet **keine Akklimatisierung** mehr statt. Das bedeutet:

- Geschwindigkeit noch weiter verringern,
- keinen allzu langen Aufenthalt am Gipfel und danach wieder so weit wie möglich absteigen,
- keine unnötigen Anstrengungen,
- Raucher sollten auf eine Gipfelzigarette verzichten.
- Wenn Sie schon müde sind, überlassen Sie Ihr so leicht wie möglich gehaltenes Gepäck dem Führer.

Bedenken Sie, dass der Uhuru Peak um einige hundert Meter höher als das Basislager für eine Mt.-Everest-Besteigung liegt. Erfahrene und geübte Bergsteiger, die den höchsten Gipfel der Welt erreichen wollen, nehmen sich von Katmandu (1.350 m) aus für die Erreichung des Basislagers nur aus Akklimatisierungsgründen bis zu zwei Wochen Zeit.

# Organisation und Durchführung

Seit 1993 müssen Touristen die Dienste eines sog. Tour Operators vor Ort in Anspruch nehmen. Auch für europäische Reisebüros, die die Besteigung mit NP-Besuch pauschal anbieten, ist dies obligatorisch.

Ein Tour Operator ist ein Reisebüro (bzw. dessen leitender Mitarbeiter), das sich auf bestimmte Serviceleistungen, in unserem Fall die Begehung des Mt.

Kilimanjaro (und meistens des Besuchs einiger NPs), spezialisiert hat. Erwarten Sie aber vom Gros der Tour Operator keinerlei Informationen zu Geschichte, Geologie, Flora/Fauna, Gesundheit usw., keine Routenbeschreibungen, keine Vermittlung von Wissen über den Berg und seine Eigenheiten. Viele Tour Operator in Arusha haben den Mt. Kilimanjaro noch nicht einmal von unten gesehen.

Insgesamt gibt es in Arusha, Moshi und Marangu etwas mehr als 450 Tour Operator (davon alleine in Arusha ca. 300) - Tendenz trotz harter Konkurrenz noch zunehmend. Dass sich darunter auch einige schwarze Schafe befinden, ist zu erwarten (die Zeiten werden aber zunehmend besser). Da aus verschiedensten Gründen eine Auflistung bzw. Klassifizierung aller Tour Operator unmöglich ist (sich laufend ändernde, Namen, Besitzer usw.), beschränke ich mich am Ende dieses Kapitels auf die Auflistung von Unternehmen in Arusha und Moshi, die seit langem über einen guten Ruf verfügen (ein Grund für eine 100 %ig zufriedenstellende Durchführung ist dies jedoch auch nicht) und/oder Mitglied der TATO sind. Des weiteren ist unter Basisstationen bei den Hotels vermerkt, ob dieses auch als Tour Operator fungiert (in der Regel zumindest alle der Kat. B, A, teilw. C und auch D), in Marangu sind mit einer Ausnahme alle Hotels auch Tour Operator.

Weitere Erkundigungen können Sie beim HQ in Marangu einholen (entweder persönlich oder ✉ kinapa@habari.co.tz). Das Personal im Marangu-HQ gibt auch Auskunft über die Qualität der vom Tour Operator zur Verfügung gestellten Guides (Sie müssen Familien- und Vornamen wissen). Auch die TATO (Tanzania Association of Tour Operator im AICC beheimatet) hilft mit Auskünften weiter: PO box 6162 Arusha, ☎ 00255/27/2504188, FAX 2506430, 💻 www.tatotz.org (hier ist auch die gesamte Liste der Mitglieder inkl. Links abrufbar).

Die ehemals im Büro der TTB in Arusha aufgelegte Tour Operator-black-list existiert nicht mehr (auch Tour Operator wissen sich zu wehren), Sie können aber mündliche Informationen einholen. Diesbezügliche Anfragen bei der TTB in Dar es Salaam werden sich wahrscheinlich noch weitere Jahre als sinnlos erweisen.

Eine weitere Anlaufstelle ist (bzw. wird werden, siehe Kap. Die Begehung/Führer/Träger) das KPAP.

Beim Besuch der diversen Kilimanjaro-Foren im Internet (siehe Kap. Information) werden Sie feststellen, dass die Einteilung in gute und schlechte Tour

Operator sehr oft eine mehr als subjektive ist - der eine benötigt unbedingt Klappstühle und -tische, um von einem guten Tour Operator sprechen zu können; für den anderen sind genau diese Utensilien Beweis für einen schlechten Tour Operator. Denken Sie positiv - Sie sind in Afrika und da gehen die Uhren etwas anders. Ein schlechter Tour Operator ist nur der, der mit Ihrem Geld ohne Gegenleistung abhaut (mehr dazu siehe auch unter Kap. Träger, Führer).

Wenn Ihnen von einem Tour Operator irgendwelche Schwierigkeiten bereitet werden, melden Sie dies unverzüglich der TTB in Arusha. Damit Ihnen das aber erspart bleibt hier einige Tipps, damit Sie ungeschoren davon kommen.

▷ Eine **Häufung von Zufällen** sollte Sie misstrauisch machen: "Ja, super, zufällig führen wir gerade übermorgen (Ihr geplanter Abmarschtermin) diese Tour durch, und zufällig fehlen noch zwei Leute (Sie und Ihr Begleiter), um die Gruppe zu vervollständigen - da wird es billiger. Überhaupt bieten wir die Begehung zufällig z.Z. im Ultra-Sonderangebot an. Sie sind Deutsche? - Phantastisch! Zufällig sind die anderen Teilnehmer auch Deutsche, wie schön, und der Führer kann auch noch ein bisschen Deutsch - wunderbar!"
Dieses "Zufälle" treten vornehmlich während der Hauptsaison auf und können ohne Weiteres auch der Wirklichkeit entsprechen.

▷ Gehen Sie bei **Einholung von Auskünften** getrennt vor, wenn Sie zu zweit oder in einer Gruppe reisen. Sind die Informationen **gleichlautend**, ist das ein gutes Zeichen. Beziehen Sie mehrere Angestellte (falls vorhanden) in das Gespräch ein, **widersprüchliche Aussagen** sollten Sie ebenfalls misstrauisch machen.

▷ Lassen Sie sich von evtl. erwähnten Teilnehmern Namen und Hoteladressen geben. So können Sie **persönlich mit ihnen in Kontakt treten**, um die Angaben des Tour Operators zu überprüfen.

▷ Ein Grund zur Skepsis sollten auch sehr niedrige Preise sein. Wer eine sechstägige Wanderung um US$ 450 anbietet (inkl. aller Gebühren und Leistungen) kann entweder nicht kalkulieren (und stellt Nachforderungen) oder ist mit Ihrem Geld sofort nach Bezahlung über alle Berge - bezüglich Preise ☞ Reisekosten.

▷ **Fragen Sie**, fragen Sie und fragen Sie noch einmal! Wiederholen Sie auch Ihre Fragen nach einiger Zeit (wobei es nützlich ist, wenn Sie sich die vorangegangenen Antworten gemerkt haben), oder kommen Sie am nächsten Tag wieder, und fangen Sie von vorne an.

▷ Versuchen Sie, den vorgeschlagenen **Führer persönlich kennen zu lernen,** fragen Sie auch ihn aus (dabei können Sie seine Englischkenntnisse überprüfen).

▷ Sprechen Sie mit **anderen Touristen** über ihre Erfahrungen, klinken Sie sich in die verschiedenen Internet-Foren ein (☞ Information).

▷ Sie können/sollen/müssen bereits **von zu Hause** aus mittels Telefon, Fax oder E-Mail **Angebote** einholen. und auf diese Weise eine erste Vorauswahl treffen. Die meisten Tour Operator verfügen über diese technischen Einrichtungen (Nummern weiter unten). Schreiben Sie soviel Tour Operator an wie nur irgend möglich. Wer nicht antwortet, scheidet von vornherein aus. Trotz erfolgter Antwort wird es Ihnen allerdings nicht erspart bleiben, weitere Fragen zu stellen, und dann wieder weitere usw. sowie vor Ort die Tour Operator aus der engeren Wahl noch einmal persönlich aufzusuchen (beachten Sie aber bitte auch das unter "Die Trails/Einführung" gesagte).

## Beispiel: Bitte um ein schriftliches Angebot

*Absender (Name, Adresse, Telefon- u. Faxnummer)*
*Empfänger (für Liste mit Tour Operators ☞ unten)*

Datum

Dear Sirs!

I/we plan to climb the Mt. Kilimanjaro in ... *(Ihre geplante Aufenthaltszeit)* on the ... Trail *(gewünschte Route)*. As I know you are a very reputable company and since I am/we are used to cooperate with well-organized partners I/we invite you to work out a detailed and well-calculated offer so maybe I/we can do an order in advance.

We are a group of ... people all in good/moderate training. We need an English-speaking guide and porters.

1) In how many days is it possible to do this tour? Is the suggested time a good one? *(Wenn Sie als Wanderzeit z.B. März oder November angeben, müsste ein*

*korrekt arbeitender Tour Operator Sie darüber informieren, dass das die schlechtesten Monate sind, um den Mt. Kilimanjaro zu begehen, ☞ Reise-Infos von A bis Z: Klima.)*

2) How many porters and guides do we need? *(☞ Führer, Träger, Ranger)* Costs for 1 porter/1 guide per day? What about entrance fee, hut fee, insurance, transport and food for porters and guides? *(Bei korrekt arbeitenden Tour Operators fallen hier keine oder nur geringe Kosten an.)*

3) Costs for entrance and hut fee, insurance per day, per person?

4) How many meals per day, how many courses per meal and which kind of food do you serve on the tour? *(Spezielle Ernährungswünsche sollten Sie hier anbringen, ☞ Reise-Infos von A bis Z: Essen und Trinken).* Costs for food per day, per person? Are there extra costs for the cook? *(Auch hier sollten keine Extrakosten anfallen.)*

5) Costs for transport (incl. driver) to the gate and back to the hotel per person?

6) Costs for equipment *(tent/mattresses und was Sie sonst noch brauchen)* per day, per person? *(Auch hier eigentlich keine Extrakosten.)*

7) Can you recommend a good value hotel in ...? *(Viele Tour Operator verfügen über ein eigenes Hotel, und meist ist die Nacht vor sowie die Nacht nach der Tour im Preis inbegriffen).* Price for a two-bed room per day?

8) Could you collect me/us from the airport? Cost for this service (incl. driver) per person? *(☞ Reise-Infos: Preise)*

Thank you very much for your prompt answer.

Yours sincerely *(Unterschrift)*

Beginnen Sie mit dieser Arbeit bereites mehrere Monate (!!!!!) vor geplanter Abreise! Bei brieflichen Anfrage müssen Sie trotz Luftpostbeförderung ca. 2 Wochen auf eine Antwort warten.

Buchen Sie nur und ausschließlich bei Tour Operator, deren Büro Sie gesehen/besucht haben - buchen (bzw. bezahlen) Sie nie auf der Straße oder im Restaurant. Auch aus finanziellen Gründen ist es nicht uninteressant wenn sich Ihr Hotel und Tour Operator in selber Hand befinden.

✋ Ganz wichtig: Übereilen Sie nichts ! Planen Sie für die Vor-Ort-Organisation mehrere Tage ein!

Weitere Details zur Tour Operator-Auswahl ☞ "Kilimanjaro-Lesebuch" (Kap. "Tricks von Tour Operator und Flycatcher")

## Tour Operator in Arusha

- Abercrombie & Kent, PO Box 427, Arusha (AICC, Serengeti Wing), ☎ 00255/27/2508347, FAX 2508273, ✉ info@abercrombiekent.co.tz, 🖳 www.akdmc.com
- Africa Travel Bureau, PO box 1440, Arusha, ☎ 00255/27/2503849, FAX 2544198, ✉ afritravel@cybernet.co.tz, 🖳 www.africatravelbureau.com
- African Environments Ltd., PO box 2125, Arusha, ☎ und FAX 00255/27/2508625, ✉ beatty@africanenvironments.co.tz, 🖳 www.africanenvironments.co.tz
- African Outdoor Expeditions, PO Box 14643, Arusha, ☎ 00255/744/263170, ✉ outdoor@kiliman.com, 🖳 www.aoe-ltd.com
- African Trails Ltd., PO Box 2130 Arusha (Boma Rd., Safari Hotel Investm. Bldg.), ☎ und FAX 00255/2504406, ✉ africantrails@habari.co.tz, 🖳 www.africantrails.com
- Avocet Tanzania Safaris Ltd., PO bos 11702, Arusha, ☎ 00255/27/2500646, FAX 2505600, ✉ info@avocetsafaris.com, 🖳 www.avocetsafaris.com
- Bobby Camping Safaris, PO box 15152, Arusha, ☎ 00255/ 27/2544057, ✉ bobbycamping@habari.co.tz, 🖳 www.habari.co.tz/bobbycamping
- Bobby Tours & Safaris, PO box 2169, Arusha, ☎ 00255/27/2503490, FAX 2508176, ✉ safaris@bobbytours.com, 🖳 www.bobbytours.com
- Bushbock Safaris Ltd., PO Box 1700, Arusha, ☎ 00255/27/2507779, FAX 2548293, ✉ bushbuck@bushbuckltd.vom, 🖳 www.bushbuckltd.com
- Classic Tours Safaris, PO bos 7302, Arusha, ☎ 00255/27/2508448 - 51, FAX 2508220, ✉ impala@cybernet.co.tz, 🖳 www.theclassictours.com
- Comfort Holidays Ltd., PO bos 1379 Arusha, ☎ 00255/ 27/2509283, FAX 2504969, ✉ info@comfortsafaris.com, 🖳 ww.comfortsafaris.com
- Easy Travel & Tours Ltd., PO box 1912 Arusha (Joel Maeda Rd.), ☎ und FAX 00255/27/2503929, FAX 2544110, ✉ easytravel@habari.co.tz, 🖳 www.easytravel.co.tz
- Fun Safaris Ltd., PO bos 13794, Aursha, ☎ 00255/27/2508376, ✉ funsafaris@tz2000.com, 🖳 www.funsfarisltd.com

- Hoopoe Safaris, PO box 2047, Arusha, ☎ 00255/27/2507011, ✍ information@hoopoe.com, 💻 www.hoopoe.com
- J.M. Tours & Safaris Ltd., PO Box 392 Arusha, ☎ und FAX 00255/27/2501034, ✍ jmtours@habari.co.tz, 💻 www.jmtours.co.tz
- Karibu Africa Safaris Ltd., PO Box 1840, Arusha, ☎ 00255/27/2504023, ✍ info@kafafsa.com
- Kearsley Travel & Tours, PO Box 142, Arusha (col. Middleton Rd.), ☎ 00255/27/2508043, FAX 2508044, ✍ kearsleyarusha@tz2000.com, 💻 www. kearsley.com
- Kibo Guides Ltd., PO Box 8281, Arusha, ☎ 00255/748/507605, ✍ kibosaf@habari.co.tz, 💻 www.kibo-safaris.com
- Leopoard Tours Ltd., PO Box 1638 Arusha, ☎ 00255/27/2548441-3, FAX 2508219, ✍ leopard@yako.habari.co.tz, 💻 www.leopard-tours.com
- Multichoice Safaris, PO Box 14288, Arusha, ☎ 00255/27/2548559, FAX 2544229, ✍ multicho@habari.co.tz, 💻 multichoicesafaris.com
- Naipenda Safaris, PO Box 6060 Arusha, ☎ 00255/27/2508758, ✍ israel@habari.co.tz, 💻 www.naipendasafaris.com
- Nature Discovery, PO Box 10574, Arusha, ☎ 00255/27/2544063, FAX 2548406, ✍ info@naturediscovery.com, 💻 www.naturediscovery.com
- Ranger Safaris, PO Box 9, Arusha, ☎ 00255/27/2503023, FAX 2508205, ✍ ranger@rangersafaris.co.tz, 💻 www.rangersafaris.com
- Roy Safaris Ltd, PO Box 50 Arusha ( Serengeti Rd.), ☎ 00255/27/2508010, FAX 2548892, 💻 www.roysfaris.com, ✍ roysafaris@intafrica.com ✍ shidolya@yako.habari.co.tz, 💻 www.shidolya-safaris.com
- Serengeti Select Safaris Ltd., PO Box 2703 Arusha, ☎ + FAX 00255/27/2544752, ✍ sss@habari.co.tz, 💻 www.serengetisafaris.com
- Shidolya Tours & Safari Ltd., PO Box 1436 Arusha (AICC, Ngorongoro Wing), ☎ 00255/27/2502813, FAX 2544160,
- Simba Safaris Ltd., PO Box 1207, Arusha, ☎ 00255/27/2503600, FAX 2501509, 💻 www.simbasafaris.com, ✍ simba@simbasafaris.co.tz
- Sunny Safaris, PO Box 7267, Arusha, ☎ 00255/27/2508184, FAX 2548037, ✍ info@sunnysfaris.com, 💻 www.sunnysafaris.com

- Takims Holidays Tours & Safaris (AICC, Ngorongoro Block), ☏ 00255/27/2504630, FAX 2508211, 💻 www.takimsholidays.com ✉ info@takimsholidays.com
- Tanzania Serengeti Adventure, PO Box 1742 Arusha, ☏ 00255/27/2544609, FAX 2508475, 💻 www.abouttanzania.com ✉ tsa@habari.co.tz
- Tropical Trails - Wilderness Trils Ltd., PO Box 223, Arusha, ☏ 00255/27/2500358, FAX 2548299, ✉ info@tropicaltrails.com, 💻 www.tropicaltrails.com
- WS Safaris Ltd., PO Box 2288, Arusha, ☏ + FAX 00255/27/2544004, 💻 www.wssafari.com, ✉ info@wssafari.com,
- Wildersun Safaris Ltd., PO Box 2587, ☏ 00255/27/2503880, FAX 2548223, ✉ wildersun@cybernet.co.tz, 💻 www.wildersun.com

## Tour Operator in Moshi

- Ahsante Tours & Safaris Co.Ltd., PO Box 855, ☏ und FAX 00255/27/2750298, ✉ ahsante_tours@hotmail.com
- Emslies Travel, PO Box 29, Moshi, ☏ 00255/27/2751742, FAX 2750236, ✉ skanji@eoltz.com, ✉ emslies.sales@eoltz.com
- Kilimanjaro Crown Bird Tours & Safaris, PO Box 9519, Moshi, ☏ 00255/27/2751162, FAX 2752038, ✉ kili.crown@kilionline.com, 💻 www.kilicrown.com
- Kilimanjaro Serengeti Tours, ✉ kilimanjaroserengeti@yahoo.com, 💻 www.kilimanjaroserengeti.com
- Kilimanjaro Travel services Ltd., Moshi (Boma Rd., THB Bldg.), ☏ 00255/27/2752124, 00255/744/305318, ✉ kilittravel@kilionline.com, 💻 www.kilimanjarotravels-tz.com
- Mauly Tours & Safaris Ltd., PO Box 1315, Moshi (Mawenzi Rd.), ☏ 00255/27/2750730, FAX 2743330, 💻 mauly-tours.com, ✉ mauly@kilionline.com
- MK Safaris, PO Box 922, Moshi, ☏ 00255/27/2754240, FAX 00255/744/288733, ✉ info@mksafaris.com, 💻 www.mksafaris.com
- Moshi Expedition an Mountaineering Ltd., PO Box 146 Moshi (Kaunda Str.), ☏ 00255/27/2754574, FAX 2754788, 💻 www.memtours.com, ✉ info@memtours.com

- Mount Kilimanjaro Safari ClubPO Box 2231, Arusha, ☏ 00255/27/2502460, FAX 2548869, ✍ tawisa@habari.co.tz, ✍ mkscl@habari.co.tz, 💻 www.tanganyika.com
- Samjoe Tours & Sfari Ltd. , KNCU-Bldg., Moshi, ☏ 00255/27/2751484, FAX 2751306, ✍ samjoetours@yahoo.com
- Shah Tours & Travels Ltd., PO Box 1821, ☏ 00255/27/2752370, FAX 2751449,💻 www.kilimanjaro-shah, ✍ kilimanjaro@eoltz.com
- Snow Cap Ltd, PO Box 8358, Moshi (CCM Reg.Bldg., Taifa Rd.), ☏ und FAX 00255/27/2752428, ✍ snowcap@eoltz.com, 💻 www.snowcap.co.tz
- Tanganyika Trekkers and Safaris, PO Box 1561, Moshi, ☏ 00255/748/398555, ✍ gkamm@tanganyikatrekkers.com, 💻 www.tanganyikatrekkers.com
- Zara Tanzania Adventure, PO Box 1990, Moshi (Rindi Lane), ☏ 00255/27/2750011, FAX 2753105 ✍ info@zaratravel.com, 💻 www.zaratravel.com

▷ Weitere Auskünfte (v.a.über Qualität) geben auch die TTB in Arusha und (eingeschränkt) die KPAP in Moshi (siehe Kap. Die Begehung/Träger).

☺ Alle genannten Tour Operator bieten auch Safaris in die umliegenden NPs an. Wenn Sie eine solche vorhaben, können Sie darauf in Ihrer Anfrage nach einem Angebot hinweisen und diese Möglichkeit mit der Aufforderung zu einem Rabatt verknüpfen (Erwarten Sie nicht zu viel...).

☹ Bezahlt wird im voraus - entweder in tsh oder harten Dollars (diese werden lieber gesehen). Nach viel Feilscherei erreichen Sie vielleicht, daß Sie nur ca. 80 % der Gesamtsumme im Voraus zu bezahlen brauchen. Zahlen Sie soweit wie möglich mit **Reiseschecks,** die meisten Tour Operator sind berechtigt, diese anzunehmen, bei hartnäckiger Weigerung - Vorsicht!

## Es geht los!

Sie haben Vertrauen gefasst, gebucht und bezahlt; übermorgen geht es los. Zuerst muss der Tour Operator zum NP-HQ in Marangu und die offiziellen Gebühren abliefern, damit ein *permit* ausgestellt wird. Auf diesem werden Verlauf und Dauer der Tour genau festgehalten. Von diesem Zeitpunkt an ist eine Änderung (außer bei Krankheit, Unfall o.ä.) nicht mehr möglich.

Das *permit* ist über die gesamte Strecke **mitzuführen** und wird beim Eingang wie Ausgang in den NP (u.U. auch zwischendurch) von Rangern **kontrolliert**. Sind Sie auf dem falschen Weg, werden Sie höflich, aber bestimmt zum Ausgang begleitet, der Führer verliert seine Lizenz, das Geld ist verloren.

Wenn Sie mit Ihrem Tour Operator die Begehung eines nicht-offiziellen Trails oder eine falsche Gehrichtung auf einem offiziellen vereinbart haben, scheitert Ihr Vorhaben spätestens bei Ausstellung des *permits*, und neue Verhandlungen sind nötig (☞ Die Trails - Einführung).

Der vereinbarte Abholungstermin (meist ca. 8:00) wird aus verschiedensten Gründen meist um 1 bis 2 Std. überschritten. Eine weitere Stunde verlieren Sie in Moshi, da erst jetzt Nahrungsmittel am Markt eingekauft werden können. Nach einer weiteren Stunde sind sie endlich am NP Gate angelangt. Hier verlieren Sie noch eine Stunde, da erst hier das Gepäck marschfertig gemacht wird. Abmarsch ist gegen Mittag. Ein gutmütiger Führer lässt Sie aber, obwohl er das nicht dürfte, alleine vorausgehen, die anwesenden Ranger drücken meist ein Auge zu - der Führer hat Sie bald wieder eingeholt, die Träger überholen Sie (siehe dazu auch Kap. Die Begehung/Träger, Führer).

# Trinkgeld

☺ Trinkgeld geben geschieht freiwillig und ist nicht selbstverständlich. Sieht man sich allerdings den geringen Verdienst von Führern und Trägern an, die auf Grund mangelhafter Ausrüstung, schwerster Arbeit, daraus folgender Übermüdung usw. auf Teilstücken ihr Leben riskieren (und hin und wieder auch verlieren), sollte man sich die Vorenthaltung von Trinkgeldern überlegen und für die teils rabiaten Forderungen (hoffentlich) Verständnis entwickeln.

Die wahren Helden der Kilimanjaro-Besteigung sind nicht Touristen sondern Träger (und Guides). Damit Sie ihre Lage (und auch ihre "Forderungen") verstehen lernen, empfehle ich die Lektüre der Kapitel "Lebensader Kilimanjaro" und "Die Bewohner des Berges" des "Kilimanjaro-Lesebuches", ebenfalls C. Stein Verlag.

Die Verwaltung des Kilimanjaro-NPs will als Standard erreichen, dass jeder Träger pro Tour (= 6 Tage) US$ 50 verdient und auf diese Weise die Belästigung

*Träger Henry*

von Touristen ein Ende nimmt. Derzeit erhält er pro Tour vom Tour Operator ca. US$ 15 bis 18, ein Führer verdient ungefähr das Doppelte (welche Summe Ihnen auch immer verrechnet wird). Ein passables bis gutes Trinkgeld bewegt sich in Höhe von 100 % bis 200 % des Lohnes (d.h. mind. US$ 15/Träger), den Träger und Führer vom Tour Operator für eine Tour bezahlt bekommen.

☺ Es können auch Ausrüstungsgegenstände gegeben werden, am begehrtesten sind Schuhe und warme Kleidung. Dieser "Brauch" geht wahrscheinlich auf Ed. Oehler und Dr. F. Klute zurück. Sie waren die ersten, die 1912 Träger mit warmer Kleidung ausstatteten (sie erklommen den Mt. Kilimanjaro an seiner Westseite, ungefähr heutiger Machame Trail), die beiden hatten diese Strategie vom Herzog der Abruzzen übernommen, der 1906 erfolgreich den Ruwenzori erforschte (Details dazu im Trekking-Führer "Uganda:Ruwenzori). Die Kleidungsstücke werden aber sofort nach Beendigung der Tour an den Tour Operator (zu Spottpreisen) verkauft, denn für dringende Investitionen (Pachten von Land, Kauf von Vieh, Schulgeld, Brautpreis usw.) benötigt man Bargeld! Die Tour Operator ihrerseits verleihen die Stücke dann wieder an Touristen (DAS sind Profite !). Wenn Sie also Ausrüstungsgegenstände geben, dann nur zusätzlich zum Trinkgeld!!!!!

Obwohl es sich eingebürgert hat, Trinkgeld-Verhandlungen mit dem Führer zu tätigen, plädiere ich aus den im Kap. "Die Begehung/Führer/Träger angeführten Tatsachen vehement für eine persönliche Übergabe des Trinkgeldes an die Träger (und an den Führer natürlich)! Falls Grund zur berechtigten Klage über einen bestimmten Träger besteht, dann äußern Sie sich bestimmt und genau (Argumente wie " der war unfreundlich" zählen dabei nicht). Klagen über den Führer sind dem Tour Operator zu melden.

Ein abschließender **Umtrunk** (auf Ihre Kosten, versteht sich) in einer tansanischen Bar lässt Sie bei Führern und Trägern nicht nur in guter Erinnerung bleiben, sondern gewährt Ihnen auch Einblicke in die Lebensverhältnisse von Tansaniern.

☺ Das Wohlwollen von Führer und Trägern sichern Sie sich auch durch **kleine Gaben** vor Beginn bzw. während der Wanderung, beispielsweise ein Päckchen **Zigaretten** ("Sportsman", US$ 0,9) für jeden Teilnehmer der Tour (auch für Nichtraucher; diese verkaufen die Zigaretten stückweise an Kollegen). Auf den Hütten des Marangu Trails sowie beim Rangerposten am jeweiligen gate werden Sie nicht umhinkommen, eine Flasche Bier pro Person zu spendieren.

Auch wenn die Tour noch so schlecht war - um Trinkgeld kommen Sie nie herum!!!

Weiter erhalten Kellner (5 bis 10% der Rechnungssumme) und Hotelpersonal (hier hat sich mittlerweile oft eine zentrale tip-box bei der Rezeption eingebürgert) Trinkgeld.

# Hütten und Camps

## Hütten

Hütten existieren lediglich entlang des **Marangu Trails**: **Marangu-HQ**, **Mandara Hut**, **Horombo Hut**, **Kibo Hut**. In allen genannten Hütten ist eine Funkstation installiert, die nicht immer funktioniert, an Erste-Hilfe-Einrichtungen existiert eine fahrbare Bahre pro Hütte. Wasser gibt es bis zur Horombo-Hütte.

Alle Hütten verfügen über eine Solaranlage zur Stromerzeugung (Funkstation und Beleuchtung). Es ist erklärter Wunsch der TANAPA, den Standard und die Bettenanzahl aller Hütten zu heben.

Wie im Tourismusgeschäft üblich, sind auch hier **Überbuchungen** und **Improvisation** die Regel, da kann es schon einmal passieren, dass der Wanderer in der Dining Hall unter den Tischen schlafen muss oder dass statt 8 erlaubten Zelten 20 bunte Stoffpunkte die Landschaft zieren. Die Besteigung des Mt. Kilimanjaro ist in jeder Hinsicht ein Abenteuer.

### ❶ Marangu-HQ, 1.826 m

Hier befinden sich der Sitz des **Chief Warden** der KINAPA, ein **Parkplatz**, (hier wird auch das Gepäck in ca. 1 Std. endgültig marschbereit verpackt, Sie können diese Zeit nutzen, um den nah gelegenen Wasserfall zu besuchen (ca. 15 Min.)), **Toilettenanlagen**, ein **Shop** mit Energy Food, Soft Drinks, Büchern, T-Shirts ("I have done it"), Zigaretten, Souvenirs (alles vergleichsweise teuer), ein **Booking Office/Rezeption** (hier wird die Bezahlung der offiziellen Gebühren bei Antritt der Wanderung kontrolliert und bei Beendigung der Tour ein Zertifikat über den jeweiligen Erfolg ausgestellt, das hier erhältliche offizielle Mt. Kilimanjaro Guidebook der KINAPA ist veraltet!), ein **Ausrüstungsverleih**, **Gedenktafeln** an die Erstbesteiger (Meyer, Purtscheller, Lauwo) und eine **Eukalyptusallee** (die importierten Bäume sollen durch einheimische ersetzt werden). In einem gemauerten Rundbau ist das zu ca. 80 % leere "Kilimanjaro Information Center" untergebracht - ein Gipsmodell des Berges, einige Schautafeln zur Tierwelt. **Herberge** und **Campingplatz** sind auf Grund der Gesetzeslage **geschlossen**. Geplant ist die Errichtung einer sog. **Day-Use-Zone**. Befestigte Wege in der näheren Umgebung des HQ werden diejenigen, die nur kurz den Regenurwald bestaunen wollen, erfreuen (keine Träger, kein Führer, Eintrittsgebühren wie NP). Ursprünglich markierte die Lage des Marangu HQ eine deutsche Militärstation (Dr. C. Peters) und anschließend eine wissenschaftliche Station der Herren Volkens und Lendt.

### ❷ Mandara Hut, 2.700 m

Ursprünglich als Bismarck-Hütte bezeichnet, ca. 1910 von Dr. E. Th. Förster errichtet, einem deutschen Siedler aus Moshi. Bereits damals wurden hier *Softdrinks* und Flaschenbier verkauft. 5 **Holzbungalows** bieten Platz für 84 Wanderer, eine *dining hall* bietet im Dachboden (Schlafsaal) Platz für 20 Menschen, 2 **Toilettenanlagen** (2 Duschen mit Kaltwasser). Das Platzangebot soll durch Erneuerung des z.Z. ungenutzten "Weißen Hauses" erweitert werden (18 Personen). **Küche**, **Rangerunterkunft** (Kontrolle, Funkstation, Beschwerden, Anfragen) sowie **Unterkünfte für Träger und Führer** vervollständigen die Anlage. Offiziell **keine Campingmöglichkeit**.

Die Anzahl der Toilettenanlagen und Küchen soll erhöht werden. Derzeit benutzen sehr viele Wanderer, Träger und Führer die Umgebung als Toilette. Ein Flüssigbrennstofflager soll errichtet werden, weiterhin Schautafeln, Zisternen (für die Nutzung von Regenwasser als zusätzliche Ressource) und Lagerräume.

Die Ranger verkaufen in ihrer Unterkunft in Eigenregie Energy Food, Soft Drinks und Bier. Sie werden nicht umhinkommen, Ihre Träger und Führer vor allem **mit Bier zu bewirten** (der Verkauf speziell von Bier ist an und für sich nicht gestattet). Das gilt auch für die anderen Hütten, wobei die Preise für Bier mit zunehmender Höhe steigen (mind. US$ 1 auf der Mandara Hut bis mind. US$ 2 auf der Kibo Hut), da jede Flasche, jeder Riegel auf Trägerrücken hinaufgeschleppt werden muss.

### ❸ Horombo Hut, 3.720 m

Ursprünglich als Peters Hütte bezeichnet (benannt nach Dr. Carl Peters, deutscher Kolonialist), ebenfalls um 1910 von Dr. E. Th. Förster errichtet. 10 **Holzbungalows** bieten Platz für 148 Personen, der Dachboden über der Dining Hall (Schlafsaal) fasst 20 Personen. **Toilettenanlagen**, eine **Küche** sowie **Träger-/Führer- und Rangerunterkünfte** erweitern das Angebot, 8 **offizielle Zeltplätze** (16 Personen).

Die Anzahl der Toilettenanlagen wie der Küchen soll aus ähnlichen Gründen wie bei der ☞ Mandara Hut erhöht werden. Weiterhin sollen ein Flüssigbrennstofflager, Zisternen, 2 Beobachtungsveranden (gedeckt und nicht gedeckt), Schautafeln und 4 solarbeheizte Duschanlagen errichtet werden.

Obwohl der Kibo-Gipfel von hier bereits zu sehen ist, ist die Mandara-Anlage in ihrer Gesamtheit schöner, beide Anlagen wurden von norwegischen NGOs errichtet.

### ❹ Kibo Hut, 4.700 m

Bereits 1913 plante die Sektion Hannover des "Deutschen und Österreichischen Alpenvereins" die Errichtung einer Hütte in dieser Höhenlage. Die Materialien wurden im Frühjahr 1914 auf dem Seewege nach Deutsch-Ostafrika gebracht. Als der Erste Weltkrieg auch Afrika erreichte, war es mit diesem Vorhaben vorbei, das Material wurde für ein Hilfslazarett benötigt. Heute bietet ein 1932 errichtetes Steingebäude 58 Wanderern Platz (Schlafsäle mit integriertem Essplatz), z.Z. **keine Küche**, der Petroleum-Kocher wird irgendwo in Betrieb genommen (oder es wird nicht gekocht). 8 **offizielle Zeltplätze** (16 Personen).

Auch hier soll die Anzahl von Toilettenanlagen erhöht sowie Küche, Flüssigbrennstofftank, Zisternen und Schautafeln installiert werden.

Die **Lage der Hütte** (Steinwüste, eiskalt, Gefahr des Sonnenbrandes sehr groß) ist **phantastisch**, der Kibo zum Greifen nah.

Wie unter Rongai-Trail ausgeführt, wird von manchen Tour Operator die Hütte der (ehem.) Outward-Bond-School (Kletterschule) benutzt - siehe Kap. Die Trails/Rongai Trail - die Lage ist toll, der Zustand nicht besonders. Eine Betreuung durch die KNAPA findet nicht statt. Wasser ist nicht vorhanden.

Bei vielen Camps findet sich noch immer eine achteckige überdachte Blechhütte (sog. Uniport, häufig als Küche verwendet); lt. den Vorgaben des hier schon oft zitierten "Management Plans" dürften sie eigentlich nicht mehr existieren. Offiziell blieben diese Hütten bis jetzt bestehen als Schutz für die Träger/Führer bei extremen Wetterumschwüngen. Da die Höhlen-Schlaf-Zeit (quasi) vorüber und für alle Träger ein Zelt vorhanden ist, hat auch dieses Argument keine Berechtigung mehr. Wahrscheinlich ist es Geldmangel, der einen Abriss bzw. Abtransport verhindert. Nächtigung in diesen Hütten ist kein Vergnügen ! Bleiben Sie im Zelt. Bei der Beschreibung der Camps ignoriere ich das Vorhandensein dieser Hütten.

## Camps

Die *Draft National Policies for National Parks in Tanzania* vom September 1992 verbieten (Ausnahme also nur auf dem Marangu Trail) feste Unterkünfte außer Toiletten auf allen anderen Trails. Dies beschränkt die Unterkunftsmöglichkeiten auf Zelt und Schlafsack.

▷ Es gibt z.Z. (offiziell) 17 Camps, daran wird sich auch in nächster Zukunft nicht allzu viel ändern (☞ Shira Plateau Trail System, Rongai Trail). Die Camps von West nach Ost: Shira Forest, New Shira I und II Camp, Shira, Machame, Umbwe, Lava Tower, Arrow Glacier, Barranco, Karanga, Mweka, Barafu, Western Breach Camp, Rongai Camp I und II (dazu gesellen sich aktuell (nicht ganz offiziell, aber toleriert) noch das 1. Camp an der Rongai-/Naromoru-Route, Mawenzi Tarn Camp, Mawenzi Camp (eigentlich nur für Kletterer am Mawenzi von Interesse), Kikelewa Camp und das Camp am 3. Höhlensystem des Rangai-Trails.

▷ Im Zuge der Etablierung der "Day Use Zone" am Shira Plateau wurden zwei weitere Camps (ohne sanitäre Einrichtung) geschaffen, sie führen die Namen "Wilderness Camp I und II" ("Day Use Zone/Overnight Trail System").

▷ Die Entfernungen zwischen den Camps können auch von weniger trainierten Menschen **innerhalb eines Tages** bewältigt werden (6 bis 11 km). Die Lage der Camps richtet sich nach vorhandenen Höhlen oder Überhängen, die in der Vergangenheit als Unterkünfte für Träger/Führer dienten und dem Vorhandensein von Flüssen/Bächen für die Wasserversorgung (nach wie vor).

▷ **Wasser** gibt es beim Umbwe, Shira Forest, New Shira I und II Camp, Machame, Shira, Barranco, Karanga, Mweka und Rongai Camp I (sowie beim

Mawenzi Tarn, Kikelewa Camp), die Wasserversorgung vom Rongai Camp II ist nicht ganzjährig gesichert.

▷ **Neue Toilettenanlagen** (Plumpsklos) wurden bei Shira Forest, New Shira I und II, Machame, Karanga, Barafu, Mweka, Rongai I errichtet, alle anderen Camps werden nach und nach mit Toilettenanlagen bestückt. Duschen sind nicht vorhanden.

Im Zuge des unglaublichen Ansturms zur Jahrtausendwende wurden in Folge der Umlenkung des Touristen-Stromes alle Camp-Sites entlang des Machame-Trails erweitert (de facto betrifft das Machame-, Shira-, Barranco-, Karanga- und Barafu-Camp sowie alle Camps der Mweka-Abstiegsroute). Da dieser Ansturm weiterhin anhält, ist auch hier mit Überbelegungen (zumindest während der Hauptsaison) zu rechnen - das Schlimmste was Sie treffen kann, ist aber eine weite Entfernung zu den Toilettenanlagen.

Auf allen anderen Routen ist derzeit (!) keine Überbelegung zu befürchten (allerdings beginnt es sich schön langsam am Rongai-/Naromoru Trail zu stauen).

▷ Die **Temperaturen** können auch in den ersten Camps auf der 2.700-m-Linie während der Nachtstunden bereits unter 0° sinken, die oberhalb dieser Linie gelegenen Camps weisen auch **tagsüber Minustemperaturen** auf.

Genaue Beschreibung der Camps ☞ die jeweiligen Trail-Beschreibungen.

# Sonstige Aktivitäten

Der gesamte Kibo (außer den beschriebenen Anstiegen und dem Kraterinneren) ist ab einer Höhe von 4.572 m als **Mountaineering-Zone** ausgewiesen und bleibt **Kletterern** vorbehalten. Kletterpartien am Mawenzi sind extrem **gefährlich** (☞ Landeskundliches: Geologie). Zugang zu den nicht markierten Einstiegen erfolgt über die angelegten Trails bzw. über die (erst einzurichtende) **Wilderness-Zone**. Diese umfasst das gesamte Gebiet, das nicht in die anderen Zonen fällt. Sie ist konzipiert als Tummelwiese für extreme Naturliebhaber, die in diesem riesigen Gebiet (im Ausmaß von insgesamt 1.506 km$^2$) querfeldein "Natur in Reinkultur" erleben wollen. Es wird daher keine markierten Wege, Camps o.ä. geben, das Schlagen von Feuerholz ist verboten, die Entnahme von Nahrung aus der Umgebung ebenfalls. Die Anstellung von Trägern wird nicht erlaubt, die eines Führers wird obligatorisch sein. Aus organisatorischen Gründen existiert diese Zone z.Z. nur auf dem Papier.

ℹ Chief Warden KINAPA, PO Box 96, Marangu, Tanzania,
✍ <kinapa@habari.co.tz>

✋ Alle anderen Aktivitäten wie Paragliding, Paraballooning, Radfahren, Ballonfahren, Drachenfliegen etc. sind **verboten**! Lediglich Wandern und Klettern sind erlaubt.

Wer allerdings aufs Radfahren nicht verzichten kann/will: Bike-Riding-Group, Moshi, ☎ 0748/263003, ✍ bikeridinggroup@yahoo.com, bieten Radtouren an den Hängen des Kilimanjaro außerhalb der NP-Grenze (Kulturzone) an: 3 Std. US$ 15, Halbtag 25, Ganztag 35, inkl. Fahrrad

Gefördert werden jedoch Aktivitäten von behinderten Personen. So drang ein gehbehinderter Engländer 1998 im Rollstuhl bis zur Kibo Hütte vor, im Jahr darauf erklomm eine Gruppe Blinder aus Südafrika den Berg (nähere Auskünfte erteilt die TANAPA ).

▷ Wer sich **wissenschaftlich** am Mt. Kilimanjaro betätigen will (vor allem Biologen, Flechtenspezialisten), wende sich an die Botschaft in Berlin bzw. an

ℹ Director General TANAPA, PO Box 3134, Arusha, Tanzania,
✍ tanapa@habari.co.tz

Abgesehen davon bieten sich in der Region noch die Besteigung des Mt. Meru (als Akklimatisierungs-Treck) sowie

"**cultural-tours**" an: ein NGO-Programm, welches Natur und Kultur verbindet und aus diesem Grunde kreuz und quer durch die Gegend marschiert/marschieren lässt (außerhalb der NP-Grenzen) - Usaambara-Berge, Pare-Berge und das "Hochland der Riesenvulkane" (rund um den Ngorongoro-Krater - außerhalb der NP-Grenzen). Es werden dabei phantastische Naturerlebnisse wie äußerst tiefe Einblicke in den tansan. Alltag verbunden - von einigen Stunden bis mehrere Tage.

Im Prinzip bieten alle genannten (und nicht genannten) Tour Operator diese Touren an; beste (güsntigste) Anlaufstelle ist die TTB in Arusha (siehe dort).

Achtung:

Wenn Sie kräftig das Internet durchforsten, werden Sie über kurz oder lang auf die "Julius Route" stoßen. Dieser Trail wird als "Privattrail" von einer angl. Agentur angeboten und führt (angeblich) von der Kenya-Seite (also der Nordseite) zum Uhuru-Peak. Dazu ist nur Eines zu sagen: Finger weg! Es liegen lediglich die unteren ca. 5% des Weges in Kenya, der Rest zählt bereits zu Tansania und hier gilt tansanisches Recht. D.h.: Da dieser Trail nicht im Zonenkonzept der TANAPA enthalten ist, wären Sie - abgesehen von der Visa-Frage - widerrechtlich unterwegs. Aber auch abgesehen davon, glaube ich, dass das sowieso nur ein Trick ist und Sie letztendlich auf die Lemosho- oder Shira-Route umgelenkt werden.

# Die Trails

MT. KILIMANJARO NATIONAL
PARK
URITHI WA ASILI WA DUNIA
WORLD NATURAL HERITAGE SITE
UNDP
UNESCO
UNITED NATION FOUNDATION

# Einführung

Die Beschreibung der Trails beginnt an der Parkgrenze und endet am Uhuru Peak. Ein Drittel der Besucher verzichtet freiwillig und von vornherein auf den Gipfelsturm und begnügt sich mit den Schönheiten des Regenwaldes, der Moor- und Heidezone und der Steinwüste. Von den verbleibenden zwei Dritteln erreichen ca. 80 % Uhuru Peak bzw. Gilman´s Point. Diejenigen, die es vorhaben, aber nicht schaffen, sind zum größten Teil selbst dafür verantwortlich (ca. 85%, der Grund liegt meist in mangelnder Höhenanpassung, aber auch in Selbstüberschätzung hinsichtlich der Belastung - man soll den Kilimanjaro nicht unterschätzen!).

Im Widerspruch zu den Angaben in verschiedenen Büchern über Tansania und Ostafrika und den Aussagen vieler Tour Operator sind z.Z. nur **sechs Trails und ein Verbindungsweg** zwischen vier von ihnen sowie ein kurzer **Abstecher** offiziell für den Tourismus (mit einer Ausnahme) im Einbahnsystem geöffnet . Einteilung und Benennung dieser Trails erfolgte nach dem Zonen-Konzept der **KINAPA** (*General Management Plan*, Mai 1993) - Afrika wäre aber nicht Afrika, gäbe es da nicht einige Ausnahmen (siehe Trail System am Shira-Plateau und Rongai-Naromoru Trail):

▷ **Low-Use-Hiking-Zone** (*Summit Bound*, 77 km², 116 km Wegstrecke): Der **Machame Trail**, **Umbwe**, **Shira** und **Rongai/Naromoru Trail** dürfen nur für den Aufstieg benutzt werden, Die Benutzer des Shira, Machame und Umbwe Trails müssen über den Mweka Trail absteigen. Benutzer des Rongai/Naromoru Trails müssen über den Marangu Trail absteigen. Der Southern Summit Bound ist die Verbindung zwischen Shira, Machame, Umbwe und Mweka Trail.

▷ **Low-Use-Hiking-Zone** (*Non-Summit Bound*, 3.750 ha, ca. 18 km Wegstrecke): Shira-Plateau (☞ unter Shira Trail und "Day Use Zone").

▷ **Intensive-Use-Hiking-Zone** (2.700 ha, 34 km Wegstrecke): der **Marangu Trail** für Auf- und Abstieg sowie eine kurze Ausflugsroute zum Fuße des Mawenzi.

▷ Die NP-Verwaltung achtet peinlichst genau auf die **Einhaltung dieser Regelung**.

▷ Administrative Zone (0,6 km²): Ein 7. Trail - Maua Trail (bis auf knapp 3.700 m) - ist für Touristen geschlossen. und wird zu einer Allwetterstraße ausgebaut, die, ausgehend vom Dorf Mweka, nahe der Horombo-Hütte (nicht in Sichtweite) enden wird. Ein großes Flüssigbrennstoff-Lager (Horombo Staging Area) wird zur Versorgung der Tanks in Horombo- und Kibo-Hütte dienen (Mandara-Hütte wird vom Marangu-HQ aus versorgt). In erster Linie dient die Straße aber der Rettung von Unfall-, Höhenkrankheit- oder sonstigen Opfern des Berges durch eine "schnelle Einsatztruppe" per allradgetriebenem Fahrzeug. Zweimal pro Jahr soll der (kostenlose) Anstieg für alte und behinderte Personen mittels Fahrzeug ermöglicht werden, so dass auch diese Gruppe von Menschen in den Genus des Anblickes von Regenwald und Heide kommt. Sponsoren für dieses Vorhaben sind sehr willkommen.

▷ **Mountaineering-Zone** (25 km²) und **Wilderness-Zone** (1.506 km²) ☞ Sonstige Aktivitäten.

▷ **Day-Use-Zone** (1 km²): Nach längerer Anlaufzeit wurde nun die im "Kilimanjaro NP General Management Plan 1933" projektierte "Day Use Zone" am Shira Plateau eingerichtet. Es handelt sich um ein ca. 3.750 ha großes Areal, welches innerhalb des NPs den höchsten Schutz genießt ("Wilderness Zone", außer Wandern und Campen sind keine wie auch immer gearteten menschlichen Aktivitäten gestattet). Die "Day Use Zone" ist für solche Menschen gedacht, die keine Ambitionen hegen 1. den Gipfel des Kibo zu besteigen, 2. längere und kräfteraubende Wanderungen zu unternehmen, 3. Temperaturen knapp im Plusbereich zu unterschreiten und die 4. dennoch Flair und Wildheit des höchsten Berges Afrikas nicht missen wollen. Wie der Name schon ausdrückt können hier Tagesausflüge unternommen (Übernachtungen sind allerdings möglich, siehe weiter unten).

Die Anreise von Marangu, Arusha (am besten) oder Moshi erfolgt mittels allradgetriebenem PKW über das Londorossi Gate (Fahrzeit vom Gate ca. 2,5 Std., Beschreibung der gesamten Anfahrt siehe Kap. Shira Trail). Die Straße endet kurz vor dem (offiziell nicht mehr existierenden) Simba Camp in 3.353m. Es wurde hier ein Parkplatz (road closure/head), Toilettenanlage (Plumpsklo) und 3 Picknick-Plätze in unmittelbarer Umgebung des Parkplatzes errichtet, eine Panoramatafel beschreibt das Shira Plateau und informiert über die Wandermöglichkeiten.

Das "Day Use Trail System" umfasst zwei relativ kurze Wanderungen, insgesamt zwei km, zu nördlich des Parkplatzes gelegenen, spektakulären Abbruchkanten, welche bei klarer Sicht den Blick über den Kibo, das Shira-Plateau sowie den Amboseli NP (Kenia) freigeben. Die ebenfalls spektakulären Gewächse des Kilimanjaro-Hochlands - Senecien, Lobelien usw., ☞Kap. Flora und Fauna - sind abundant und erreichen respektable Größen.

"Day Use Trail System" bedeutet, dass Sie den NP noch am Tag des Betretens verlassen müssen. Wenn Sie sich nicht allzu sehr von der gigantischen Natur des Shira Plateaus überwältigen lassen ist dies machbar.

Das "Overnight Trail System" beschreibt einen Rundkurs im Einbahnsystem südlich des Parkplatzes (Länge ca. 18 km). Zwei ausgewiesene Campingplätze (Wilderness Camp I, II, keine Toilettenanlagen) bieten Platz für jeweils ca. 6 bis 8 Zelte. Dieser Trail wendet sich den Attraktionen des Shira Plateaus zu - Shira Cathedral, Shira Needle, Shira Cone, Shira Ridge, Klute Peak (von Ost nach West) - , an deren Fuß der Trail vorbeiführt bzw. die Campsites liegen. "Overnight Trail System" bedeutet eine maximale Aufenthaltsdauer von 3 Tagen, 2 Nächten (in diesem Zeitraum kann der Rundkurs gemütlich absolviert werden).

Für beide Trail-Systeme gilt folgendes:

- ▷ Die Trails führen über lediglich leicht gewelltes Gelände, größere Steigungen bzw. Gefälle wurden vermieden. Alle Trails sind sehr gut markiert und dürfen nicht verlassen werden. Lediglich rund um die Campingplätze (nur "Overnight Trail System"!) darf man sich abseits der Markierungen - in der wilden Natur sozusagen - bewegen.
- ▷ Die Anstellung von Führern und Trägern ist nicht vorgeschrieben. Dennoch rate ich zumindest zur Anstellung eines Führers, falls Sie vorhaben, die Gegend querfeldein zu erkunden. Wetterstürze ereignen sich am Shira Plateau sehr oft und sehr schnell und im dichten Nebel sind Sie ohne Ortskundigen so gut wie verloren
- ▷ Die Eintritts- und Übernachtungsgebühren sind ebenso hoch wie bei der Besteigung des Berges, rescue-fee (Bergrettung) muss ebenfalls entrichtet werden.
- ▷ Eine Buchung über Tour Operator ist Pflicht.

Beide Möglichkeiten werden von Tour Operator im großen und ganzen (noch) nicht (bzw. nicht mehr) angeboten. Teilweise kann dafür Unwissen verantwortlich gemacht werden, zum anderen gestaltet sich das Unterfangen auf Grund der langen und schwierigen Anfahrt relativ teuer - rechnen Sie (abhängig von Gruppengröße) mit (mind.) US$ 100 bis 200 für die Tagestour (alle Gebühren, Lunchpaket, Transport, Fahrer/guide).

Eine weitere "Day-Use-Zone" wurde an der Marangu-Route eingerichtet. Es handelt sich dabei um den obligaten Weg vom HQ bis zur Mandara-Hütte und (am selben Tag) retour - leicht zu machen (ca. 5 Std., reine Gehzeit) und sehr schön.

Diese Möglichkeit ist zumindest den Tour Operator in Marangu und Moshi bekannt (in Arusha hat sich das noch nicht wirklich herumgesprochen, doch wird sich das bald geändert haben). In der Regel wird diese Tagestour um US$ 60 (ab Marangu) angeboten (beinhaltet alle Gebühren, Lunchpaket, guide und Transport), ab Moshi ist es etwas teurer, ab Arusha wird es noch teurer werden (Anfahrtskosten).

Der **Northern Summit Bound** sowie eine **Verbindung zwischen Mweka und Marangu Trail** dürfen nicht mehr begangen werden.

Wer Gilman's Point erreicht, erhält ein Zertifikat, welches bescheinigt, dass er eben bis Gilman´s Point gekommen ist. Wer Uhuru Peak oder Stella Point erreicht, erhält eine Bescheinigung, dass er Uhuru Peak erreicht hat.

Hinsichtlich der Trailnamen herrscht Verwirrung: Nanjara, Mawenzi, Geraragua, Mashati, Nravaa, Outward Bound Trail gab es entweder noch nie, oder sie sind geschlossen worden. Manche sind nur einer bestimmten Gruppe vorbehalten (Mweka Wildlife College, Militär), bei manchen handelt es sind um Phantasienamen - es gibt sie schlichtweg nicht!

Für diejenigen, die Ihre Tour vor Ort organisieren wollen, muss folgendes gesagt werden:

Seit 1993 gibt es auch prinzipiell eine zahlenmäßige Limitierung des Touristenstromes auf den jeweiligen Aufstiegsrouten des Berges. Ein ineffizientes Buchungssystem der KINAPA sowie der Widerstand der TATO haben dessen

Auswirkungen bis dato zu verhindern gewusst. Mittlerweile beginnen die Maßnahmen aber langsam zu greifen.

In der Praxis sind davon in erster Linie Individualtouristen, welche die Begehung vor Ort organisieren, betroffen. Zumindest während der Hauptsaison (Juli, August, Dezember, Januar) kann es zu Wartezeiten kommen - die Zeiten des "heute gebucht, morgen gegangen" sind (bald) vorbei. Kalkulieren sie jedenfalls (und vorsichtshalber) eine Wartedauer von bis zu einer Woche während der Hauptsaison (v.a. August) ein und planen Sie Ihren Aufenthalt dementsprechend (siehe Kap. Sonstige Aktivitäten). Ein weiterer Punkt, der zu Verzögerungen führen kann, liegt darin, dass zumindest die besseren Tour Operator während der Hauptsaison auf bis zu 1 Woche ausgebucht sein können!

Für Gruppen- oder Pauschalreisende ist diese Änderung prinzipiell nicht von Relevanz - der Vertragspartner Ihres beauftragten Reisebüros verfügt über ein "Kontingent". Es kann aber auch, v. a. in der "Übergangszeit" zu Wartezeiten, im Extremfall sogar zu einer Routen-Änderung kommen. Betroffen von dieser Regelung sind in erster Linie die Marangu-Route. und - da die Gebührenpolitik der KINAPA den Besucherstrom erfolgreich umlenken konnte - mittlerweile auch die Machame-Route.

Pauschal- wie Individualreisende spüren die Besucherzahl-Limitierung allerdings im Geldbeutel. Prinzipiell soll der Andrang über den Preis reguliert werden - d.h. nach einem Jahr mit mehr als 10.500 Besuchern auf der Marangu-Route und mehr als insgesamt 3000 in der "Low Use Hiking Zone" (Summit Bound) werden die Gebühren (Eintritt, Nächtigung, Rescue) erhöht; wenn dann irgendwann einmal weniger als insgesamt 8000 Touristen den Berg besuchen, wird weiter überlegt.

Im ersten Moment erscheint diese Regelung vielleicht unverständlich - doch letzten Endes dient sie dem Schutz des Berges, dem Schutz der Bewohner, dem Schutz der Wege/Trails und garantiert somit auch für den Touristen die Erfüllung seiner Erwartungen (und nicht einen ausgetretenen Hohlweg von 12 m Breite).

### Nachsatz:

Das Leben ist ja sowie schon ein kunterbuntes Durcheinander; bezieht man dann noch die Sprache mit ein, wirds überhaupt unübersichtlich. Beurteilungen wie "schön", "steil", "moderat", "anstrengend", "gefährlich", "gut" oder "schlecht" usw. sind nicht genormt und können daher auch bei den folgenden Trail-Beschreibungen - obwohl ich soweit wie möglich um Objektivität bemüht war - ihren subjektiven Charakter natürlich nicht verbergen. Wie bereits im Kapitel "Organisation und Durchführung" kurz demonstriert kommt bei diesen und ähnlichen Ausdrücken die individuelle Lesart auf Grund von Erfahrung, Ausbildung usw. zu tragen -"steil" bedeutet daher für jeden etwas anderes!

Aufgrund mehrerer Hinweise - in erster Linie handelte es sich dabei um solche von österreichischen bergefressenden Hochlandbewohnern - möchte ich den Versuch wagen, diese Ausdrücke zumindest einigermaßen zu relativieren. Am zielführendsten scheint es mir, ganz einfach meine höchstpersönliche Kondition zu veranschaulichen: Sachbuchautor (unter immerwährendem zeitlichen Stress stehend) mit eher sitzender Tätigkeit, Benutzung eines Fahrzeuges (KFZ) auch für Kurzstrecken, ca. 20 Zigaretten/Tag, ca. 3x pro Jahr eine längere Wandertour

## Legende der Kilimanjaro Trail-Karten

1 Marangu-HQ
2 Mandara-Hütte
3 Horombo-Hütte
4 Kibo-Hütte
5 Mweka Camp
6 Barafu Camp
7 Karanga Camp
8 Barranco Camp
9 Machame Camp
10 Shira Camp
11 Lava Tower Camp
12 Arrow Glacier Camp
13 Rongai Camp I (*road head*)
14 Rongai Camp II
15 Londorossi Gate
16 Machame Gate
17 Umbwe Gate
18 Mweka Gate
19 Rongai Village + Gate
20 Umbwe Camp
21 Western Breach Camp
22 altes Simba Camp
23 Shira Forest Camp
24 New Shira Camp I
25 New Shira Camp II
26 New Machame Camp II
27 Londorossi

A Uhuru Peak
B Gilman's Point
C Stella Point
D Shira Hauptkamm
E Shira Cone

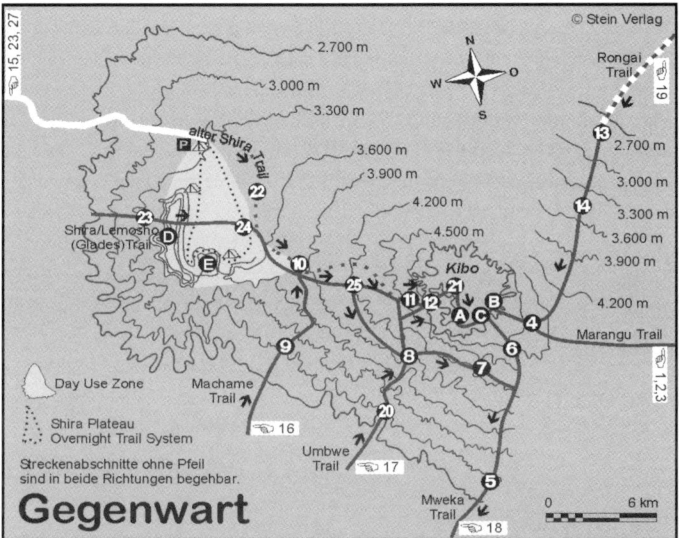
© Stein Verlag
15, 23, 27
2.700 m
3.000 m
3.300 m
3.600 m
3.900 m
4.200 m
4.500 m
N
W
O
S
Rongai Trail
19
alter Shira Trail
Shira/Lemosho (Glades) Trail
Kibo
Marangu Trail
1,2,3
Day Use Zone
Shira Plateau Overnight Trail System
Streckenabschnitte ohne Pfeil sind in beide Richtungen begehbar.
Machame Trail
16
Umbwe Trail
17
Mweka Trail
18
0
6 km
Gegenwart

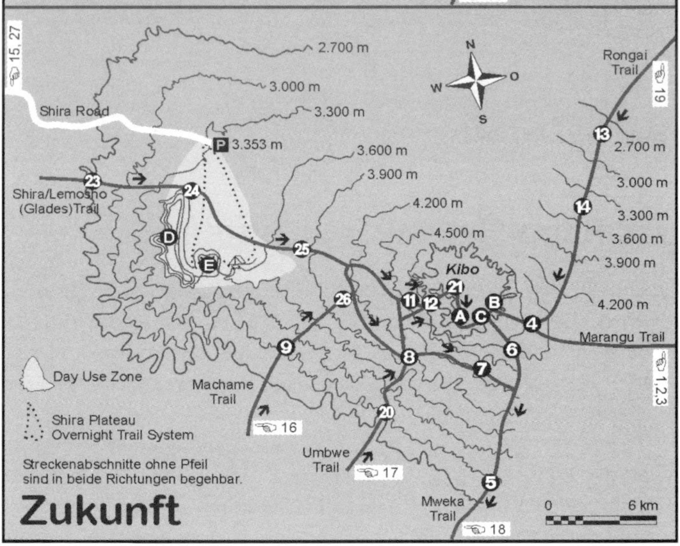
15, 27
2.700 m
3.000 m
3.300 m
3.600 m
3.900 m
4.200 m
4.500 m
N
W
O
S
Rongai Trail
19
Shira Road
3.353 m
Shira/Lemosho (Glades) Trail
Kibo
Marangu Trail
1,2,3
Day Use Zone
Shira Plateau Overnight Trail System
Streckenabschnitte ohne Pfeil sind in beide Richtungen begehbar.
Machame Trail
16
Umbwe Trail
17
Mweka Trail
18
0
6 km
Zukunft

(2004 österreichischen Jakobsweg), alle 2 Jahre eine Kilimanjaro-Tour (zumindest die wichtigsten Routen), obwohl auch dies relativ ist: bescheidener Lebensstil (v.a. was Berg- und Wandertouren anbelangt) - also nicht unbedingt das, welches man sich unter Bergfex vorstellt. Im Gros der Kilimanjaro-Wanderer bewege ich mich also im Durchschnitt - die richtigen Bergfexe mögen mir das verzeihen, aber für uns Durchschnittswanderer (Wanderer !!!!) sind 70% Steigung eine Bedrohung - egal ob man sie bewältigen muss oder diese rechts und links vom Weg abfällt.

### Zur Erinnerung

- ▷ Von Tourbeginn an immer Regenschutz, Trinkwasser und Biwaksack dabei haben!
- ▷ Ab dem zweiten Tag ein warmes Kleidungsstück, Kopfbedeckung, Sonnenschutzmittel!
- ▷ Ab dem dritten Tag ein zusätzliches warmes Kleidungsstück!
- ▷ Ab dem vierten Tag (Gipfelsturm) Taschenlampe, Reservebatterien und Sonnen- oder Gletscherbrille mitnehmen!
- ▷ Gehen Sie das Unternehmen langsam und vorsichtig an.

  Unfallopfer werden vom Shira Trail, Machame, Umbwe, Mweka und Rongai Trail auf den Rücken der Träger ins Tal transportiert - das dauert!

  Die fahrbaren Bahren des Marangu Trails entlasten nur die Träger - nicht das Opfer.

# Das Shira-Plateau-Trail-System

Für alle hier vorgestellten Wander-Möglichkeiten gilt gleichermaßen: Shira-Plateau ist die 4. Steigerungsstufe von schön, trotzdem ist es hier ziemlich feucht bis matschig und rutschig, Regen kann Sie auch während der Trockenzeit überraschen, es ist die teuerste Möglichkeit Uhuru-Peak zu gewinnen (Details am Ende des Kapitels).

### A) Shira - Trail ⮌ 38 km

⌛ 6 Tage (inkl. Abstieg über Mweka Trail) absolutes Minimum, vertretbares Minimum 7 Tage

Londorossi Gate - Simba Camp - New Shira Camp 2 oder Shira Hut - Lava Tower Camp/Arrow Glacier Camp - Uhuru Peak

Shira Trail ist die offizielle Bezeichnung für diese 1968 eröffnete Westroute zum Uhuru-Peak; sie wird aber vielfach als Londorossi-Route bezeichnet (mit ziemlicher Sicherheit wird sich diese Bezeichnung auch offiziell durchsetzen). Prinzipiell betrachtet kann - zumindest während der Trockenzeit - entlang der Londorossi Road bis zum Parkplatz der Day-Use-Zone (Morrum Parking Area) ein allradgetriebenes Fahrzeug benutzt werden, dann ist es noch zu Fuß ca. 1 Stunde bis zum Simba Camp - dafür wird aktuell (noch ! Siehe Nachsatz) der östliche Teil des Overnight Trail Systems benutzt. Auf Grund des schlechten Zustandes der Straße sind Sie aber nur wenig schneller als ein Fußgänger.

Entlang dieser Route müssen Sie zumindest bis Morrum Parking Area (erster Tag) einen bewaffneten Ranger anstellen - es treibt sich hier doch einiges Getier (Antilopen, Büffel, hin und wieder sogar Elefanten) herum (US$ 20).

## 1. Tag

ca. 13 km vom Londorossi gate (ca. 2.250 m) bis Simba Camp (ca. 3.500 m),

ca. 3 - 4 Std.

Die zumindest auf den letzten 20 bis 30 km beeindruckende Anfahrt hat bereits den größten Teil des Tages aufgesogen. Das bürokratische Hin und Her am Londorossi Gate benötigt auch seine Zeit. Der vor uns liegende Weg weist keine großen Hindernisse, wie etwa exorbitante Steigungen o. dgl., auf - lassen Sie sich dennoch Zeit - es ist wunderschön hier. Der rel. breite Weg/Straße führt zuerst kurz durch eine Pinienplantage, dann - die nächsten ca. 3 km - durch Regenwald, mit etwas Glück erspähen Sie sogar Colobus-Affen. Danach wird der Wald von den grandiosen Moorland- und Heidegewächsen abgelöst - die Senecien-Ansammlungen sind hier die ausgedehntesten, höchsten und auch dichtesten des Berges (das gilt auch für den nächsten Tag). Das Morrum Parking Area ist bald erreicht, das Shira Plateau erstrahlt im vollen Glanze. Bis zum Simba Camp trennen Sie nun nur noch 1 - 1,5 Std - jedenfalls zuwenig für diese außerordentliche Landschaft.

Genau betrachtet besteht das Simba Camp aus zwei ca. 3 km auseinander liegenden Camps. Schön gelegen sind beide - der Ausblick auf den Shira-

Hauptkamm ist überwältigend. Welches angesteuert wird hängt von mehreren Faktoren ab: auf alle Fälle wird das zweite angesteuert, wenn Sie per KFZ Morrum parking Area erreichten. Ein weiterer Faktor ist auch der Wanderungsverlauf am zweiten Tag (siehen unten), letztendlich hängt es natürlich auch von Ihrer höchstpersönlichen Müdigkeit ab. Wer ab Londorossi gate zu Fuß geht, nächtigt in der Regel am ersten Camp. Zu sagen ist noch, dass die Fahrstraße bis zum zweiten Camp führt.

## 2. Tag

➲ Ca. 7 bzw. 10 km (je nachdem von welchem der beiden Camps Sie aufbrechen) vom Simba Camp (ca. 3.500 m) bis a) New Shira Camp 2 (ca. 3.700 m, von manchen Tour Operators auch als Fisher Camp bezeichnet) oder b) ca. 9 bzw. 12 km bis (Old) Shira Hut (ca. 3.800 m)

Es ist egal welchen Weg Sie beschreiten - einer ist schöner wie der andere. Der eine ist halt ein bisschen länger, doch das macht soweit nichts, die Steigungen sind fast nicht zu spüren. Wie am Vortag durchschreiten Sie das majestätische Shira-Plateau und sind umringt von Senecio kilimanjari und Lobelia deckenii sowie Ericazeen; der Blick auf den Shira-Hauptkamm wird nie fade, der Mt. Meru ist ebenfalls zu sehen. Kurz nach Aufbruch wird der Engare-Nairobi-River problemlos überschritten (füllen Sie Ihre Wasserflasche). Zwei Kilometer danach steht man an einer gewichtigen Kreuzung: links gehts zum New Shira Camp 2, geradeaus zur Shira Hut, von rechts stoßen die Wanderer des Lemosho Trails (siehe weiter unten) zu uns. New Shira Camp 2 ist nach ca. 1 Std. erreicht, Shira Hut nach ca. 2 Std. Beide Camps befinden sich in einer phantastischen Lage am oberen Rand des Erikazeen-Gürtels, es ist (fast) schade, dass man irgendwann weiter marschieren muss.

## 3. Tag

Aufgrund des problemlosen und daher rel. schnellen Anstieges empfehle ich - egal, ob Sie am New Shira Camp 2 oder der Shira Hut sind - hier einen Ruhe-, Rast-, Akklimatisierungs- bzw. Adaptierungstag zu halten. Betätigungsmöglichkeiten: Ausflug zum Shira-Hauptkamm - Needle, Cathedrale, Klute-Peak usw. Sie sollten in diesem Fall bereits lange vor Buchung bzw. Bezahlung der Tour darauf drängen, dass Ihr Führer die Gegend kennen muss! Bei Schlechtwetter fällt der

Ausflug allerdings flach - richtige Wege sind nicht immer vorhanden, man geht viel querfeldein.

## 4. Tag

Egal, ob Sie am New Shira Camp 2 oder der Shira Hut nächtigten - beide Wege vereinigen sich ca. 1 Std. nach Abmarsch am Southern Circuit und sind gleich schön - es stehen zwei Möglichkeiten zur Wahl:

▷ via Arrow Glacier Hut und Western Breach zum Uhuru Peak oder
▷ via Barranco Camp und Barafu Hut zum Uhuru Peak

In beiden Fällen muss der Abstieg über die Mweka-Route erfolgen.

Da der Anstieg bis jetzt nicht besonders anstrengend war und Sie einen Adaptationstag einhielten, wende ich mich hier sofort der schwierigeren Variante A) zu (Variante B) siehe unter Machame Trail)

➲ Ca. 9 km vom New Shira Camp 2 (ca. 3.800 m)/Shira Hut (ca. 3.800 m) bis Arrow Glacier Camp (4.800 m)
⌛ Ca. 6 - 8 Std.

Die Moor-und Heidezone wird bald verlassen, dennoch hat das graugrüne Gestrüpp und einige nicht mehr ganz gefrorene Moorstellen die Hosen derjenigen, die über keine wasserdichten Gamaschen verfügen, gänzlich durchnässt. Doch nach ca. ein bis eineinhalb Stunden ist es vorbei. Langsam aber stetig dringen wir in die ewige Steinwüste vor, Felsbrocken bis zu Hausgröße verstellen den Weg, dazwischen noch kleinere Moorinseln und kleinere Felsen - das Stolpern beginnt. Senecien werden weniger und kleiner, die Anzahl er Lobelien bleibt noch für ca. eine Stunde gleich groß, doch dann werden auch sie immer kleiner. Bei den letzten Lobelien wird üblicher Weise Mittagsrast gehalten. Dann geht's weiter, immer weiter durch unwegsame, teilweise sandige, schottrige Steinwüste. Die Steigung wird rapide größer, ein Schock nach dem freundlichen Anmarsch, doch hier beginnt sich der Berg schön langsam zu wehren. Der Weg wird immer steiler, immer unwegsamer, spätestens im letzten Dritten holt Sie der Nebel aus den Niederungen des Regenwaldes ein, Regen stellt keine große Ausnahme dar. Hin und wieder kann es schneien. Die Temperatur ist beißend kalt. Wenn Stürme losbrechen ist sie mörderisch, spätestens dann gefrieren Schnee und Regen - seien Sie aber immer (!) vorsichtig, man rutscht hier sehr leicht aus.

Endlich ist das Lava Tower Camp (4600 m) erreicht - beißende Kälte, Wind und Feuchtigkeit lassen einem sofort an den einzig sicheren Ort denken - das Innere eines Zeltes. Doch in der Regel marschiert man - da der nächste Tag noch härter wird - sehr steil ca. 2 km (1 - 2 Std.) weiter, zum Arrow Glacier Camp - das Abendessen wird zur Qual.

In beiden Camps sind die Camp-Möglichkeiten stark limitiert (Gott sei Dank ist aber der Ansturm nicht besonders groß), beide Camps sind auch in der Vergangenheit durch Steinstürze bzw. Lawinen zerstört worden, die heutige Lage ist sicherer (hoffentlich). Oberflächengewässer gibt es in keinem der beiden Camps.

## 5. Tag

➲ 5 km vom Arrow Glacier Camp (4.600 m) bis Uhuru Peak (5.895 m)

⌛ 6 bis (eher) 8 Std. (nur Aufstieg!!!!!), wer nicht gut trainiert ist, sollte sogar mehr einrechnen

✋ Wer nicht schwindelfrei, Kälte gegenüber nicht widerstandsfähig und nicht sehr gut trainiert ist und nicht über eine sehr gute Ausrüstung (Schuhe! Warme Kleidung!) verfügt, sollte auf den Anstieg über Western Breach Wall verzichten! Während der Regenzeit ist dieser Trail unpassierbar. Während der Trockenzeit kann es immer wieder zu Temperaturstürzen mit Hagel, Regen oder Schnee kommen. Wagen Sie **unter keinen Umständen** bei bestehendem Schlechtwetter die Überquerung, sie ist bei besten Witterungsbedingungen schon gefährlich genug!

Bei Schneefall kann es zu ertremer Firnbildung kommen, für diesen Fall sollten sie Eispickel und/oder Steigeisen bereit haben.

Wer nicht mehr kann (Ermüdung) oder will/darf (Schlechtwettereinbruch) kann zum Barranco Camp (2 Std.) oder - besser - bis Karanga Camp (um die 6 Std.) marschieren und dann den Gipfelsturm via Barafu Hut unternehmen (siehe Machame Trail) - bei solchen Unbillen darf die gebuchte Route verlassen werden. Die Führer kennen den Weg.

✋ Das Vergessen des Biwaksacks kann Ihr Leben gefährden!

**Arrow Glacier Camp** ist vom Kraterrand knapp 2 km Luftlinie entfernt, der Höhenunterschied beträgt ca. 1000 m - das bedeutet einen Steigungsgrad von durchschnittlich ca. 50 %, viele Stellen sind wesentlich steiler. Der Schwierigkeitsgrad des Western Breach Wall beträgt I+, das heißt grob gesagt, dass manche Stellen nicht für jedermann ohne Zuhilfenahme der Hände passierbar sind (Seile, Pickel o.ä. sind nicht notwendig,). Man benötigt für die Überwindung ca. 4 bis 6 Std. - die Gefahr eines Absturzes ist allgegenwärtig!

Beginnen Sie dieses Unternehmen so früh am Morgen wie möglich (knapp nach Mitternacht) - wenn alles noch gefroren ist, rutscht man im Sand und im spärlich vorhandenen nassen Erdreich nicht aus. Der Nachteil liegt allerdings darin, dass große Felsbrocken, Felsbarrieren, die es zu überwinden gilt, noch mit einer dünnen Eisschicht überzogen sind und somit **Rutschgefahr** besteht. Der frühe Aufbruch findet seine Begründung auch darin, dass dieser Tag sehr lang werden kann (und natürlich dass man den Sonnenaufgang vom Kraterrand bestaunen kann).

☞ Völlig egal wann Sie den Anstieg starten, Sie werden immer unter Kälte zu leiden haben. Lassen Sie auch nie Ihren Führer aus den Augen, falls er sich zu schnell vorwärts bewegt, rufen Sie ihn zurück, lassen Sie sich unter keinen Umständen hetzen. Die Trailmarkierungen sind schlecht bis gar nicht vorhanden; wenn Sie sich versteigen, können Sie unter Umständen in gefährliche Situationen kommen.

Ca. das letzte Drittel des Anstieges ist dermaßen steil, dass der Rückweg zu gefährlich wird. Sie haben nur mehr eine Chance und die heißt hinauf - falls Sie hier die Höhenkrankheit überfällt, haben Sie ein großes Problem.

Im Januar 2000 löste sich hier eine Steinlawine - eine Touristin wurde erschlagen, zwei weitere schwer verwundet!

Trotz alledem - bei genügender Voraussicht und Vorsicht ist der Western Breach Wall für Wanderer überwindbar (bei Schönwetterbedingungen). Nach dieser Mühsal hat man den **Kraterrand** erreicht! **Uhuru Peak** liegt ca. 2 Std. entfernt zur Rechten und ca. 200 m höher. Jetzt sind "nur" noch der kleine **Furtwängler-Gletscher** zu umrunden und die letzten Höhenmeter zum Ziel zu nehmen - die Freiheit über den Wolken ist manchmal schwer zu erreichen.

Der Abstieg erfolgt am selben Tag über Stella Point - Barafu Camp - Mweka Camp (14 km, ca. 6 Std., ☞ Mweka Trail). Der Abstieg über die Marangu Route (Uhuru Peak - Gilman´s Point - Horombo Hut - Marangu HQ) ist (leider) nicht mehr erlaubt.

Am **Kratergrund** lädt das **Western Breach Camp** gut adaptierte Menschen zur Übernachtung ein. Man kann den Nachmittag zu einer Umrundung des Kraterrandes nutzen oder durch den Krater selbst spazieren (falls noch genügend Kraftreserven vorhanden sind). Die riesigen geschichteten **nördlichen Eisfelder** (bis zu 30 m hoch), **Schwefeldampfquellen**, sowie die **abgestuften Eisfelder** im Osten sind einmalig und wirklich einen Besuch wert. Auch diese Wanderung darf nur mit Führer unternommen werden.

Wenn Sie diese Möglichkeit nutzen wollen, müssen Ihre Ausrüstung (Zelt, Schlafsack usw.) sowie Wasser und Nahrung für Sie und Führer wie auch (1) Träger den Gipfelsturm mitmachen. Das wird teuer - rechnen Sie für diesen Extratag mit knapp der doppelten finanziellen Belastung (ca. US$ 200), und beginnen Sie lange vor geplantem Beginn mit der Suche nach einem geeigneten Tour Operator.

*Blick in den Krater mit Furtwängler-Gletscher*

Diese Tour wird nur **sehr selten** unternommen, üblicherweise wird vom Shira Camp der Anstieg über das Barafu Camp gewählt. Sprechen Sie, bevor Sie dieses Wagnis antreten, persönlich mit Ihrem Führer (am besten mit mehreren), um sicherzugehen, dass er die Strecke wirklich kennt (Kontrolle seiner Lizenz!). Die Chancen auf einen kundigen Führer sind nicht sehr groß. Am schnellsten werden Sie bei den Hotels der Kat. A (Marangu, Arusha, Moshi) sowie bei den teureren Tour Operator fündig.

Abschließend wage ich zu behaupten, dass junge Guides diese Tour noch nicht gegangen sind.

Es ist auch von allergrößtem Vorteil, wenn Ihr Guide bei dieser Tour mit Funkgerät ausgestattet ist - so kann er im Notfall Kontakt zur Rettungsmannschaft im Marangu-HQ aufnehmen.

Wenn Sie im Krater nächtigen, sollte Ihr Schlafsack und Zelt von allerbester Qualität sein. Abends beginnen sich im Krater die Luftmassen im Kreise zu drehen (Wirbelwind) und können ungeahnte Geschwindigkeiten und somit auch extrem tiefe Temperaturen erreichen!

## (B) Lemosho Trail

Gate - Forest Camp - New Shira Camp 1 - New Shira Camp 2 oder Shira Hut - Lava Tower Camp/Arrow Glacier Camp - Uhuru Peak

Ca. 40 km

6 Tage (inkl. Abstieg über Mweka Trail) absolutes Minimum, vertretbares Minimum 7 Tage

Das gate zu diesem funkelnagelneuen Trail liegt ca. 17 km südlich des Londorossi gates (alle Formalitäten müssen aber hier erledigt werden). Wie bereits bei Shira Trail angeführt muss auch hier für den ersten Tag ein Ranger angestellt werden. Die Ursache für das Vorhandensein der Tiere liegt übrigens in einem erst kürzlich geschaffenen Wildlife Corridor zwischen Amboseli NP bzw. Amboseli Game Reserve und den nordwestichen Hängen des Kilimanjaro, in weiterer Folge somit des Shira Plateaus. Dieser Corridor ermöglicht letztendlich Wanderungen in einem riesigen zusammenhängenden Gebiet, welches auch den Tsavo NP West umschließt.

## 1 Tag

➲ Ca. 6 km vom gate (ca. 2.200 m) zum Shira Forest Camp (auch Mit Mkubwa (Großer Baum) Camp, ca. 2.700 m)

⌛ Ca. 3 - 4 Std.

Der Trail führt durchgehend durch herrlichen Bergwald und weist außer einigen leichten Bachquerungen keine Schwierigkeiten auf. Ein Teil des Weges kann noch mit allradgetriebenem KFZ zurückgelegt werden. Wenn Anfahrt und Formalitäten am Londorossi gate zügig vonstatten gehen, besteht grundsätzlich die Möglichkeit, weiter bis New Shira Camp 1 zu marschieren.

## 2 Tag

➲ ca. 8 km vom Shira Forest Camp (ca. 2.700 m) bis New Shira Camp 1 (ca. 3.600 m)

⌛ Ca. 5 - 6 Std.

Der Bergwald wird bald verlassen, das flechtenverhangene Erscheinungsbild des Moor- und Heideland-Gürtels erfreut das Auge. Bald wird der Shira-Kamm in Angriff genommen (zumindest dessen Ausläufer), die Erikazeen-Stangen werden ausgedünnt und unglaublich ausgedehnte Senecien-Bestände machen sich breit, durchbrochen nur von den schönen Lobelien, Grasbüscheln und Strohblumen. Obwohl diese Gegend nicht wirklich real erscheint, hält sie bis zum Camp an. Der Ausblick von diesem setzt dem Staunen die Krone auf - Mt. Meru und Rift Valley hier, Kibo da. Alles zum Greifen nah und doch noch so weit entfernt.

## 3. Tag

➲ Ca. 7 km vom Shira Camp 1 (ca. 3.600 m) bis New Shira Camp 2 (ca. 3.800 m) bzw. zur Shira Hut (3.800 m)

⌛ Ca. 4 Std.

Wie am Vortag - Senecien, Senecien, Senecien, Lobelien, rechts und zurück blickend der Shira-Kamm, vorne der Kibo, leicht welliges Gelände, keine übermäßige Anstrengung - einfach umwerfend.

Nach etwas mehr als der halben Wegstrecke ist die unter Shira Trail/2.Tag erwähnte gewichtige Kreuzung erreicht - weitere Wegbeschreibung siehe dort.

## Nachbemerkungen:

Das Wegesystem am Shira-Plateau ist rel. neu, wenig begangen und daher vielen Tour Operator nicht wirklich bekannt. Bei Buchung sollten Sie daher sehr genau abklären, welcher Trail wirklich angeboten wird - die Namen gehen kreuz quer durcheinander. Am besten ist es, Sie besprechen die Routenführung direkt mit dem guide.

Abgesehen davon wird sich hier in den nächsten Jahren noch einiges ändern: Grundsätzlich betrachtet sind alle Trails in die "Low Use Hiking Zone Summit/ Non Summit Bound)" eingebunden. Das bedeutet - ebenso grundsätzlich betrachtet - dass die unter Shira-/Londorossi Trail angeführte Straße von Gipfelaspiranten nicht benutzt werden darf (von Besuchern der Day Use Zone sowie des Overnight Systems aber sehr wohl). Da diese Situation aber irgendwie an Nonsens grenzt, ist es nicht sehr wahrscheinlich, dass sie Realität werden wird. Viel eher ist folgendes Szenario zu erwarten: Anfahrt für alle per KFZ bis Morrum Parking Area - Tagesbesucher vertreiben sich den Tag und fahren wieder zurück, Besucher des Overnight Trail Systems starten Ihre Wanderung (wahrscheinlich) im Uhrzeigersinn, Gipfelaspiranten marschieren vom Parkplatz sofort südwärts zum New Shira Camp 1 am parallel verlaufenden Lemosho-Trail (ca. 5 km). Die Frage, ob dafür der westl. Teil des Overnight Trail Systems - das wäre eine Benutzung entgegen dem Uhrzeigersinn - benutzt werden darf oder ein neuer Weg angelegt werden muss, ist Gegenstand der aktuellen Diskussion. Noch eine Variante steht zur Diskussion - Anfahrt zum Morrum Parking Area ausschließlich für Besucher der Low Use Hiking Zone/Non Summit Bound (also Tagesbesucher und Besucher am Overnight Trail System). Das würde bedeuten, dass Gipfelaspiranten ausschließlich den Lemosho Trail benutzen müssen. Der Sinn liegt einfach darin, dass die schmalen Wege am Overnight Trail System (Einbahnsystem!) nicht allzu stark strapaziert werden. Welche Variante(n) sich durchsetzen wird (werden), wird letztendlich im Kräftespiel zwischen KINAPA, TANAPA und Tour Operator entschieden werden - das kann noch Jahre dauern.

Es ist aber noch eine weitere (unwesentliche) Änderung zu erwarten: Da die Auflösung des Lagerplatzes an der Shira Hut geplant ist, wird bei Lemosho- wie Shira-/Londorossi Trail in nächster Zukunft nur mehr das New Shira Camp 2 angesteuert werden können.

Was letztendlich Wirklichkeit werden wird, ist aber rel. nebensächlich - an der Anzahl der Tagesetappen wird sich ebenso nichts ändern wie an der Schönheit des Shira-Plateaus. Jede der angeführten Möglichkeiten schöpft diese voll und ganz aus! Einziger erwähnenswerter Unterschied: Am Lemosho Trail ist die Waldstrecke länger.

Wir informieren Sie aktuell unter www.conrad-stein-verlag.de

Abschließend ist noch zu bemerken, dass die Besteigung des "Schneedoms Afrikas" via Shira-Plateaus zu den teuersten Touren zählt. Der Grund ist die Anfahrt. Es ist weniger die Länge (ca. 70 km ab Moshi, knapp 100 km ab Arusha), es ist vielmehr der schlechte Straßenzustand ab Boma ya Ng´ombe (ca. 50 km bis Londorossi gate), der die Fahrzeuge angreift und das will der Tour Operator abgegolten wissen.

Ein weiterer Nachteil liegt, so paradox es vielleicht klingen mag, in der geringen Steigung der Westseite begründet. Wenn alles klappt, könnten Sie am ersten Tag von Arusha bis zum New Shira Camp 2 (ca. 3.800 m) durchmarschieren, das würde aber einen bewältigten Höhenunterschied von knapp 2.500 m innerhalb eines Tages bedeuten (von Moshi knapp über 3.000 m) - der Höhenkrankheit läuft dabei das Wasser im Munde zusammen. In der Praxis sollte man daher unbedingt einen Ruhetag - meist als Akklimatisierungstag bezeichnet, Adaptierungstag ist treffender - einlegen.

Die Tour Operator beachten dies, es gibt aber unterschiedliche Optionen. Entweder erste Nächtigung außerhalb der NP-Grenze (campsite oder Hotel auf ca. 2000 m, wird meist dann wahrgenommen, wenn die Anfahrt zu viel Zeit verschlungen hat) oder Rasttag am New Shira Camp 1 oder 2 (das kann individuell vereinbart werden).

Letztendlich schlägt uns noch die Größe des Berges ein finanzielles (und auch konditionelles) Schnippchen. Wenn Sie planen über einen der beiden Trails und Western Breach Wall den Kraterrand zu erklimmen und über Mweka-Trail abzusteigen (es gibt keine andere Möglichkeit mehr!), dann sind Sie mindesten 6 Tage unterwegs.

Wer nicht in Extrem-Top-Form ist, also nicht zu den Personen gehört, die täglich bereits vor dem Frühstück einen Dreitausender zu sich nehmen, überlebt diese Gewalt-Tour nicht! Das bedeutet zumindest 1 Adaptationstag und möglicherweise einen weiteren Tag im Krater (8 . Tag), dieses wiederum bedeutet, dass irgendwer Ihre Ausrüstung hinauf schleppen muss (Mehrkosten für Träger für zumindest 2 Tage). Eine Kraterumrundung, Abstieg in denselben usw. ist dabei noch nicht enthalten - in diesem Fall geht noch ein Tag drauf und noch mehr Träger sind vonnöten (Lebensmittel, noch mehr Wasser). Sie sind in diesem Fall auch relativ lang auf hoher Höhe - die Höhenkrankheit kann Sie jederzeit noch erreichen.

Wenn Sie also ein durchschnittlicher Europäer und kein bergefressender Alpenbewohner sind, sollten Sie ein 6-Tagesangebot Shira/Lemosho Route - Western Breach Wall - Mweka-Trail nicht in Betracht ziehen. Abgesehen davon rate ich seit Jahren entschieden von der Tour über den Western Breach Wall ab, aber manche suchen anscheinend den ultimativen Kick um jeden Preis - und das bedeutet im mindesten ca. US$ 1000 aufwärts für diese Begehung! Glauben Sie mir, die 6-Tagestour um US$ 750 ist wirklich nur für die wilden Bergfexe von Relevanz.

# Machame Trail

- Machame Village - Machame Camp - Barranco Camp - Karanga Camp - Barafu Camp - Uhuru Peak via Stella Point
- ca. 48 km
- 6 bzw. 7 Tage (inkl. Abstieg über den Mweka Trail)

Diese ursprünglich ein Dornröschen-Dasein führende Route wurde ab ca. Mitte der 90er-Jahre immer beliebter. Einer der Hauptgründe dafür kann im enormen Ansturm (= Überlastung) auf die Marangu-Route gesehen werden. Dieser war zur Jahrtausendwende nicht mehr zu bewältigen, so wurden die Massen von der Marangu auf die Machame Route umgebucht. Dabei blieb es. Während Juli, August müssen Sie auch hier mit einem ziemlichen Rummel rechnen.

## 1. Tag

- 9 km vom Machame Village (= NP Gate, 1.800 m) bis zum Machame Camp (3.000 m)
- 5 bis 7 Stunden.

Der Trail beginnt mit einer stillgelegten, jetzt ca. 2 m breiten blumengesäumten **Forststraße**, die nicht die enorme Breite der Straße des Marangu Trails aufweist. Oft werden Ihnen Holzsammler und Grasschneider entgegenkommen.

Die Steigung ist gemütlich. Nach einer Stunde endet die Straße und ein **Holzschild** weist auf den Anfang des eigentlichen Trails hin. Die Wegbreite schrumpft auf ca. einen halben Meter, diese Breite soll in Zukunft auch beibehalten werden. Der Wald wird schlagartig finsterer, die ersten **Riesenfarne** erscheinen, blühende Pflanzen sind bis auf hartnäckige Reste (im Januar/Februar blüht hier *Impatiens kilimanjari*) verschwunden. Die erste Hälfte des Weges bietet abwechselnd moderate Anstiege und relativ ebene Strecken durch dunklen hohen Wald, nur selten gestatten kleine Lichtungen einen Blick auf die Sonne.

Der Trail führt über einen **Kamm**, der auf Grund der dichten Bewaldung nicht sofort und immer als solcher erkennbar ist. Je höher man steigt, desto stiller und dunkler wird es. Die dunkelgrünen triefenden **Moospolster** an Bäumen und Ästen nehmen unglaubliche Dimensionen an, im hellen **Flechtenvorhang** glitzern Wassertropfen. Die Steigung ist erträglich.

Nach der obligatorischen Lunchrast auf ungefähr halber Strecke allerdings wird es anstrengend - die folgenden 2 Std. fordern die ganze Kraft und Aufmerksamkeit des Wanderers. Der Steigungsgrad verdoppelt sich annähernd, weit über die 20 % hinaus. Daher treten nun öfter Stellen mit **Erosionsschäden** auf und bilden Hohlwege von bis zu fast 1 m Tiefe (werden sukzessive behoben).

Versuchen Sie trotzdem, Ihren **Gehrhythmus** beizubehalten (☞ Die Trails - Einführung: Geh- und Höhentaktik). Umgestürzte Bäume sind zu überklettern, wasserführende Bäche zu überspringen, riesige freigelegte Wurzeln versperren den Weg, alles ist feucht und rutschig. Tiefhängende Äste peitschen ins Gesicht. Gegen Mittag dürfen Sie den ersten **Regenschauer** erwarten - auch in der kleinen Trockenzeit von Dezember bis Februar. Während der großen Trockenzeit stehen die Chancen, nass zu werden, 50:50. Haben Sie Ihre Regenschutzbekleidung immer griffbereit - diese Regengüsse kommen ohne Vorankündigung: Man hört die ersten Tropfen leise auf das Blätterdach klopfen, und innerhalb von 2 bis 3 Min. stürzen unglaubliche Wassermassen auf den Wanderer. Sie sind zwar nur kurz (eine halbe bis eine Std. während der Trockenzeiten), aber heftig!

Wenn die Bäume niedriger werden (es wird nun auch etwas heller), nähern Sie sich dem Ende dieses Teilstücks, das den **Übergang zur Heide- und Moorzone** ankündigt, der Weg wird wieder etwas ebener. Bis zum Machame Camp sind es nun noch ca. 2 Std. zu gehen. Der Wald wird lichter, man kann bereits den **Kibo** zwischen den Bäumen schimmern sehen (meist versteckt er sich jedoch noch hinter Wolken), die Moospolster verschwinden, **Bart- und Krustenflechten** an den Bäumen bestimmen die Färbung der Gegend - der Gespensterwald wandelt sich in ein sonnendurchflutetes Feenschloss.

Die Lage des großen **Machame Camps** ist phantastisch - es liegt inmitten von hohen, flechten- und moosbewachsenen **Erikazeen-Stangen** und den letzten, verkrüppelten, noch immer bemoosten Vertretern der Regenwaldzone, exakt an der Grenze von Regenwald- und Heide-/Moorlandzone. Von hier hat man morgens und abends schöne Ausblicke auf den **Kibo** (im August und September zeigt er sich länger, manches Mal den ganzen Tag über), auf den schemenhaften **Shira Cone**, schöne Ausblicke bieten sich aber auch auf die mit Erika bewachsenen **Hänge der Westflanke** des Berges und den **Mt. Meru**.

Der Anfang der morgigen Wegstrecke zeichnet sich als schmales helles Band inmitten dieser hellgrün-graublaugrün wabernden Masse deutlich ab. Schade nur, dass es so kalt ist (Nachtfrost!).

## 2. Tag

➲ 10 km vom Machame Camp (3.000 m) bis zum Shira Camp (3.800 m)

⌛ 5 bis 7 Stunden.

Nach dem Frühstück geht es mit behaglicher Steigung (bei einer Bachüberquerung sogar einmal bergab) noch eine Weile weiter durch hohe Erikazeen-Stangen, Flechten und Moose. Bald befindet man sich allerdings auf dem Weg, der am Vortag noch so traulich im Licht der untergehenden Sonne glänzte, **Fels** tritt hin und wieder zutage, und man erkennt deutlich, dass man sich auf einem **sehr steilen Kamm** bewegt. Die Wuchshöhe der Erikazeen-Stangen verringert sich stark. Weit vor sich sieht man die Schulter, die das **Shira-Plateau** - das heutige Ziel - trägt. Vorher gilt es aber, noch einige Taleinschnitte zu durchqueren und weiter bergauf zu steigen. Nach ungefähr einer Stunde Wanderung kann man eigentlich nicht mehr von "Weg" sprechen, es ist mehr ein Steig, einen halben Meter breit, sehr steil, sehr felsig, im oberen Abschnitt sind sogar einige Stellen zu klettern (max. 5 m Höhenunterschied, gefahrlos).

*Schild am Machame Gate*

Die noch immer rechts und links des Weges stehenden **Erikazeen-Stangen dabei als Stützen** zu verwenden, ist **gefährlich**, denn unter dem starken Flechtenbewuchs ist der Unterschied zwischen lebenden und bereits abgestorbenen Bäumen nicht zu erkennen. Außerdem sind auch die lebendigen Pflanzen so schwach im spärlichen Grund verankert, dass man mit dem Bäumchen umfallen kann.

Die ersten großen **Senecien** (*Senecio johnstonii*) tauchen nach etwa 2 Std. Wanderung vereinzelt links, auf der wasserreichen Seite des Kammes, auf. Kurz bevor diese "Gespensterbäume" zum ersten Mal erscheinen, sieht man zurückblickend das helle Band des Weges, den man tags zuvor zurückgelegt hat (der Führer wird Sie darauf hinweisen). Bald danach wird auch der Erikazeen-Wald lichter, der Steig wird, man glaubt es kaum, noch schwieriger, noch steiler, man steigt fast nur mehr durch nackten Fels. Spätestens jetzt ist auch in der kleinen Trockenzeit wieder mit Nebel (und Regen) zu rechnen.

Etwa eine Stunde nach Auftauchen der Senecien muss eine **nackte Felswand** von ungefähr 20 m Höhe überwunden werden. Gehen Sie danach nicht zu übermütig weiter, der Steig schlängelt sich nun an einem 30 bis 40 m tiefen Abgrund

*Steinwüste kurz nach Shira Camp*

zur Linken entlang. Nur noch kniehohes Gestrüpp säumt hin und wieder den Weg, steile Stellen sind kahl, erodiert, ausgetreten und in weiterer Folge ausgewaschen. Als Belohnung für die Qual dieses Aufstiegs sieht man nun die ersten wirklich **großen Bestände von Senecien** im Nebel. Die Hälfte des heutigen Trails ist geschafft, und es wird kalt. Weiter geht es durch Gestrüpp von Strohblumen und niedrigwachsenden Senecien, über nackten Fels bei Nässe und Kälte - ununterbrochen steigend, manchmal fast kletternd. Alles ist feucht und rutschig - Vorsicht! **Schwarzer Sand** und **schwarze Felsen** bis zu Einfamilienhaus-Größe, über die man drüber, drunter, vorbei, rundherum muss, bestimmen den Charakter der Landschaft, farbige Krustenflechten verleihen ihr etwas Kafkaeskes.

Nach ungefähr 5 bis 6 Std. ist der **Rand des Shira-Plateaus** erreicht, der quälende Aufstieg durch diese unheimliche schwarze, absolut stille Landschaft hat ein Ende. Man kann jetzt auch wieder von einem Weg sprechen, der sich die letzte halbe Stunde vergleichsweise eben durch etwas höhere Vegetation - **Lobelien** tauchen auf - über die südlichen Ausläufer des Plateaus in Richtung (Old) **Shira Hut** hinzieht. Auf vielen Landkarten ist der zweite Abschnitt des Trails anhand der Höhenlinien nicht als so steil zu erkennen, lassen Sie sich dadurch nicht beirren.

Über die Risiken dieses Trails wurde bis jetzt noch nichts geschrieben. Mehrere ausgesetzte Stellen in der zweiten Hälfte des Trails zwingen zu größter Aufmerksamkeit - wer 50 m tief in nackten Fels stürzt, überlebt es meist nicht! Vor allem bei Regen ist größte Vorsicht geboten.

(Old) Shira Hut ist eines der phantastischsten Camps am Berg, der Ausblick ist nicht zu beschreiben, leider soll es geschliffen werden. Da den Vorgaben des "GMP ´93" entsprechend die Auflösung der (old) Shira- Hut zu erwarten ist (siehe Kap. Das Trail System am Shira-Plateau ), sind kleinere Änderungen in der Routenführung des Machame-Trails zu erwarten. Der erste Tag (Machame Village bis Machame Camp) bleibt gleich. Am zweiten Tag wird nicht mehr bis zu (old) Shira Hut" marschiert (leider). Die letzten zwei Kilometer des Trails werden umgeleitet zum (noch nicht) neu geschaffenen Machame Camp 2 (südwestlich der (old) Shira Hut im Erikazeen-Gürtel). Von diesem geht es dann weiter am 3. Tag zum Barranco-Camp. Ab dort bleibt alles wieder gleich.

An der Wegbeschreibung als solcher ändert sich prinzipiell nichts, der letzte Teil bleibt geruhsam. Ob der (noch exakt) zu bestimmende Platz für das Machame Camp 2 genauso idyllisch ist wie das "alte" Shira-Camp bleibt allerdings nur zu hoffen.

# 3. Tag

➲ 10 km von (old) Shira Hut (3.800 m) bis zum Barranco Camp (3.900 m)

⌛ 6 Std.

Von der (old) Shira Hut kommend kann man Uhuru Peak auch via Lava Tower, Arrow Glacier Camp und Western Breach Wall ersteigen (siehe Kap. Shira Plateau Trail System).

Es ist auch möglich von (old) Shira Hut bzw. New Shira Camp 2 zum Barranco Camp via Lava Tower und Arrow Glacier Camp zu gehen (Abzweig ca. auf halber Wegstrecke) - ob das sinnvoll ist, müssen Sie selbst bestimmen. Ich kann dazu nur eines sagen: der vertiefte Blick in die absolute Stein- und Eiswüste ist nachhaltig, bereitet einen auch auf den Gipfel- bzw. Kratersturm vor, ist aber ziemlich anstrengend!

Genau betrachtet zählt der erste Teilabschnitt dieses Tages zum Shira-/Lemosho Trail. Erst ab Abzweig zur (aufgelassenen) Moir Hut (ca. 4 km nach (old) Shira Hut) endet dieser. Wir ignorieren ihn und wählen an dieser Kreuzung den rechten Weg, den **Southern Summit Bound**, und gelangen in eine weite **schwarze Sandwüste**, die mit Millionen schwarzer Steinbrocken übersät ist. Ab nun läuft der Trail auch wieder mit einigen Landkarten konform und führt ca. 1 Std. bergab. Bald ist wieder die Übergangszone von **Heide/ Moorland** zur **Steinwüstenzone** erreicht. Es dominieren Strohblumen, Grasbüschel, Blüten. Senecien sind in großer Anzahl in weiter Ferne zu sehen - sobald es der Nebel zulässt.

Der Weg, eigentlich ist es wieder ein Steig, führt weiter bergab. Trotz **vermehrter Vegetation**, von der in erster Linie **riesige Ansammlungen von Senecien** zu nennen sind, verliert sich der **wüstenhafte Charakter** nicht. Es ist die größte Ansammlung dieser merkwürdigen Pflanze, die man bisher gesehen hat.

Insgesamt geht man ca. 2 Std. durch dieses Gelände entlang einer mächtigen, senkrecht in die Höhe ragenden **Wand** in den Farben Schwarz, Rot, Braun und Weiß, bis man Barranco Camp erreicht hat. Es ist wichtig, dass Sie auch bei Gefälle Ihren Atemrhythmus beibehalten (☞ Die Trails - Einführung: Geh- und

Höhentaktik) und bergab nicht ins Laufen kommen. Achten Sie auch darauf, wohin sie Ihren Fuß setzen - alles ist nass und rutschig!

Das **Barranco Camp** ist ein schönes großes Camp am Grund des Barranco Valley am Fuße des Kibo. Um zwei Blechhütten herum, die entfernt werden sollen, befinden sich einige **Höhlen**. Dort wurde gerodet und so Platz für jeweils ein bis zwei Zelte geschaffen. Zwischen den einzelnen Plätzen liegen große Wegstrecken.

Wenn man sich nicht mehr vorwärtsbewegt, spürt man die **eisige Kälte**, die von oben herabsinkt. Direkt vor dem Wanderer streckt sich der mächtige **Barranco** ca. 300 m gen Himmel und endet am Kibo. Im Licht der untergehenden Sonne glänzt und schimmert er in allen Farbschattierungen von mattem Gelb bis kräftigem Rot. Auf der gegenüberliegenden Seite erhebt sich The **"Breakfast"** (Trägerjargon, gemeint ist die Breach Wall, die östliche Schulter des Barranco Valleys), eine nicht ganz so hohe Mauer. Fast senkrecht erscheint sie im Dunkel.

*Kibo vom Barranco Camp*

*Barranco Camp*

Über allem aber thront der **Kibo** mit seinen Gletschern (links ein kleiner Rest des **Penck-Gletschers**, weiter **Heim- und Kersten-Gletscher**). Um 4:00 trübt kein Wölkchen, kein Nebelhauch die klare Luft. Die Lichter des staubigen, heißen und stickigen **Moshi** glitzern von unten herauf, 3.400 m tiefer gelegen und ungefähr 60 km entfernt - ein romantischer Anblick.

## 4. Tag

➲ 6 km vom Barranco Camp (3.900 m) bis zum Karanga Camp (4.250 m)

⌛ 4 bis 5 Stunden.

▷ Üblicherweise wird die Machame-Route als 6-Tage-Route angeboten. Das bedeutet, dass man vom Barranco Camp bis zum Barafu Camp durchmarschiert (mind. 10 Stunden). Um Mitternacht wird vom Barafu Camp aus der Gipfelsturm angetreten und nach der Besteigung bis zum Mweka Camp abwärts marschiert (ca. 15 Std., bei schlechter Witterung können es auch 20 werden). Das bedeutet ca. mind. 20 Std. anstrengendster Wanderung in zwei Tagen mit einer Pause von vielleicht 5 bis 6 Stunden. Wer kein sehr gut trainierter Bergwanderer ist, sollte daher unbedingt zwischen Barranco und Barafu Camp am Karanga Camp nächtigen. Diese Vorgehensweise wirkt auch der Höhenkrankheit etwas entgegen.

▷ Alternative: Wenn sie nicht beabsichtigen, den Gipfel zu erklimmen, sondern sofort über den **Mweka Trail** absteigen wollen, können Sie bis zum Mweka Camp durchmarschieren (Gesamtstreckenlänge ca. 12 km, 6 bis 7 Std.).

Brechen Sie so früh wie möglich auf, und bewegen Sie sich, immer dem Führer folgend, in Richtung **"Breakfast"**. Einige Minuten, nachdem Sie einen großen Felsüberhang (Ersatzcamp) passiert haben, ist der Einstieg zum "Breakfast" erreicht. Die Ersteigung desselben ist kein Honiglecken. Es trifft auf diese Wand dasselbe zu wie auf die Western Breach Wall (☞ Shira Trail), in bezug auf Steigung, Schwierigkeitsgrad und Gefährlichkeit ist sie dieser ebenbürtig. "Breakfast" ist allerdings nicht annähernd so hoch, nach 1 bis 1½ Std. ist es geschafft.

Oben angekommen, blickt man von einem **winzigen Plateau** dem **Kibo** ins Angesicht (noch sind die Nebel weiter unten), schaut man nach rechts, sieht man den weiteren Weg in der Sonne glänzen. Es geht nun wieder eine Weile auf einem steilen Erdweg bergab, zwischen Mooren, Grasbüscheln und Papierblumen hindurch. Eine knappe halbe Stunde nach "Breakfast" ist wieder ein **Bächlein** zu überqueren (ganzjährig wasserführend, Trinkwasser!).

Der weitere Weg ist schnell beschrieben: bergauf, bergab, Bächlein (oft ausgetrocknet) überqueren, bergauf, bergab, Bächlein überqueren usw. Schotter, Sand, gelbe Grasbüschel, Papierblumen, Kilimanjaro-Edelweiß in kleinen Gruppen, Steinbrocken von Kindskopfgröße, das geht ca. 3 Std. so weiter.

Den Kibo immer zur Linken, beträgt die Sichtweite allerdings nur zwischen 10 und 200 m. Der Nebel hat uns längst eingeholt, es ist kalt und feucht. Wenn Sturm (es gibt hier keine Winde mehr) aufkommt, wird es unerträglich. Während der Trockenzeit regnet es oft, während der Regenzeit schneit es oft; Hagel kann immer auf den Wanderer niederprasseln. Dieser Abschnitt ist nicht übermäßig anstrengend oder abwechslungsreich, aber nachdem, was man an Naturphänomenen und Anstrengungen hinter sich hat, erholsam für Geist und Muskeln.

Plötzlich blickt man in ein riesiges Tal - das **Karanga Valley**. Der Abstieg ist sehr steil, dementsprechend schnell ist man am ganzjährig wasserführenden **Karanga River** (ein Bächlein) angekommen. Dieser Platz wird gewöhnlich als **Raststelle** zwischen Barranco und Barafu Camp benutzt.

Der Weg zum Barafu Camp ist lang, kalt und anstrengend. Für den Gipfelsturm sollten Sie noch heute gegen 23:00 aufstehen und sofort losmarschieren - es wird wieder kalt, weit, lang und sehr anstrengend werden. Ich rate jedem, der den Gipfelsturm via Barafu Camp vorhat, hier zu übernachten.

Das **Karanga Camp** liegt vis-à-vis der soeben hinabgestiegenen Talschulter und ca. 200 m höher als die Talsohle. Der Anmarsch zur Toilettenanlage an der Talsohle dauert ungefähr eine halbe Std.. Die **Südflanke des Kibo** ist immer zu sehen, durch das Tal blickt man in die Ebene. Dieses Camp hat, was seine Lage und Kleinheit betrifft, etwas Archaisches an sich.

## 5. Tag

➲ 7 km vom Karanga Camp (4.250 m) bis zum Barafu Camp (4.600 m)

⌛ 6 Std.

Es geht sofort steil bergauf, die Vegetation wird immer spärlicher. Am oberen Ende der Talschulter befindet man sich wieder auf schwarzem Grund, vereinzelte kleine Grasbüschel und kleine Flecken von Papierblumen zaubern kleine

*Karanga Camp*

*Wetterscheide kurz vor Barafu-Camp*

*Blick in das Karanga Valley*

Farbtupfer darauf. Wasser gibt es hier nicht mehr. Trotzdem verläuft der Weg wie vorher geschildert: bergauf, bergab, Bachbett überqueren (in der Trockenzeit immer wasserlos), bergauf, bergab usw. Für dieses graue Einerlei wird man durch grandiose Ausblicke in die **Ebene um Moshi**, auf die **Pare-Berge,** den **Mt. Meru** und den **Kibo** großzügig entschädigt. Ein umwerfendes Panorama!

Nach ca. 1½ bis 2 Std. ist eine **Raststelle** und **wichtige Kreuzung** erreicht, man blickt in ein **breites Tal**. Egal, ob Sie nun zum Mweka Camp oder zum Barafu Camp wollen, zuerst müssen Sie in das Ihnen zu Füßen liegende breite Tal absteigen und auf der gegenüberliegenden Seite wieder steil hinauf, dann geht es - hinunter oder hinauf - immer den Grat entlang. Das helle Band am Grunde des Tales ist leider kein Weg, sondern ein ausgetrocknetes Bachbett.

Wir gehen **links hinauf** - haben somit den Southern Summit Bound verlassen und befinden uns am obersten Teil der Mweka Route - und sehen nach ca. 20 Min. weit im Osten zum ersten Mal den **Mawenzi**. Der Weg behält seine moderate Steigung bei, der Untergrund bleibt fest und hart. Lästig sind in dieser grauen Steinwüste lediglich der ewige Sturm und die Kälte.

Nach kurzer Zeit erblickt man ein phänomenales Naturschauspiel: Links oberhalb vor Ihnen befindet sich ein mächtiger **Abbruch**, eine scharfe Kante riesigen Ausmaßes, die **West-Ost-Wetterscheide**. Man kann genau verfolgen, wie vom Westen riesige Wolkentürme herangetrieben werden, an diese Kante stoßen und - umdrehen. Lediglich einige kleine Schäfchenwolken, die sich bald im strahlend blauen Himmel auflösen, schaffen den Übergang. Bald darauf ändert die Umgebung ihren Charakter, es sind nicht mehr grobe Steinbrocken, sondern **flache Platten,** die den Weg säumen (viele davon tragen gravierte Inschriften - muss das sein?).

Nach einer weiteren halben Stunde versperrt ein schräg-querlaufender **Lavarücken** dem Wanderer den Weg. Man kann ihn auf gerader Linie überqueren (steiler, schottriger und anstrengender schneller Weg) oder auf der linken Seite umrunden (ca. 2/3 des Weges moderate Steigung wie bisher, das letzte Drittel steil, ein Umweg von vielleicht 0,5 km. Sollte es wider Erwarten doch regnen, dann unbedingt diesen Weg wählen). Nach einer weiteren halben Stunde ist das **Barafu Camp** erreicht. **Steinwüste** pur! Einer Krone gleich glänzt der **Mawenzi** im Licht des Sonnenunterganges vom Osten herüber. Der Sturm zerrt an den Zelten, die Toilettenanlagen stehen über einem unheimlichen **Abgrund**, weit und breit ist nichts Lebendiges zu sehen - Steine, soweit das Auge reicht. Der Anblick des Kibo ist jedoch nicht besonders aufregend. Gehen Sie früh zu Bett, zwischen 23:00 und 24:00 beginnt der Gipfelsturm.

## 6. Tag

➲ 6 km vom Barafu Camp (4.600 m) bis Uhuru Peak (5.895 m)

⌛ 6 bis 7 Std.

✋ Aufbruch ist gegen Mitternacht in die Finsternis hinein. Nehmen Sie unbedingt Reservebatterien für die Lampen mit! Beachten Sie außerdem, dass die modernen Mini-Lite-Lampen viel zu wenig Licht geben!

Wie am Nachmittag führt der Weg über eine unendlich erscheinende **Geröllhalde**, Schotter und Sand als Untergrund sind jetzt knallhart gefroren, auf dem Rückweg staubig und lose. Dieser Aufstieg ist wesentlich steiler und anstrengender als der von der Kibo-Hütte, da er in ziemlich gerader Linie und nicht in - Serpentinen aufwärts führt. Man kann davon ausgehen, dass ca. 90% des Anstiegs bis zum Kraterrand sehr steil auf hartem Untergrund zu gehen sind, der Rest führt noch steiler durch Felsgewirr und ist wieder härteste Steigarbeit.

Langsam gehen/steigen, ruhig atmen, keine unnötigen Bewegungen. Nach ca. 5 Std. erscheint links in der Dämmerung der **Rebmann-Gletscher** und **Stella Point** am Kraterrand ist bald erreicht.

Das Panorama vom **Kraterrand** raubt einem den letzten Rest Atem: **Moshi**, **Mawenzi** und **Mt. Meru**, die **Massai-Steppe**, die gesamte **Ost-** und **Südflanke**, die **Pare-Berge** - nur Kälte und Sturm zwingen zum Weitergehen.

Zum vergleichsweise enttäuschenden **Uhuru Peak** geht man noch ca, eine Stunde. Stella Point ist benannt nach Estella Latham, die gemeinsam mit ihrem Mann Kingsley Latham am 13.7.1925 hier den Kraterrand erreichten

Beschreibung des Kraterrandes ☞ Marangu Trail.

Der Abstieg erfolgt über denselben Weg bis zum Mweka Camp (Uhuru Peak - Mweka Camp ca. 13 km, 4 - 5 Std.), hier wird genächtigt, am nächsten/letzten Tag weiter bis Mweka Village (6 km, 3 - 4 Std., siehe Mweka Trail).

Ein Abstieg über die Marangu Route (Uhuru Peak - Horombo Hut - Marangu HQ) ist (leider) nicht mehr gestattet.

*Der Beginn des Umbwe Trails*

# Umbwe Trail

Umbwe Village - Umbwe Camp - Barranco Camp. Weiter über **Barafu Camp** (☞ Machame Trail) oder über **Arrow Glacier Camp** (für diejenigen, die das Außergewöhnliche suchen, ☞ Shira Trail) zum **Uhuru Peak**.

10 km

5 Tage absolutes Minimum, 6 Tage vertretbares Minimum (inkl. Abstieg über die Mweka Route)

Da die Marangu-Route ziemlich überlaufen ist und man auf der Machame-Route auch nicht alleine ist, viele Touristen aber genau diese Einsamkeit suchen, bieten pfiffige Tour Operator die Umbwe-Route in 5 Tagen/4 Nächten zum Sonderpreis von US$ 600 - 650 an. Diese billigste und auch schöne Möglichkeit, zum Uhuru-Peak zu gelangen, ist aber nur wirklich sehr gut trainierten Bergwanderern anzuraten: Umbwe gate - Umbwe Camp - Barranco Camp - Arrow Glacier Camp - Uhuru Peak via Western Breach Wall und weiter bis Mweka Camp -

*Umbwe Camp*

Mweka gate. Bereits der Trail an den beiden ersten Tagen ist sehr steil und daher ermüdend und am dritten Tag haben Sie eine mind. 15-stündige Wanderung vor sich (wobei Sie vom Lava Tower Camp bis Uhuru Peak mehr als 1000 Höhenmeter überwinden müssen). Aber abgesehen von der körperlichen Anstrengung, sind Sie bei einem solch rapiden Aufstieg ein gutes Opfer für die Höhenkrankheit. Wenn Sie diese Variante durchführen, dann zumindest einen Akklimatisations-/ Adaptionstag am Barranco Camp einlegen.

## 1. Tag

➲ 5 km vom Umbwe Village (1.800 m) bis zum Umbwe Camp (2.800 m)

⌛ 5 bis 6 Std.

Auch dieser Trail beginnt mit einer stillgelegten **Forststraße**. Im Gegensatz allerdings zu allen anderen Trails umgibt **dichter Wald** den Wanderer vom Gate an, und von Anfang an ist dieser Trail sehr steil. Schon an der NP-Grenze empfangen uns die ersten **Baumfarne**. Die Luftfeuchtigkeit steigt schlagartig auf ein Maximum an, die Feuchtigkeit des Bodens ebenfalls. Der Untergrund besteht aus festem Lehm, der manchmal grasbewachsen und unter Blattwerk versteckt, immer aber **rutschig** ist. Die Wegbreite nimmt nur langsam ab, was sich durch den enormen Betrieb erklärt, der hier herrscht: Frauen und Kinder, die (illegal) Brennholz sammeln und schlagen und Gras schneiden, werden Ihnen in der ersten Stunde dauernd entgegenkommen

Nach ca. 1 bis 1 ½ Std. endet die Straße und ein **verwittertes Schild "Umbwe route"** weist nach links. Meist wird hier eine kleine Rast eingelegt. Wenn sich der Führer langsam erhebt und "Let's do it" murmelt, beginnt der Kampf mit dem Berg. Der Weg schrumpft sofort auf Schulterbreite zusammen, der Wald steht dicht wie eine Mauer, Sichtweite ca. 1,5 m.

Langsam beginnt sich der Steigungsgrad zu erhöhen und nähert sich bald einem schrecklichen Ausmaß. Größe und Mächtigkeit der **Moospolster** auf Bäumen und Boden sind nicht mehr zu übertreffen, sie bestimmen die Farbe der Umgebung zur Gänze, grüne Blätter bilden nur das Dach. Dass der Weg einen schmalen steilen Grat entlang führt, nimmt man im ersten Moment durch die dichte Bewaldung gar nicht so richtig wahr.

Man hört das Gurgeln eines klaren Quellbächleins, denkt noch an seine Wasservorräte und ihr Gewicht, das auf die Schultern drückt, und steht plötzlich im Regen. Das Quellbächlein entpuppt sich als die ersten Tropfen, die das Blätterdach trafen. Regen auf diesem Trail (der auch in der Trockenzeit täglich zu erwarten ist) kann furchtbar sein: Der Untergrund verwandelt sich sofort in Schlamm und Matsch, man bewegt sich wie auf einer Eisbahn, und es wird schlagartig finster (bisher war es dunkel).

☞ Ohne wasserdichte Schuhe und Regenschutz sollten Sie nach dem ersten Regen umkehren, denn die Sachen werden nie wieder trocken.

Die Stille ist absolut. Nicht einmal auf den spärlich vorhandenen Lichtungen tummeln sich Insekten oder Vögel. Auf einer dieser Lichtungen wird die übliche Lunchrast gehalten, kurz bevor die Hälfte des Weges erreicht ist. Danach wird der Weg noch steiler und schwieriger. Man erkennt nun klar und deutlich, dass man auf einem **messerscharfen Grat** wandert, rechts und links stürzen die Wände unüberblickbar weit - die grüne Wand reduziert die Sicht bis auf 2 m - hinab. Lediglich an drei oder vier Stellen hat man einen freien Ausblick. Nun beginnt der Weg, eigentlich schon ein Steig, zusehends zu verwildern. Die Anzahl von gefallenen Bäumen pro hundert Meter nimmt rasant zu, und jeder, der überwunden werden muss, stellt eine potentielle Gefahr dar.

Die Steigung wird unerträglich, einige Kletterstellen und statt Fels ein nasses Gemisch aus Erdreich, Steinen und Wurzeln müssen überwunden werden. Schmutz bedeckt schon seit einiger Zeit Kleidung, Hände und Gesicht, die Schuhe sind Lehmklumpen. Doch jedes Mal, wenn eine der ungezählten Schlüsselstellen überwunden ist und man sich kurz umblickt, freut man sich, dass man das sehen darf.

Es herrscht fast Totenstille in diesem Wald, alt, mächtig und weise wirkt er. Pflanzen, Steine und Erdreich gestalten sich zu mystischen Tempeln - mit ziemlich steilen Stiegenhäusern.

Seit dem *road head* sind ca. 2 Std. vergangen, und die Qual nimmt kein Ende, es sind noch ca. 2 bis 3 Std. zu gehen, besser gesagt - zu steigen. Der Steigungsgrad vergrößert sich auf dem letzten Drittel des Weges noch ein wenig. Das Naturwunder aber nimmt kein Ende, nun beginnen sich **Flechten** ins Bild zu drängen, meterlange **Bartflechten** in erster Linie. Kurz vor Ende des Wandertages wird der Wald etwas lichter. Die Gratstruktur ist nun deutlich erkennbar, man sieht stellenweise, dass es auf beiden Seiten fast senkrecht bergab geht. Sichtweite ca. 50 m, darunter? - Eine grüne Wand. Zur Linken tun sich hin und wieder "Fenster" auf, der parallel liegende Grat winkt zu uns herüber.

Eines der größten Wunder des heutigen Tages jedoch ist die Tatsache, dass auch er ein Ende hat, dass man auch die letzten Meter des letzten Drittels hinter sich gebracht hat. Dies kündigt sich durch Rauch des Lagerfeuers im Camp an - heißer Tee wartet, vitamin- und kalorienreiche Kost, ein Zelt, eine Matratze. Es sind nur noch ca. 10 bis 15 Min. bis dorthin.

**Umbwe Camp** liegt noch inmitten der **Regenwaldzone**, die hier am breitesten ist. Ein großer und zwei kleinere Überhänge schützen ca. 20 bis 25 Träger/Führer vor Regen. Für Touristen gibt es **vier Zeltplätze**, mehr sind nicht notwendig, denn nur sehr wenige Menschen kommen hier vorbei. Die Sichtweite beträgt noch immer nicht mehr als ca. 30 m.

☺ Ein Extra-Tipp für Fotografen: Die untergehende Sonne zaubert phantastische Farbspiele in den Wald, verlieren Sie keine Zeit, in einer halben Minute ist es wieder vorbei.

## 2. Tag

➲ 5 km vom Umbwe Camp (2.800 m) bis zum Barranco Camp (3.900 m)

⌛ 5 Std.

Es geht noch ca. eine halbe Stunde so steil wie tags zuvor durch Regenwald.

☝ Stellenweise müssen eisüberzogene Wurzelstöcke mit bis zu 10 m Höhe überklettert werden. Vorsicht: Extrem gefährlich!

Bald erreicht man die **Übergangszone zum Heide- und Moorland**. Kurz darauf bewegt man sich nur noch zwischen flechten- und moosüberzogenen **Erikazeen-Stangen**, Flechten oben (mehr Licht), Moose unten. Nur an Stellen, wo die Morgensonne den Boden schon erreicht, sind auch am unteren Ende der Stangen Flechten zu sehen. Trotzdem ist aber auch dieser Wald dunkel und gespenstisch,

*Im Moor des Umbwe Trails*

nicht so lichtdurchflutet wie auf dem Mweka Trail, nicht so lieblich wie auf dem Marangu Trail.

Die letzten Vertreter der Regenwaldbäume modern am Boden dahin, noch immer holen riesige **Moospolster** Nährstoffe aus ihnen heraus. Stürme holzten erbarmungslos die Erika ab, kreuz und quer liegen die Stangen herum - ein Bild der Verwüstung.

Der Weg ist jetzt nicht mehr so steil, etwas breiter als am Vortag, gleicht allerdings an einigen wenigen Stellen schon einem **Hohlweg**. Nach kurzer Zeit ist zum ersten Mal der Kibo zu sehen. Er könnte uns bis zum Barranco Camp den Weg weisen, wird sich aber bald hinter Wolken verstecken. Da wir uns noch immer auf dem Grat bewegen, sind die Ausblicke atemberaubend: Die Erikagewächse werden immer niedriger, so sieht man die **Ebenen am Fuße des Mt. Kilimanjaro**. Lassen Sie sich nicht zu stark ablenken - rechts und links des Weges geht es einige hundert Meter fast senkrecht hinunter. Nach insgesamt 1 Std. Wanderung beginnt der Weg wieder extrem steil bergan zu steigen. Mit dem gemütlichen Gehen ist es vorbei, es muss wieder kraftvoll gestiegen werden. Man glaubt es kaum, aber gegenüber dem Vortag ist tatsächlich noch eine Steigerung möglich.

Falls Sie sich an die Stangen klammern wollen - sie sind hier biegsam wie Gummibänder und sehr lose im Boden verankert. Einige Stellen (5 bis 25 m hoch) weisen Kletterqualität auf, die Erikagewächse verkürzen sich auf Mannshöhe, die unheimliche Steigung nimmt kein Ende.

Etwa 2 Std. quält man sich hier durch, dann erscheint ziemlich abrupt und ohne eigentlichen Übergang eine **große Lichtung** mit kniehoher Vegetation, Erikazeen-Stämmchen stehen vereinzelt dazwischen. Dieses **Moor** ist schnell durchquert.

Lassen Sie sich vom vergleichsweise gemütlichen Anstieg auf der anderen Seite nicht täuschen, er ist nur ein kurzes Vergnügen. Dafür wird der Wanderer mit dem Anblick der ersten **Senecien** (*Senecio kilimanjari*) belohnt. Sie werden im Laufe der Zeit immer mehr, und man wähnt sich in einem **Senecien-Wald**, es sind die größten Ansammlungen, die man entlang eines offiziellen Trails zu Gesicht bekommt, Strohblumen, Grasbüschel und die letzten Erikagewächse in Strauchform bilden den Rest der Vegetation.

Obwohl es noch immer sehr steil bergauf geht, ist es ein sehr schöner, außergewöhnlicher Flecken Erde. Man kommt in diesem Wald gegen Mittag an und hält die obligatorische Lunchpause.

Danach geht es etwas weniger steil weiter (aber nicht zu verwechseln mit gemütlich, es ist noch immer steil genug), die ersten **Lobelien** fühlen sich hier wohl und verdrängen die Senecien. Die Vegetation wird niedriger, struppiger, windzerzauster.

Durch diese Landschaft und mit dieser Steigung wandert man noch ca. 2 Std. weiter bis zum Barranco Camp. Sieht man das **Hinweisschild "Barranco Camp"**, hat man es überstanden. Nach ca. 10 bis 30 Min. (je nach Zeltplatz) kann man auf seine Matratze sinken (vorher Kleidung ablegen).

Dieser 2. Tag ist außergewöhnlich in bezug auf die Anstrengungen, die er Ihnen abverlangt, bietet aber auch außergewöhnliche Entschädigung in Form von riech- (schnuppern Sie bewusst nach dem obligatorischen Regenguss - die Heide riecht phantastisch) und sichtbaren Genüssen.

Beschreibung des Camps und weiter ☞ Machame Trail.

# Mweka Trail

- Uhuru Peak - Barafu Camp - Mweka Camp - Mweka Village
- 19 km
- 2 Tage

## 1. Tag

- 13 km vom Uhuru Peak (5.895 m) bis zum Mweka Camp (3.000 m)
- 5 Std.
- 14 km vom Barranco Camp (3.900 m) bis zum Mweka Camp (3.000 m)
- 7 bis 8 Std.
- 8 km vom Karanga Camp (4.250 m) bis zum Mweka Camp
- 3 bis 4 Std.
- 13 km vom Karanga Camp bis zum Mweka Village (1.800 m)
- 5 bis 6 Std.

Der Weg vom Uhuru Peak über Barafu Camp bis zur Kreuzung des Southern Summit Bounds mit dem Mweka Trail ist identisch mit dem Anstieg ab dieser

Kreuzung, wenn sie vom Shira, Umbwe oder Machame Trail kommen. Nur das Tal, das Sie beim Bergaufgehen bei dieser Kreuzung queren mussten, brauchen Sie nun nicht mehr zu durchqueren, da Sie direkt auf dem Kamm herunterkommen (☞ Machame Trail).

Auf diesem 1965 eröffneten Trail geht alles sehr schnell voran: Schon ungefähr eine halbe Std. nach der Kreuzung (steil bergab) weisen die **Erikagewächse** eine Wuchshöhe von 3 m auf. Bemerkenswert sind riesige, orangerote **Flechtennetze**, die in solchen Mengen nirgends sonst am Mt. Kilimanjaro vorkommen. Die Vegetation wird grüner, dichter, höher und freundlicher. Der Weg ist steinig und holprig und stark ausgetreten. Der Untergrund besteht nun hin und wieder aus Erdreich.

Bald wird der Weg schwierig - immer steiler und steiler, immer tiefer und tiefer, nur der Ausblick auf die Landschaft entschädigt für die Strapazen des Weges. Etwa 1 ½ Std. nach der Kreuzung tauchen die ersten großen Ansammlungen von ***Protea kilimandscharica*** (ein Silberbaum- oder Proteusgewächs) mit ihren monströsen weißen Blüten auf. Auch wenn der Weg schwierig ist, nehmen Sie sich trotzdem hin und wieder die Zeit, sich umzublicken und zurückzuschauen - es lohnt sich! Wie auf allen südlich gelegenen Trails bewegt man sich auch hier wieder auf einem **Grat**. Vorsicht - die Ostseite fällt stellenweise fast senkrecht ab!

**Mweka Camp** ist auf Grund des starken Gefälles bald erreicht. Außer dass die Toilettenanlagen neu und in Ordnung sind, der **Kibo** am Abend und am Morgen milde herablächelt - **Rebman-, Decken-, Kersten-** und **Heim-Gletscher** blitzen in der Sonne - lässt sich über dieses Camp nicht viel sagen, nach allem, was man bis jetzt gesehen hat. Es liegt versteckt im **Erikazeen-Wald**, das Zentrum bilden **zwei Blechhütten** auf großer abgeholzter Fläche. Alle Menschen sind fröhlich - das Ende ist nah.

## 2. Tag

➲ 6 km vom Mweka Camp (3.000 m) bis zum Mweka Village (1.800 m)

⌛ 3 bis 4 Stunden.

Gäbe es eine vierte Steigerungsstufe von "lieblich", sie müsste "Mweka Trail, 2. Tag" heißen. Sofort nach Verlassen des Camps taucht man in einen sehr hellen, lichten **Erikazeen-Wald** ein, riesige Grasbüschel säumen den Weg und gedeihen zwischen den Stangen und Stecken. Die orangeroten Flechten haben wir hinter uns gelassen, dafür empfangen uns nun hellgrüne **Bartflechten**, die hin und wieder bläulich schimmern. Die Anzahl der Büsche mit den riesigen weißen Blüten nimmt ab.

Das Gefälle des Mweka Trails ist nicht amtlich vermessen, es existieren keine Zahlen. Meiner Schätzung nach bewegt es sich weit oberhalb der 20%, Mweka Trail ist der **steilste Trail** des Mt. Kilimanjaro. Ein Wanderweg mit erdigem Grund, und mit einem solchen haben wir es hier zu tun, kann aber nur bis zu einer Steigung von 16% durch Drainagierung und Befestigung auf Dauer sinnvoll gepflegt werden - das ist hier nicht mehr möglich. Laut *General Management Plan* der TANAPA vom Mai 1993 soll der gesamte Mweka Trail erneuert werden. KINAPA unternahm und unternimmt auch enorme Anstrengungen den Weg zu rehabilitieren - Abflussrinnen, Stufungen, Befestigungen, Verlegungen usw. usf. Es wird laufend daran gearbeitet und wahrscheinlich ist in nicht allzu ferner Zukunft auch dieser Trail wieder durchgehend einwandfrei in Ordnung.

Wir marschieren weiter über **kopfgroße Steinbrocken**, weichen ihnen aus, übersehen einen, stolpern weiter und erreichen in etwa einer Stunde den Regenwald. Dieser sehr steile Teil des Mt. Kilimanjaro wurde auch in der Vergangenheit nie besonders extensiv zur Bau- und Brennholznutzung herangezogen. Im oberen Teil dösen **riesige uralte Bäume**, die höchsten und mächtigsten aller Trails, vor sich hin, **Baumfarne** werden bis zu ca. 12 m hoch, nehmen sich aber neben diesen Giganten wie großgewachsene Zwerge aus.

Das Dunkel ist eine Wohltat nach dem grellen Sonnenschein in der Heidelandzone (Moore wird man auf diesem Trail nicht zu sehen bekommen). Der untere Teil des Regenwalds wird durchscheinender, lichter und niedriger, es dominiert das Buschwerk, dazwischen stehen immer wieder hölzerne Giganten.

Der Weg ist ausgetreten und ausgewaschen, auch hier finden/fanden sich viele Hohlwegstellen. Die Feuchtigkeit der Bäume schlägt sich auch an regenlosen Tagen im Erdreich nieder - alles ist rutschig und glatt.

Nach ca. 2 bis 3 Std. Wanderung auf steilen Pfaden erreicht man den ***road head*** der üblichen stillgelegten Forststraße. Meist wird hier eine kleine Lunchrast gehalten. Von hier bis zum Gate nimmt das Gefälle zivilisierte Formen an. Man wandert durch hohes Buschwerk, die zuvor beschriebenen Baumriesen sind importierten Eukalyptusbäumen und Pinien gewichen, hin und wieder passieren wir einen Baumfarn. Gemütlich. Nach ca. 1 Std. ist das **Mweka Gate** erreicht. Der diensthabende Ranger kontrolliert Ihr *permit* und überreicht Ihnen das bürokratische Buch. Wenn Sie sich noch etwas Humor bewahrt haben, lesen Sie die Eintragungen in der Spalte "Kommentar" - viele haben noch mehr gelitten als Ihre Begleiter. Bier- und Souvenirverkauf polstern das Gehalt des Rangers etwas auf. Der Weg hat sein Ende leider noch nicht erreicht.

Denn das Fahrzeug, das Sie abholen soll, kann nur bis ins Zentrum der Ortschaft Mweka vordringen - so kommen noch ca. 2 km auf staubiger Piste hinzu (allerdings wird auch diese Straße erneuert werden). Falls es sich nicht um ein sehr gutes Fahrzeug handelt oder es gerade geregnet hat, kommt das Auto überhaupt nur bis zum Mweka Wildlife College durch - jetzt sind noch einmal ca. 4 bis 5 km ebenfalls auf trockener Piste zu wandern (man versinkt hier bis zu den Knöcheln in feinstem, staubähnlichem Sand).

Der Weg führt ab dem Gate durch extensiv **landwirtschaftlich genutztes Gebiet** (Bananen, Mais, Kaffee). Hier kennt sich der Führer auch theoretisch besser aus: Er kann viel zu den einzelnen Pflanzen sagen, da er selbst aus der Landwirtschaft kommt und der Führer-Job nur Nebenerwerb ist.

Im Extremfall haben Sie eine Strecke von 14 km und einen Höhenunterschied von ca. 4.300 m an einem Tag zu bewältigen. Es kann aber auch geschehen, dass das Fahrzeug aus den verschiedensten Gründen (Unfall, Vergessen, Reparatur o.ä.) überhaupt nicht kommt, in Absprache mit dem Führer können Sie dann beim Wildlife College ein Fahrzeug mieten, das Sie nach Moshi bringt (das Telefon ist meist *out of order*), Kosten: ca. US$ 30. Von **Moshi** geht es dann per Bus nach **Arusha oder Marangu** weiter (US$ 1 bis 1,50/Person, Führer und Träger haben kein Geld mit). Ein korrekt arbeitender Tour Operator wird Ihnen die Kosten ersetzen (Wildlife College - Marangu ca. US$ 50).

# Marangu Trail

🚶 Marangu-HQ - Mandara Hut - Horombo Hut - Kibo Hut - Uhuru Peak via Gilman's Point - Horombo Hut - Marangu-HQ

➲ 80 km

⌛ 5 Tage (die TANAPA will aber in Zukunft 6 obligatorische Tage "verkaufen", aus Gründen der besseren Adaptation)

Seit offizieller Öffnung des Parks für die Allgemeinheit (1977) haben ca. 300.000 Touristen den Kilimanjaro besucht, dazu gesellen sich noch ca. 15.000 Guides und ca. 500.000 Träger. Rechnen wir noch die Wanderer hinzu, die in keiner Statistik erscheinen (alle vor 1977 sowie Ranger) so benutzten bis heute, vorsichtig gerechnet, knapp 1 Million Menschen das Wegesystem des Berges.

Rund 90% davon trieben sich auf der bequemsten Anmarschroute zum Gipfel herum - dem Marangu-Trail. Aus diesem Grund wird dieser Trail im Trägermunde auch "Tourist-Trail" oder "Coca-Cola-Trail" genannt. Die am stärksten frequentierten Monate sind dabei Juli, August, Dezember (2. Hälfte), Januar und Februar (1. Hälfte).

Der Marangu-Trail hat diesen Ansturm nicht ausgehalten; der Beweis dafür war der desaströse Zustand des Trails, wie er bis 2000 bewandert werden durfte (Foto ☞ S. 109).

Ursachen für den katastrophalen Zustand waren eine von vornherein nicht sachgerechte Anlegung des Weges (keine Drainagierung, mehrere Stellen zu steil) sowie mangelnde Pflegemaßnahmen. Im "Kilimanjaro General Management Plan" (TANAPA 1993) wurde daher beschlossen, den Marangu-Trail in internationaler Zusammenarbeit soweit wie möglich zu sanieren bzw. neu und fachgerecht anzulegen. Diese Arbeiten wurden 2001 abgeschlossen.

Der Weg der ersten Tagesetappe ist durchgehend neu angelegt, befindet sich in einem phantastischen Zustand und weist eine Breite von etwa 1,50 m auf. Diese Breite ergibt sich aus der Tatsache, dass am Marangu-Trail hinauf und hinunter gegangen wird, also Platz für zwei Personen nebeneinander benötigt wird.

Die alte Forststraße vom HQ bis ca. halbe Wegstrecke zur Mandara Hütte bleibt weiterhin in Verwendung - für Trägerkolonnen, Wartungs- und Rettungsfahrzeuge, natürlich dürfen sie auch Touristen benutzen.

Da größere Steigungen als 16% in diesem Trail-Abschnitt auf Grund der Gegebenheiten (Niederschlagsmenge, Untergrundbeschaffenheit usw.) nicht mehr sinnvoll gewartet werden können, wurde der neue Trail auch mit diesem max. Steigungsgrad angelegt. In der Moor-Heide-Zone (2. Tag) hat sich herausgestellt, dass auf Grund des anders gearteten Untergrundes Steigungen bis 20% tolerabel sind.

Damit der gute Zustand erhalten bleibt, wurde eine 7-köpfige Trail-Crew ins Leben gerufen, die permanent Wartungsarbeiten durchführt. Zu ihren Aufgaben zählt beispielsweise auch das Einsammeln und Abtransportieren von Abfall -

während der Saison bis zu 10.000 l/Tag - z.B. Fäkalien, Toilettenpapier, Verpackungsmaterial, Kippen, Nahrungsmittel. Wenn Sie vor Ärger darüber, dass die Tour so teuer ist, die Verpackung Ihres Schokoriegels ins Gebüsch werfen, sollten sie vielleicht daran denken, dass gerade diese Aktion den hohen Preis bedingt.

Eine weitere Erhaltungs-Maßnahme stellt die zahlenmäßige Limitierung von Wanderern auf dieser Strecke dar. Die KINAPA/TANAPA will erreichen, dass am Marangu-Trail nur mehr max. 78 % der Wanderer gehen, max. jedoch 10.500/Jahr - das entspricht zwar der Statistik, aber sicher nicht der aktuellen Besucherzahl. Unabhängige Schätzungen gehen aktuell von (gesamt!) bis zu 25.000 Touristen im Jahr aus.

Auch die max. Wanderer-Anzahl pro Tag soll hier auf 58 Touristen begrenzt werden. Das könnte zu einem kleinen Hindernis für Individualtouristen, die vor Ort buchen wollen, werden. . Vor allem in der Hauptsaison kann es dann zu Wartezeiten kommen - vorbei die Zeiten von "heute gebucht, morgen gegangen". Entweder weichen sie auf die Nebensaison aus oder planen eine Woche Wartezeit ein (besuchen Sie derweil Sansibar oder die rundum liegenden NPs, es gibt viel schönes zu sehen in Tanzania). Wer die Tour bereits Zuhause bucht (und bezahlt bzw. im Falle einer Direktbuchung bei einem tansanischen Tour Operator zumindest anzahlt) ist davon nicht betroffen. Ihr Reisebüro meldet Sie schon lange vor Ihrer Ankunft an.

Zum Schluss dieser kurzen Einführung möchte ich noch anmerken, dass die Begehung der Marangu-Route trotz aller Unkenrufe ein Naturerlebnis ersten Ranges darstellt. Niemals wieder werden Sie so leicht auf diese Höhe vordringen können, niemals wieder so einfach, durch einen ursprünglichen Regenurwald und eine ebenso ursprüngliche Moor/Heide-Zone streifen wie hier, niemals wieder wird Sie solch ein phantastischer Erikazeen-Wald beschatten - es sei denn, Sie kommen wieder !

## 1. Tag

➲ Ca. 10 km vom Marangu HQ (1.826 m) bis zur Mandara-Hütte (2.700 m)

⌛ ca. 4 Std.

Nachdem alle Formalitäten der Anmeldung erledigt sind, haben die Träger meist noch kleinere Probleme mit dem Gepäck. Ihr Führer wird sich aber noch vor

Beendigung derselben mit Ihnen auf den Weg machen (siehe auch Kap. Die Begehung/Führer/Träger).

Der Beginn des Trails liegt nun neben dem Booking-Office und bereits einige Meter nach dem hektischen Treiben wird ein kleines Flüsschen überquert und der Regenwald empfängt Sie mit all seiner Pracht und Herrlichkeit. Ein geschultes botanisches Auge wird hier noch einige importierte Pflanzen, Bäume vor allem, erkennen. Sie sollen im Laufe der Zeit entfernt werden, stören aber optisch keineswegs. Der Weg führt nun in moderater Steigung (max. 16%) westlich des Flüsschens, ca. 0,5 km von der Forststraße entfernt einen rel. flachen Kamm entlang - tropischer Regenurwald pur! Nach knapp 6 km Wanderung wird eine hölzerne Brücke erreicht. Dieser Punkt kennzeichnet auch das Ende der alten Forststraße. Schätzen Sie sich glücklich, dass Sie erst jetzt - 2002 oder später - hier gehen. Früher hatten die Wanderer erst ab hier den Regenwald in seiner Wahrhaftigkeit betreten können/dürfen. Sie aber wandern nun schon ca. 2 Stunden durch diesen hindurch und werden ihn auch die nächsten 2 Std. nicht verlassen - staunen Sie, fotografieren Sie, Sie haben Zeit genug.

Der weitere Weg führt nun in einem langen "S" um die vor Ihnen erscheinende Hügelkette herum. Früher überquerte man diese Hügeln, weil der Weg aber

*Kibo mit Marangu-Trail-Anstieg*

sehr steil war hat mein einen neuen um die Hügeln herum angelegt. Er ist etwa 50% länger dafür aber auch bei weitem nicht so steil !

Langsam wird nun der Regenwald niedriger, zwischen mit Flechten- und Moos behangenen, uralten Baumriesen mengen sich immer mehr mit noch mehr Flechten bewachsene dünne, niedrigere Erikazeen-Stangen - erste Vorboten der Moor-Heide-Zone. Wenn sich zwischen den Bäumen vereinzelt größere Grasflächen auszubreiten beginnen, ist die Mandara-Hütte nur mehr ca. 1,5 km entfernt. Erst ab hier betritt man wieder den ursprünglichen - jetzt bestens sanierten - Weg. Das Erlebnis wird dadurch in keiner Weise gemindert!

## 2. Tag

➲ 13 km von der Mandara-Hütte (2.700 m) zur Horombo-Hütte (3.720 m)

⌛ 6 Stunden.

Der Trail verläuft z.Z. am **Maundi-Krater** vorbei. Dieser erloschene Nebenvulkan erhebt sich ca. 100 m über den Trail, und es ist genug Zeit, ihn zu besteigen - das gesamte Unternehmen dauert etwa 30 Min. und man hat einen schönen Ausblick über die Hänge des Mt. Kilimanjaro. Der Krater ist vollständig bewachsen.

Die **Kreuzung** kurz nach dem Maundi-Krater (Brücke) ist von der Hütte ca. 1,5 km weit entfernt und bezeichnet den Punkt des Zusammentreffens mit dem ursprünglichen Trail, der stillgelegt wurde. Dieser führt weiter über den **Ona-Hügel** (auch **Check Point** genannt). Vom höchsten Punkt des Ona Hills (**Masheo Point**, ca. 6,5 km von der Mandara-Hütte) geht der Trail kurz bergab, um aber sofort wieder bergauf über den **Kambi-ya-Taabu-Kamm** zu führen

Dieses Teilstück des Weges wies bis vor kurzem extrem steile und auch gefährliche Partien auf, der Ona-Hill-Anstieg beispielsweise eine Steigungen bis zu 45%. Es wurden hier einige neue Wegstücke angelegt, die max. Steigung beträgt nun 20%. Die ersten Senecien-Bestände können ohne Anstrengung bewundert werden.

Sie haben nun die steilsten Partien des 2. Tages hinter sich und gehen in moderater Steigung durch **Erikazeen-Heide** und an zwei Stellen durch leicht **sumpfiges Gelände** weiter bis zur **Horombo-Hütte**. Der Weg wurde gänzlich saniert und es ist ein Traum hier zu wandern. Im Gegensatz zu früher ist jetzt selbst wenn es regnet ein Wandern trockenen Fußes über die Sümpfe möglich!

Die Rehabilitierungsarbeiten waren aufwendig und teuer. Es mussten zig Tonnen Gestein und Erdreich per Hand bewegt werden, doch es machte sich bezahlt. So schön war der Marangu-Trail schon lange nicht mehr. Leisten auch Sie Ihren Beitrag, dass es so bleibt - verzichten Sie auf Abkürzungen, verlassen Sie den Weg nicht, verschmutzen Sie ihn nicht. Danke.

Etwa 45 bis 60 Minuten von der Horombo-Hütte entfernt befinden sich auf dem Upper Trail (☞ 3. Tag) die **Zebra Rocks**. Dies sind bis zu 20 m hohe, schwarze Steilwände, die durch Kalkablagerungen auf großen Flächen weiß gefärbt sind. Ein sehr schöner Anblick.

Nachbemerkung: Ob der Weg weiterhin über den Maundi-Krater führen wird ist fraglich - jedenfalls wird ein Abzweig vorhanden sein. Besprechen Sie das mit Ihrem guide.

## 3. Tag

➲ 11 km von der Horombo-Hütte (3.720 m) bis zur Kibo-Hütte (4.700 m)

⌛ 5 bis 6 Stunden.

☝ Denken Sie daran, vor Verlassen der Hütte Ihre **Wasserflasche zu füllen**, die Qualität der letzten Wasserstellen am Weg (beschildert auf beiden Wegen) lässt zu wünschen übrig.

Von der Horombo-Hütte führen derzeit noch zwei Wege zur Kibo-Hütte - der weniger begangene Upper Trail und der stark frequentierte Lower Trail. Der **Lower Trail** führt noch ein ziemliches Stück durch **niedriges Heideland** und ist sehr stark erodiert (Hohlweg, Geröll, Alternativwege). Noch einige Male werden **Moore** gestreift. Hier nimmt der Weg Formen an, die jeder Beschreibung spotten.

Am schlimmsten ist es beim **Maua-Moor** (Ursprung des Maua Rivers, letzte Wasserstelle), der "Weg" ist hier stellenweise breiter als 20 m. *Senecio cottonii* und Lobelien wachsen hier in gefährlicher Umgebung.

Nachdem man die **Steinwüste des Saddle** erreicht hat, wird der Pfad schmaler, und die Erosion hört auf dem felsigen Untergrund auf.

Der **Upper Trail** führt etwas östlich des Lower Trails zum **Saddle** und vereinigt sich mit dem Lower Trail ca. 2 km vor der Kibo-Hütte. Der erste Kilometer ist

*Die Zebra Rocks*

auch auf dem Upper Trail sehr stark erodiert, der Weg ist breit und ausgetreten, Geröllbrocken erschweren das Gehen. Sobald auf der linken/westlichen Seite des Weges die **Zebra Rocks** erscheinen, wird der Weg wesentlich besser und schöner, denn die meisten Wanderer wählen den Lower Trail, um zur Kibo Hut zu gelangen. Die Erosionsschäden zwischen Horombo Hut und den Zebra Rocks rühren von den Wanderern, die am 2. Tag noch einen kurzen Ausflug zu dieser Naturschönheit unternahmen und anschließend wieder zur Horombo Hut zurückkehren.

Ab Zebra Rocks kann man von einem Pfad sprechen (Breite ca. einen halben Meter), der stundenlang knapp am Fuße des Mawenzi vorbeiführt. Ich persönlich tendiere zur Benutzung des Upper Trails (obwohl etwas steiler).

Für beide Trails gilt: Der **Saddle** zählt zu den schönsten Strecken des Marangu Trails, man hat das Ziel, den **Kibo**, stets vor Augen. Kopfbedeckung tragen (UV-Strahlung) und warme Kleidung mitführen. Unterschätzen Sie den Saddle unter keinen Umständen! Es regnet hier nicht oft während der Trockenzeit, aber wenn (es schneit auch hin und wieder), dann kommt mit dem Regen der **Temperatursturz**. Und wehe dem, der keine Regenschutzbekleidung und keinen warmen

Pullover dabeihat. Die Steigung ist bei beiden Trails moderat, geringer als an den beiden ersten Tagen. Man kann sich vor dem Gipfelsturm sozusagen noch etwas ausruhen.

Seit 1996 wird die vorübergehende Schließung des Lower Trails diskutiert. Nachdem er sich auf natürliche Weise erholt und rehabilitiert hat, soll er mit dem Upper Trail alternierend benutzt werden. Wann das sein wird, weiß heute noch niemand. Im Klartext bedeutet das, dass man heute beim Aufstieg noch den einen, beim Abstieg den anderen Trail benutzen kann - besprechen Sie dies aber bereits im Vorfeld der Wanderung mit Tour Operator und guide!. Seltsamerweise nutzen nur wenige Wanderer diese Gelegenheit. Auf beiden Wegen haben Sie den Mawenzi als stummen Begleiter.

Abschließend möchte ich festhalten, dass auch auf diesem Trail-Abschnitt die Sanierungsmaßnahmen in vollem Gange sind. Ich wünsche für Sie, dass Sie nach deren Beendigung (meiner vorsichtigen Schätzung nach 2005) die Begehung durchführen.

## 4. Tag

➲ 25 km: 6 km von der Kibo-Hütte (4.700 m) bis Uhuru-Peak (5.895 m), von hier 19 km bis zur Horombo-Hütte (3.720 m)

⌛ 12 Std.

✋ Gewöhnlich ist der Aufbruch von der Hütte schon kurz nach Mitternacht. Reservebatterien, starke Lampen (☞ Machame Trail, 6. Tag)!

Den Weg zu Gilman's Point (5.680 m) sieht man bereits am Vortag vom Saddle aus. Durch gefrorenes Geröll, später feinen Sand, geht es zuerst ziemlich steil und gerade bergauf.

Die **Hans Meyer Cave** (knapp über 5.000 m), wird im Führermund auch "Asthma Cave" genannt. Sie ist, nachdem der gerade Weg in Serpentinen überging, nach ca. 2 Stunden erreicht. Meist wird hier eine kurze Rast abgehalten.

Unübersehbare Überbleibsel wie weggeworfenes Verpackungsmaterial, Zigarettenschachteln, Soft-Drink-Dosen, Toilettenpapier und Fäkalien künden davon.

Bereits Ed. Oehler äußerte sich 1912 missfallend über die Verschmutzungen durch "Konservenbüchsen, Knochen, Sektflaschen und Papier - die Vorboten der

Kultur". Im Gegensatz zu heute, wo Führer in Unkenntnis der Tatsachen mit dem Ausdruck "Asthma Cave" einen harten Trennungsstrich zwischen den letzten Opfern der Höhenkrankheit (oder Opfern mangelndem Trainings) und solchen, die sich weiterquälen, ziehen, hieß dieser Unterschlupf früher im Führermunde "yumba ya mungu" (Haus Gottes).

Diese Höhle ist mit an Sicherheit grenzender Wahrscheinlichkeit nicht die von Hans Meyer und Purtscheller benutzte Biwakhöhle - diese liegt etwas unterhalb der Kibo-Hütte und diente bis zur Errichtung derselben als Basislager für den Aufstieg. Während der langen Zeit vom Beginn des 1. Weltkriegs bis Ende des 2. Weltkriegs wurde der Berg nur selten begangen und die Lage der Hans Meyer Cave geriet mehr oder weniger in Vergessenheit - nur der Name blieb (und suchte sich eine neue Höhle). Etwa ein Drittel der Wanderer kehren hier um.

Der Rest der Bergwanderer schleppt sich weiter über festgefrorenen Sand und Asche. Wenn sich der klar erkennbare Weg zwischen Felstrümmern zu verlieren beginnt, ist Gilman's Point nicht mehr weit. Die Steigung nimmt zu, der Weg wird zu einem Steig, die Wegkenntnis des Führers ist hier unabdingbar. Im Schnitt beträgt die Steigung zwischen Kibo-Hütte und Gilman's Point ca. 40 Grad.

☹ **Gilman's Point** erkennt man erstens an dem Schild, zweitens, dass man einen Blick in den Krater werfen kann und drittens an den Fäkalien und Toilettenpapierfetzen, mit denen dieser Platz übersät ist (irgendwann demnächst sollen hier zwei Toilettenanlagen errichtet werden).

Benannt ist dieser Punkt nach dem britischen Geographen Gilman, der 1921 seinen Besteigungsversuch kurz vor dem nach ihm benannten Punkt aufgeben musste (weil sein Begleiter P. Rason die Tour erschöpft aufgab). Im Rahmen des Geophysikalischen Jahres wurde hier von einer Wissenschaftlergruppe aus Sheffield 1957 eine meteorologische Messstelle eingerichtet. Sie hätte wichtige Erkenntnisse, vor allem in Bezug auf Gletscherrückgang bringen können, wurde aber seit 1961 nicht mehr betreut und verfiel.

Man erreicht Gilman's Point gegen 6:00, so dass man den Sonnenaufgang über der Ebene miterleben kann - der **Mawenzi** glänzt im Gegenlicht - schön! Jetzt weiß man, warum man sich diese Schinderei angetan hat. Spätestens hier kehrt auch das zweite Drittel der Wanderer um.

Entgegen oft angeführten Berichten, dass der Weg von hier zum Uhuru Peak über Gletscher führe, windet er sich in moderater Steigung ca. 2 Std. lang durch Fels und Geröll **am Kraterrand entlang** - vorbei an Bismarck Tower und Stella Point - bestenfalls zwischen Eisfeldern hindurch (allerdings kann Schnee fallen). Die Kälte ist fürchterlich, der Sauerstoffgehalt beträgt nur noch die Hälfte des Wertes an der Küste. **Uhuru Peak** ist zwar der höchste Punkt Afrikas, enttäuscht aber dennoch - es ist kein Gipfel, sondern lediglich der höchste Punkt des Kraterrandes. Würde hier das verwitterte Schild nicht stehen, man merkte es nicht.

Der Rückweg sollte bald angetreten werden, er führt üblicherweise zurück zur **Horombo-Hütte**. Es ist ein anstrengender und langer Tag, rechnen Sie damit, dass Sie mehr als 12 Std. unterwegs sein werden. Wer über gesunde Kniegelenke verfügt, kann die Serpentinen zwischen Gilman's Point und Kibo-Hütte in gerader Linie hinunterlaufen, halten Sie aber genügenden Abstand zu Ihrem Vordermann - die Staubentwicklung ist fürchterlich. Hin und wieder verstecken sich im Sand-Asche-Gemisch aber auch größere Felsen. Vorsicht!

Die Träger gehen von der Kibo-Hütte sofort bergab zur Horombo-Hütte und machen den Gipfelsturm nicht mit.

## 5. Tag

➲ 17 km von der Horombo-Hütte (3.720 m) bis Marangu-HQ (1.826 m)

⌛ 4 Std.

Die Tour entspricht der Route, die wir am 1. und 2. Tag aufgestiegen sind. Der früher mögliche Abstieg über die Mweka Route (Uhuru Peak - Stelle Point - Mweka Camp - Mweka Village) ist nicht mehr gestattet.

# Rongai Trail

🚶 Rongai/Naromoru-Village - 1. Höhle - 3. Höhle - Kibo Hut - Uhuru Peak - Horombo Hut - Marangu HQ

⌛ 5 Tage (wie am Marangu Trail will auch hier die KINAPA in Zukunft mind. 6 Tage verkaufen)

➲ ca. 70 km (Alternativ-Route ca. 12 km länger)

Der Rongai Trail teilt mit dem Shira Trail gar manches Schicksal. Seine exponierte Lage im äußersten Nordosten führt zu relativ hohen Anfahrtskosten - ca. 70 km von Marangu entfernt, Straßenzustand sehr bis extrem schlecht (wer über einen kenyan Tour Operator buchte und auch von Kenya anreist, hat es etwas besser). Aufgrund des schlechten Zustandes der Route wurden/werden Alternativ-Routen freigegeben bzw. haben sich unter Duldung der KINAPA "eingebürgert". Die Namensgebung geht drunter und drüber, die Vorgaben des "Management Planes 1993" konnten in keiner Weise erfüllt werden. Alles ist im Umbruch - alles wird irgendwann einmal seine "Ordnung" finden - wir halten Sie unter "www.conrad-stein-verlag.de auf dem Laufenden.

Zur Zeit können nur zwei Vorgaben als gesichert gelten: Über die Rongai Route (oder wie auch immer sie geheißen wird) ist nur der Aufstieg möglich, der Abstieg muss über die Marangu Route erfolgen (Nächtigung im Zelt).

Neben den finanziellen Nachteilen dieser Route müssen als größte Vorteile die vergleichsweise große Trockenheit und der größtenteils moderate, problemlose Anstieg genannt werden. Ein weiteres - großartiges - Plus liegt in der phantastischen Szenerie: auf keiner Route sind Kibo und Mawenzi derart eindrucksvoll. Auf keiner Route können Sie (so weit) über die kenyan Steppe blicken.

Noch eines: die unten genannten Ausgangspunkte liegen durchwegs in Tansania, lassen Sie sich keine Anfahrt über Kenia aufschwatzen.

Wie bereits angedeutet, werden unter dem Titel Rongai-Route unterschiedliche Trails angeboten. Lesen Sie die Angebote genau (und vorher unten stehende Beschreibung). Wander-Dauer und somit Kosten können erheblich divergieren.

## 1. Tag

➲ Ca. 7 km von Rongai bzw. Naremoru Village (jeweils ca. 2.000 m) zum jeweils 1. Camp (ca.2.600 bzw. 2.800 m)

⌛ Ca. 3 - 4 Std.

Offizieller Ausgangspunkt der Rongai-Route befindet sich im direkt an der Grenze zu Kenya gelegenen Dorf Rongai. Aufgrund des sehr schlechten Zustandes des Trails wird diese Option aktuell nicht wahrgenommen und man startet üblicherweise im ebenfalls direkt an der Grenze gelegenen Dorf Naremoru (ca.

6 km südlich gelegen) und folgt dem Lauf des Naromoru-Rivers. Aus diesem Grunde wird diese Route auch als Naromoru-Route bezeichnet (die oft verwendete Bezeichnung Nalomolu rührt daher, dass Masai (die diese Region auch bewohnen) Schwierigkeiten bei der Aussprache des -r- haben und dafür -l- verwenden). Ursprünglich war das kenyanische Dorf Oloitokitok Ausgangspunkt - aus diesem Grunde wird diese Route genauso häufig auch (old) Oloitokitok- oder nur (old) Loitokitok-Route geheißen.

An und für sich gibt es keine größeren landschaftlichen Unterschiede zwischen den beiden parallel verlaufenden Routen - beide führen vorerst einige Kilometer durch landwirtschaftlich genutztes Gebiet (Pinienplantagen, Bananen-, Mais- und Gemüsefelder). Danach folgt ein sehr kurzes Stück Regenwald - der Norden des Kilimanjaro erhält eben nur sehr wenig Regen. Die Moor- und Heidelandzone mit ihren Erikazeen, Senecien und Lobelien ist sehr schnell erreicht. Ein weiterer Grund für die Geschwindigkeit ist die moderate Steigung zum 1. Camp. Ein kurzer, gemütlicher und  auf Grund der Ausblicke auf die Weite der kenyan. Steppe auch schöner Tag.

Wenn Sie entlang des (echten) Rongai Trails marschieren, liegt Rongai Camp 1 auf ca. 2.800 m, am Naromoru Trail liegt das 1. Camp auf ca. 2.600 m - beide sind phantastisch gelegen und bieten herrliche Ausblicke auf den Schneedom Afrikas.

## 2. Tag

➲ Ca. 8 km vom 1. Camp (2.600 bzw. 2.800 m) zum Camp am 3. Höhlensystem (ca. 3.800 m)

⌛ Ca. 5 Std.

Ca 4 km nach dem 1. Camp vereinigen sich Rongai- und Naromoru-Route (Sie sind nun wirklich am "echten" Rongai-Trail unterwegs) und führen weiter durch Moor- und Heideland zum Camp am 2. Höhlensystem (3.450 m), welches z.Z. für eine Mittagsrast genutzt wird. Hier teilt sich der Weg.

Der rechte Ast führt nun schon stark von Steinwüste geprägt und auch merklich steigend noch ca. 4 km am Bread-Rock vorbei weiter zum rel. großen Camp am 3. Höhlensystem (ca. 3.800 m) - hier wird diniert und genächtigt.

Ab der Vereinigung Rongai-Naromoru-Trail sind heftige Abnützungsspuren und Erosionsschäden zu verzeichnen, die sich auch am nächsten Tag nicht wesentlich bessern. Die Rehabilitierung des Trails ist zwar im Gange - aber: pole-pole.

Der linke Ast führt Richtung Süden zu den Kikelewa Höhlen und weiter zum Fuß des Mawenzi und wird als Kikelewa (Alternative) Route bezeichnet (Beschreibung siehe anschließend).

## 3. Tag

➲ Ca. 7 km vom Camp am 3. Höhlensystem (ca. 3.800 m) bis Kibo Hütte (ca. 4.700 m)

⌛ Ca. 6 std.

Der Weg führt vorerst über die Ausläufer des Sattels zwischen Mawenzi und Kibo, dann am Fuße des Kibo durch Steinwüste - sehr kalt, manchmal auch stürmisch, hier kann Sie hin und wieder auch Regen oder gar Schneefall überraschen, mit Nebel müssen Sie ab späten Vormittag immer rechnen. Obwohl der Weg klar erkenntlich ist: Lassen Sie nie Ihren Führer aus den Augen und nehmen Sie Ihren Biwaksack mit.

In den letzten Jahren wurde von manchen Tour Operator die (im Zonenkonzept des "Management-Planes" nicht vorkommende und somit eigentlich nicht vorhandene) Outward Bound School Hut (liegt etwas nördlich der Kibo Hütte, aber auf ziemlich selber Höhe) für die Nächtigung angesteuert. Der Grund liegt im Gedränge auf der Kibo-Hütte (zumindest während der Hauptsaison), andererseits aber auch darin, dass es im Inneren der School Hut doch etwas wärmer ist als im Zelt bei der Kibo Hütte (der Ausbau der Kibo-Hütte ist geplant). Vom Naturerlebnis her betrachtet, ist es ziemlich egal wo Sie nächtigen - eiskalt und stürmisch ist es auf beiden Hütten. Dieses Vorgehen wurde von der KINAPA prinzipiell toleriert, wieweit diese Toleranz in die Zukunft reichen wird, ist aber ungewiss (wahrscheinlich ist spätestens nach Ausbau der Kibo-Hütte Schluss damit).

## 4. und 5. Tag

☞ siehe unter Marangu-Route

Der Anstieg von School-Hut gleicht dem der Marangu-Route mehr oder weniger aufs Haar. Ab Hans Meyer Cave ist er identisch Der Abstieg erfolgt ebenfalls über Horombo-Hütte zum Marangu HQ.

# Kikilewa (Alternative) Route

Offiziell ist diese Route nicht vorhanden, die Begehung ist in den letzten Jahren aber von der KINAPA toleriert worden. Wie lange noch, ist natürlich fraglich. Der Sinn der Route liegt einerseits darin, dass ein zusätzlicher Tag benötigt wird und das gut für die Akklimatisation ist (an den Camps der Rongai-/Naromoru Route könnte man natürlich auch einen Akklimatisationstag einlegen, doch sind die Betätigungsmöglichkeiten gering bis nicht vorhanden).

Andererseits ist der Kikelewa (Alternative) Trail in einem besseren technischen Zustand als der Rongai-/Naromoru-Trail. Wahrscheinlich ist auch mit dem Kikelewa (Alternative) Trail nach den Rehabilitierungsarbeiten am Rongai-Trail Schluss.

## 1. Tag

(siehe Rongai Trail 1. Tag )

## 2. Tag

Die zuvor (Rongai Trail, 2. Tag) beschriebene Abzweigung (links) führt moderat steigend in ca. 5 km zum Kikelewa-Höhlensystem (ca. 3.600 m), hier wird genächtigt.

## 3. Tag

Vom Camp bei den Kikelewa-Höhlen (ca. 3.600 m) geht es weiter südwärts durch Sand- und Steinwüste (hart an der Obergrenze zum Moor- und Heidelandgürtel) zum wunderschönen Mawenzi Tarn Camp (ca. 4.300 m) am Fuß des Mawenzi. Zuerst noch relativ eben bis wellig, ab der halben Wegstrecke doch relativ steil hinauf (ca. 4 - 5 Std.).

## 4. Tag

Vom Mawenzi Tarn Camp (ca. 4.300 m) führt der weitere Weg ca. 8 km über den Sattel zwischen Mawenzi und Kibo leicht wellig, teilw. sogar eben, im letzten Drittel (hier stößt man auf die Marangu-Route) jedoch etwas steiler durch absolute Steinwüste zur Kibo Hütte (ca. 4.700 m), Nächtigung im Zelt (ca. 5 Std.). Auch bei dieser Variante wurde/wird hin und wieder die School Hut angesteuert - ein kleiner Umweg,

Prinzipiell betrachtet könnte man auch am Fuß des Mawenzi entlang über das Mawenzi Camp zur Kibo-Hut gehen - das ist allerdings ein größerer Umweg, da man weit südlich an der Marangu-Route anlangt.

## 5. und 6. Tag

☞ unter Marangu-Trail (4. und 5. Tag, Abstieg über die Horombo-Hütte).

# Nachbemerkung:

Noch vor vielleicht 5 Jahren war man in dieser nordöstlichen Ecke des Berges alleine unterwegs. Als eine der Ursachen wurde bereits eingangs die kostspielige Anfahrt genannt. Ein weiterer Grund ist aber auch der doch relativ schlechte Zustand des Trails. Wie bereits gesagt wird der untere Teil des "echten" Rongai-Trails z.Z. nicht genutzt und rehabilitiert. Der Zustand der Naromoru-Route ist zwar besser aber auch nicht unbedingt der beste, am besten sind die Verhältnisse noch auf der Kikelewa (Alternative) Route. Es werden aber sukzessive alle Trails saniert und wahrscheinlich wird es sowieso so kommen, dass Rongai- und Naromoru-Trail alternierend benutzt werden. Ob der Kikelewa-Trail (hoffentlich) weiter bestehen bleibt, steht in den Sternen geschrieben.

Heute tummeln sich zwar auch nicht die Massen am Rongai-Trail, doch es sind merklich mehr Wanderer unterwegs. Der Rongai-Trail wird immer beliebter, denn, abgesehen vom Zustand der Wege muss gesagt werden, dass jeder, der hier unter Rongai-Trail vorgestellten Trails, ein einmaliges Bergerlebnis bietet. Da man doch mehr oder weniger die ganze Zeit zwischen Kibo und Mawenzi hin und her pendelt, stellt sich fast der Eindruck von Gebirge ein. Einfach toll.

So wie auf der Marangu-Route geplant, ist auch hier damit zu rechnen, dass die 5-Tagesrouten zwangsweise auf 6 Tage verlängert werden (zusätzlicher Akklimatisierungstag).

# Literatur

*Wandmalerei an der Babylon Lodge in Marangu*

# Karten

- ▷ Edition D.O.S., Ministry of Lands, Natural Resources and Tourism, Dar es Salaam, *East Africa*, Serie Y742, Blatt 56/2 (1958), 1:50.000. Die amtliche Karte des Mt. Kilimanjaro und Grundlage aller anderen Karten (vergriffen, soll aber neu aufgelegt werden).
- ▷ Ordnance Survey (1989), *Tourist Map of Kilimanjaro*, Surveys and Mapping Division, Ministry of Lands, Dar es Salaam, 1:100.000, auf der Rückseite die Gipfelregion 1:(ca.)17.500. Die offizielle Touristenkarte des Staates Tansania zum Gebiet des Mt. Kilimanjaro (Reprint 1999, mittlerweile so gut wie vergriffen, soll aber wieder neu aufgelegt werden).

  "New Map of the Kilimanjaro National park", Maco Editions, Arusha. Schöne, im Stile einer Handzeichnung gefertigte Übersichts-Karte, v.a. in den Souvenir- und Book-Shops in Arusha erhältlich
- ▷ Mark Savage, *Kilimanjaro Map and Guide* (1990), 1:50.000. Man darf sich durch das Wort "Guide" nicht täuschen lassen - es handelt sich dabei nur um kürzeste Kurzinformationen in einigen Absätzen auf der Rückseite der Karte. Eine überarbeitete und auf den neuesten Stand der Dinge gebrachte Karte ist in Vorbereitung. Erhältlich in fast allen Souvenirshops und Hotels der Kat. A in Arusha, Moshi, Marangu und Nairobi.
- ▷ A. L. Wielochowski, *Map and guide to Kilimanjaro* (1990), 1: 75.000. Zum Wort "Guide" siehe oben. Diese Karte ist auch in Österreich, Deutschland und der Schweiz erhältlich, nicht aber in Tansania.

☺ Keine der angebotenen Karten stimmt mit der Realität 100%ig überein, alle sind nur Annäherungen an diese und gehen auf die Karte von 1958 zurück. Die Trails wurden noch nicht amtlich vermessen, bei den Benennungen einzelner landschaftlicher Punkte geht es drunter und drüber.

Da jeder Besucher von einem Führer begleitet wird, ist eine Karte eigentlich überflüssig. Aber für viele ist es ein wichtiges Ritual, täglich nach getanem Werk einen Blick auf sie zu werfen und "Noch so weit" zu stöhnen. Für einen groben Überblick sind alle ausreichend.

Genauigkeitsfanatiker sollten aber zumindest zwei verschiedene zu Rate ziehen (Savage und Wielochowski).

Bei allen Angaben in diesem Buch, die nicht mit dem kleinen Zusatz "ca." versehen sind, handelt es sich um offizielle Angaben des Ministry of Lands, Nature and Natural Resources. Bei mehreren gebräuchlichen topographischen Namen wurden alle angeführt. Karten und Pläne in diesem Buch gehen ebenfalls auf die Karte von 1958 zurück und sind daher auch nur als ein Versuch der Annäherung an die Wirklichkeit aufzufassen.

## Bücher

- ▷ John Reader, *Kilimanjaro*, Elm Tree Books, London, 1982 (Englisch). An erster Stelle zu nennen. Trotz des lange zurückliegenden Erscheinungsdatums ist das Buch noch immer in praktisch allen Buchhandlungen und vielen Souvenirshops Arushas, Moshis, Marangus und Nairobis erhältlich. Ein gutes Buch mit detaillierten Informationen zu Geschichte und Eroberung des Berges, enthalten sind auch ein Erlebnisbericht des Autors und eine umfangreiche Bibliographie. In erster Linie bestechen die vielen phantastischen Fotos. Angaben zur Organisation sind spärlich und veraltet. Ein schönes Andenken.
- ▷ Meyer, Hans "Die Erstbesteigung des Kilimandscharo", Edition Erdmann, Stuttgart. Schöne Reprintausgabe der "Ostafrikanischen Gletscherfahrten" von Hans Meyer. Lesenswert
- ▷ H. Weyer, *Kilimanjaro - Urwald, Eis und Steppentiere*, Badenia Verlag, Karlsruhe. Ein gewohnt schöner Bildband von H. Weyer mit ebenso phantastischen Fotos wie im vorgenannten Buch. Für meine Begriffe zu viele Tieraufnahmen, die eine falsche Realität (Tierreichtum am Berg) suggerieren.
- ▷ I. Allan, The Mountain Club of Kenya, *Guide to Mt. Kenya and Kilimanjaro*, PO Box 45741, Nairobi, ☏ 00254/2/501747. Für Bergsteiger, die Seile und Pickel mit sich führen: Beschreibung der technischen Routen mit einer guten Einführung in Geschichte und Geologie des Berges.
- ▷ West Col. Großbritannien, *East African International Mountain Guide*. Beschreibung der technischen Routen am Mt. Kenya, Kilimanjaro und im Ruwenzori-Gebirge.

Die beiden vorgenannten Bücher bieten für Wanderer wenig Informationen und sind lediglich selten in Nairobi (in Tansania praktisch gar nicht) erhältlich.

📖 Reinhard Dippelreither, *Tansania - Sansibar*, ReiseHandbuch, Conrad Stein Verlag, 5. völlig überarbeitete Auflage 2005, ISBN 3-89392-285-7. Ein Standardwerk vom Autor dieses vorliegenden Buches.

- Reinhard Dippelreither "Kilimanjaro-Lesebuch"
- Reinhard Dippelreither "Kilimanjaro-Kochbuch", 200 Seiten, zahlreiche historische und aktuelle Illustrationen. Erscheint Frühjahr 2003 im Eigenverlag des Autors. Das Buch beschreibt die rein kulinarische Seite des Kilimanjaro und stellt in 100 Rezepten auch die Chagga-Küche vor.

# Index

*Samora Av. in Dar es Salaam*

## K



## L



## M



## N



## O

www.WOICK.de
GPS-Navigation.
Satelliten-Handys für weltweite Sicherheit.
Bekleidung und Schuhe der größten Outdoor-Marken!
Zelte, Rucksäcke, Schlafsäcke, Kletterausrüstung und vieles mehr!
Outdoor Trekking Abenteuer
An der A8, 1km von der Ausfahrt Stuttgart Flughafen
Plieninger Str. 21/50
70794 Filderstadt-Bernhausen
432 Seiten-Katalog kostenlos!
Tel: 0711 7096-700

TNG | PRIVATE
Weltweit unterwegs und immer da, wo Sie sein wollen.
Zu Hause auf Reisen und auf Reisen zu Haus: Internet by TNG
Internet, Sicherheit, Standortvernetzung und Systemlösungen.
TNG – THE NET GENERATION AG
Informationen unter
Tel. (0431) 70 97 17
mailto:info@tng.de
www.tng.de
TNG
THE NET GENERATION

# Alle Bücher aus dem Conrad Stein Verlag

## OutdoorHandbücher - Basiswissen für draussen

| Band | | € | | | |
|---|---|---|---|---|---|
| 1 | Rafting | 6,90 | 68 | Minimal Impact - Outdoor - naturverträglich | 6,90 |
| 2 | Mountainbiking | 7,90 | 69 | Abenteuer Teeniegruppe | 6,90 |
| 3 | Knoten | 6,90 | 70 | Wintertrekking | 6,90 |
| 4 | Karte Kompass GPS | 7,90 | 72 | Schnorcheln und Tauchen | 6,90 |
| 5 | Essbare Wildpflanzen | 7,90 | 73 | Trekkingreiten | 7,90 |
| 6 | Skiwandern | 6,90 | 77 | Wohnmobil in USA und Kanada | 9,90 |
| 7 | Wildniswandern | 6,90 | 86 | Regenwaldexpeditionen | 7,90 |
| 8 | Kochen 1 aus Rucks. u. Packt. | 7,90 | 94 | Wattwandern | 7,90 |
| 9 | Bergwandern | 6,90 | 97 | Urlaub auf dem Land | 7,90 |
| 10 | Solo im Kanu | 6,90 | 99 | Kochen 2 - für Camper | 6,90 |
| 11 | Kanuwandern | 7,90 | 100 | Ausrüstung 1 - von Kopf bis Fuß | 7,90 |
| 12 | Fotografieren | 7,90 | 101 | Ausrüstung 2 - für Camp und Küche | 7,90 |
| 13 | Wetter | 6,90 | 102 | Ballonfahren | 6,90 |
| 14 | Allein im Wald - Survival für Kinder | 6,90 | 103 | How to shit in the Woods | 7,90 |
| 15 | Wandern mit Kind | 6,90 | 104 | Globetrotten | 7,90 |
| 16 | Sex-Vorb. Technik Varianten | 6,90 | 106 | Daumensprung und Jakobsstab | 6,90 |
| 20 | Wüsten-Survival | 7,90 | 108 | DocHoliday - Taschendoktor für Outdoorer, Traveller und Yachties | 6,90 |
| 21 | Angeln | 7,90 | 120 | Trailfinder - Orientierung ohne Kompaß und GPS | 6,90 |
| 22 | Leben in der Wildnis | 7,90 | 129 | Kochen 3 - für Zeltlager & Freizeiten | 7,90 |
| 24 | Ratgeber rund ums Wohnmobil | 7,90 | 131 | Zeltlager und Jugendfreizeiten - Planung und Vorbereitung | 7,90 |
| 25 | Wale beobachten | 7,90 | 138 | Zeltlager und Jugendfreizeiten 2 Durchführung | 7,90 |
| 30 | Spuren & Fährten | 6,90 | 143 | Trekking mit Hund | 7,90 |
| 31 | Canyoning | 7,90 | 148 | Wenn Kinder fliegen | 7,90 |
| 34 | Radwandern | 7,90 | 165 | Fastenwandern | 7,90 |
| 35 | Mushing - Hundeschlittenfahren | 7,90 | 170 | Höhlen - Praxistipps | 7,90 |
| 36 | Gesund unterwegs | 6,90 | 176 | Vulkane erleben | 7,90 |
| 39 | Erste Hilfe | 7,90 | 181 | Kurzweilfibel | 7,90 |
| 45 | Solotrekking | 6,90 | | | |
| 48 | Für Frauen | 6,90 | | | |
| 58 | Fahrtensegeln | 7,90 | | | |
| 65 | Seekajak | 6,90 | | | |

# OutdoorHandbücher - Der Weg ist das Ziel

| Band | | € |
|---|---|---|
| 17 | Schweden: Sarek, Padjelanta, Abisco. | 12,90 |
| 18 | Schweden: Kungsleden | 12,90 |
| 19 | Kanada: Yukon - Kanu- und Floß | 12,90 |
| 23 | Spanien: Jakobsweg | 12,90 |
| 26 | Schottland: West Highland Way | 12,90 |
| 27 | John Muir Trail (USA) | 10,90 |
| 28 | Landmannalaugar (Island) (06) | 12,90 |
| 29 | Kanada: West Coast Trail | 9,90 |
| 32 | Polen: Radtouren in Masuren | 12,90 |
| 33 | Trans-Alatau (GUS) | 10,90 |
| 37 | Kanada: Bowron Lakes | 10,90 |
| 38 | Polen: Kanutouren in Masuren | 12,90 |
| 40 | Trans-Korsika - GR 20 | 12,90 |
| 41 | Norwegen: Hardangervidda | 12,90 |
| 42 | Nepal: Annapurna | 9,90 |
| 43 | Schottland: Whisky Trail | 12,90 |
| 44 | Tansania: Kilimanjaro | 12,90 |
| 49 | USA: Grand Canyon Trails | 10,90 |
| 50 | Kanada: Banff & Yoho NP | 10,90 |
| 51 | Tasmanien: Overland Track | 12,90 |
| 52 | Neuseeland: Fiordland | 10,90 |
| 53 | Irland: Shannon-Erne | 12,90 |
| 54 | Südafrika: Drakensberge | 10,90 |
| 55 | Spanien: Pyrenäenweg GR 11 | 12,90 |
| 56 | Polen: Drawa-Kanutour | 9,90 |
| 57 | Kanada: Great Divide Trails | 10,90 |
| 59 | Kanada: Wood Buffalo NP (Kanu) | 9,90 |
| 60 | Kanada: Chilkoot Trail | 9,90 |
| 61 | Kanada: Rocky Mountains-Radt. | 10,90 |
| 62 | Irland: Kerry Way | 9,90 |
| 63 | Schweden: Dalsland-Kanal | 12,90 |
| 64 | England: Pennine Way | 12,90 |
| 66 | Alaska Highway | 12,90 |
| 71 | N-Spanien: Jakobsweg-Küstenweg | 12,90 |
| 74 | Nordirland: Coastal Ulster Way | 10,90 |
| 76 | Pfälzerwald-Vogesen-Weg | 9,90 |
| 78 | Polen: Pisa-Narew (Kanuroute) | 9,90 |
| 79 | Bolivien: Choro Trail | 10,90 |
| 80 | Peru: Inka Trail u. Region Cusco | 12,90 |
| 81 | Chile: Torres del Paine | 12,90 |
| 82 | Norwegen: Jotunheimen | 12,90 |
| 83 | Neuseeland: Stewart Island | 9,90 |
| 84 | USA: Route 66 | 9,90 |
| 85 | Finnland: Bärenrunde | 9 ,90 |
| 87 | Montblanc-Rundweg - TMB | 9,90 |
| 88 | Griechenland: Trans-Kreta | 12,90 |
| 89 | Schweden: Skåneleden | 9,90 |
| 90 | Mallorca: Serra de Tramuntana | 9,90 |
| 91 | Italien: Trans-Apennin | 9,90 |
| 92 | England: Themse-Ring | 9,90 |
| 93 | Spanien: Sierra Nevada | 12,90 |
| 95 | Norwegen: Nordkap-Route | 12,90 |
| 96 | Polen: Czarna Hancza/Biebrza-Kanu | 9,90 |
| 98 | Wales: Offa's Dyke Path | 9,90 |
| 107 | GR 5: Genfer See - Nizza | 12,90 |
| 109 | Mecklenburgische Seenplatte | 9,90 |
| 112 | Norwegen: Telemark-Kanal | 9,90 |
| 113 | Thüringen: Rennsteig | 9,90 |
| 114 | Alpen: Dreiländerweg (CH-A-I) | 9,90 |
| 115 | Tschechien: Freundschaftsweg | 12,90 |
| 116 | Spanien: Jakobsweg - Via de la Plata | 12,90 |
| 117 | Schweiz: Jakobsweg | 12,90 |
| 118 | Rund Australien | 14,90 |

119 Schwäb. Alb: Hauptwanderweg 12,90
121 Italien: Dolomiten-Rundweg 9,90
122 Schwarzwald-Jura-Weg 9,90
127 Uganda: Ruwenzori-Wand. (05) 12,90
128 Frankreich: Jakobsweg v. Genf... 12,90
nach Saint-Jean-Pied-de-Port
132 Dem Kommissar auf der Spur - ein lit. 12,90
Reiseführer zu Kriminalschauplätzen.
133 NRW: Natur und KulTour (per Rad) 12,90
134 Deutschland: Vorpommern 9,90
Radtour durch die Nationalparks
135 Deutschland: Schleswig-Holstein Tour 9,90
136 Schweiz: Matterhorn - Tour du Cervin 9,90
137 Grönland: Arctic Circle Trail 12,90
139 Belgien: Jakobsweg - Via Mosana 9,90
140 Italien: Alpiner Wanderweg Friaul 12,90
141 Nordspanien: Jakobsweg 12,90
Alternativroute
142 Jakobsweg Tillyschanz-Konstanz 9,90
144 Kanada: East Coast Trail 9,90
145 Rund Bornholm zu Fuß u. p. Rad (06) 9,90
146 Tschechien: Isergebirge 9,90
147 NRW: Jakobsweg 12,90
149 Norsp. Jakobsweg 9,90
Tunnel v. San Adrian
150 England: Cleveland Way 12,90
151 Kirgistan: Altyn Arashan- Kyzyl Kul 9,90
152 Nepal: Langtang, 12,90
Gosaikund u. Helambu
154 Deutschland: Rothaarsteig 9,90
155 Odenwald-Scharzwald-Weg (06) 9,90
156 Südafrika: Wild Coast Trail 9,90
157 Österreich: Jakobsweg 12,90
159 Sächsische Schweiz Trekkingt. 9,90
160 Brandenburg: Wochenendtouren 12,90
rund um Berlin
161 Italien: Alta Via - Ligur. Höhenweg 12,90
162 Frankr.: Jakobsweg - Via Tolosana 12,90
163 Harz: Hexensteig 9,90
164 Teutoburger Wald: Hermannsweg 9,90
166 Frankreich Jakobsweg: 12,90
Via Lemovicensis
167 Niederlande: Nordseeküsten- 12,90
radweg
171 Türkei: Lykischer Weg 12,90

## OutdoorHandbücher - Fernweh-Schmöker

| Band | | € |
|---|---|---|
| 46 | Blockhüttentagebuch (R. Höh) | 12,90 |
| 47 | Floßfahrt nach Alaska (R. Höh) | 10,90 |
| 75 | Auf nach Down Under (Australien) | 7,90 |
| 105 | Südsee-Trauminsel (Tom Neale) | 9,90 |
| 110 | Huskygesang - Hundeschlittenf. | 7,90 |
| 111 | Liebe - Schnaps - Tod (Thailand) | 7,90 |
| 123 | Pacific Crest Trail (USA) | 9,90 |
| 124 | Zwei Greenhorns in Alaska | 6,90 |
| 125 | Auf dem Weg zu Jakob | 9,90 |
| 126 | Kilimanjaro-Lesebuch | 7,90 |
| 130 | 1000 Tage Wohnmobil | 12,90 |
| 153 | Jakobsweg - Lesebuch | 7,90 |
| 158 | Inselfieber | 9,90 |
| 182 | Als Frau allein auf der Via de la Plata | 7,90 |

## ReiseHandbücher

| | | | |
|---|---|---|---|
| Äthiopien | 22,90 | Libyen | 22,90 |
| Antarktis | 24,90 | Neuseeland-Handbuch | 18,90 |
| Grönland | 14,90 | Rumänien | 14,90 |
| Iran | 22,90 | Schweiz | 18,90 |
| Kanarische Inseln | 14,90 | Sibirien | 22,90 |
| Kiel | 9,90 | Spitzbergen-Handbuch | 22,90 |
| Kiel von oben - Luftbildband | 9,90 | Tansania / Sansibar | 19,90 |
| Kurs Nord | 24,90 | | |

## Fremdsprech

| Band | | € | | | |
|---|---|---|---|---|---|
| 1 | Oh, dieses Dänisch | 4,90 | 5 | Oh, dieses Französisch | 4,90 |
| 2 | Oh, dieses Schwedisch | 4,90 | 6 | Oh. dieses Russisch | 4,90 |
| 3 | Oh, dieses Spanisch | 4,90 | 7 | Oh, dieses Norwegisch | 4,90 |
| 4 | Oh, dieses Englisch | 4,90 | 8 | Oh, dieses Niederländisch | 4,90 |
| | | | 9 | Oh, dieses Chinesisch | 4,90 |